GOLDMANN

Buch

Sind Therapeuten und Patienten für die Risiken sexueller Kontakte besonders anfällig? Absolute Offenheit und Vertrauen sind die Grundlagen jeder Psychotherapie, aber manchmal entstehen daraus sexuelle Beziehungen zwischen Therapeut und Patient, die eine Heilung unmöglich machen.
Kenneth S. Pope und J. S. Bouhoutsos legen mit diesem Buch eine grundlegende Studie zum Thema Mißbrauch in der Psychotherapie vor. Sie haben anhand vieler empirischer Daten das Problem untersucht und beschäftigen sich mit Aspekten wie: Warum ist die Abstinenz, das heißt eine bestimmte emotionale Distanz zwischen Therapeut und Patient, unabdingbar? Welche Therapeuten und Patienten sind für die Risiken sexueller Kontakte besonders anfällig? Wie sollte eine Behandlung nach erfolgtem Mißbrauch aussehen? Wo können sich Betroffene informieren, wie können sie sich zur Wehr setzen?
Durch seine vielen Fallbeispiele sowie die auch für den Laien verständliche Aufarbeitung der Literatur zum Thema sowie seine praxisnahen Hilfen für Opfer ist dieses Buch ein wichtiger Beitrag zu einer vielfach tabuisierten Diskussion.

Die Autoren

Kenneth S. Pope arbeitete nach einem Studium an den Universitäten von Yale und Harvard als klinischer Psychologe in freier Praxis. Er war in den Jahren 1987 und 1988 Vorsitzender der Ethik-Kommission der Vereinigung amerikanischer Psychologen.
Jacqueline C. Bouhoutsos arbeitet als promovierte Psychotherapeutin in eigener Praxis, zugleich hat sie eine Professur für Klinische Psychologie an der Universität von Kalifornien. Auch sie ist in leitender Funktion in Standesorganisationen amerikanischer Psychologen tätig. Beide Autoren haben umfangreiche empirische Untersuchungen zum Thema durchgeführt und sind Mitbegründer von verschiedenen Therapie- und Selbsthilfegruppen für Opfer sexueller Übergriffe in Psychotherapien.

Kenneth S. Pope /
Jacqueline C. Bouhoutsos

ALS HÄTTE ICH MIT EINEM GOTT GESCHLAFEN

Sexuelle Beziehungen zwischen Therapeuten und Patienten

Aus dem Amerikanischen
von Elke Hosfeld

Mit einem Nachwort
von Brigitte Boothe

GOLDMANN VERLAG

Die Originalausgabe erschien unter dem Titel »Sexual Intimacy Between Therapists and Patients« (Bd. 5 der Reihe »Sexualmedizin«) bei Praeger Publishers, New York, Westport (Con.), London. Die Übersetzung erfolgte in Abstimmung mit Praeger Publishers (ein Imprint der Greenwood Publishing Group) und Lynne Rabinoff Assoc., New York. Für die deutsche Übersetzung wurde die Originalausgabe mit Zustimmung des Verlages um zwei Kapitel gekürzt.

Umwelthinweis:
Alle bedruckten Materialien dieses Taschenbuches sind chlorfrei und umweltfreundlich.

Der Goldmann Verlag
ist ein Unternehmen der Verlagsgruppe Bertelsmann

Ungekürzte Taschenbuchausgabe April 1994

Umschlaggestaltung: Design Team München
Druck: Presse-Druck, Augsburg
Verlagsnummer: 12463
SS · Herstellung: Heidrun Nawrot
Made in Germany
ISBN 3-442-12463-8

10 9 8 7 6 5 4 3 2 1

INHALT

VORWORT

Die Formulierung des Verbots sexueller Beziehungen zwischen Ärzten und Patienten ist mehr als tausend Jahre alt. Der Eid des Hippokrates untersagt ausdrücklich Geschlechtsverkehr zwischen Arzt und Patient. Gleichermaßen unmoralisch ist es für Therapeuten aller Richtungen, intime Kontakte zu ihren Patienten aufzunehmen. Die schädlichen Auswirkungen dieser Form von sexueller Ausbeutung auf Patienten veranlaßten sowohl die *American Psychiatric Association* als auch die *American Psychological Association*, ihre Moralkodizes zu revidieren, vor allem um sexuelle Kontakte zwischen Therapeut und Patient zu verbieten.

Wie Pope und Bouhoutsos ausführen, haben intime Beziehungen zwischen Therapeuten und Patienten erst im letzten Jahrzehnt stärkere Aufmerksamkeit erregt. Mehrere Umfragen haben gezeigt, daß diese Art von therapeutischem Fehlverhalten häufig genug vorkommt, um als Skandal bezeichnet zu werden. Eine Umfrage unter Psychiatern in den USA vom Mai 1986 stellte fest, daß 6,4 Prozent der Befragten über sexuellen Kontakt zu ihren Patienten berichteten. Drei nationale Umfragen unter Psychologen ergaben weitgehende sexuelle Beziehungen zwischen männlichen Therapeuten und Patienten von 9,4 bis 12,1 Prozent (bei weiblichen Therapeuten waren es 2 bis 3 Prozent). Unter Sozialarbeitern war dieses Problem weniger verbreitet. Umfragen unter Ehe-, Familienberatern und Sexualtherapeuten sind uns nicht bekannt, aber es ist kaum anzunehmen, daß sich diese Berufsgruppen wesentlich anders als die drei schon erwähnten verhalten würden.

Dies ist ein Buch für Psychologen und Psychiater, das sich mit den moralischen, rechtlichen und therapeutischen Aspekten des Themas beschäftigt. Es ist die erste umfassende Darstellung der Beweggründe und des Persönlichkeitsbildes der beteiligten Therapeuten und Patienten, der Folgen für die Darsteller in diesem leidvollen und oft schmutzigen Drama und der Schwierigkeiten, vor denen die Therapeuten stehen, die versuchen, die Verletzungen zu heilen. Das Buch umfaßt drei Kapitel, die sich mit der Behandlung von Patienten beschäftigen, die sexuell von einem früheren Therapeuten mißbraucht worden sind. Pope und Bouthoutsos geben Patienten ganz konkret Hilfestellung, wenn sie Anzeige erstatten oder Beschwerde einlegen wollen. Das Kapitel über Vorbeugung, das sowohl für Patienten als auch für Therapeuten Checklisten bereitstellt, die auf alarmierende Anzeichen aufmerksam machen, kann sicher helfen, mögliche Gefahren abzuwenden.

Die zunehmende Besorgnis angesichts der Problematik, das Anwachsen straf- und zivilrechtlicher Prozesse, die Weigerung der Versicherungsträger, für sexuelle Verfehlungen von Therapeuten zu haften, die steigende Zahl von Untersuchungen über die schädlichen Folgen intimer Kontakte zwischen Therapeut und Patient - all das bildet den Hintergrund für dieses Buch und die Motive der Autoren. Die Einfügung zahlreicher denkbarer und wirklicher Fallbeispiele verbessert die Lesbarkeit dieser wissenschaftlichen Studie erheblich. Es ist an sich nicht notwendig, ein solch packendes und interessantes Thema lebendig zu gestalten, doch genau das haben die Autoren getan.

Dr. Harold I. Lief
(Herausgeber der Reihe »Sexualmedizin«)

EINLEITUNG

Das hartnäckige Leugnen des Problems sexueller Kontakte zwischen Therapeut und Patient war für den Berufsstand der Psychologen und Psychiater und besonders für die Patienten, die diesem unsachgemäßen Verhalten zum Opfer fielen, eine Tragödie. Wie diese Untersuchung zeigen wird, haben die Fachverbände erst in den letzten 15 oder 20 Jahren begonnen, sich mit diesem Phänomen ernsthaft auseinanderzusetzen.

Wir haben in diesem Buch versucht, das zur Zeit verfügbare Material über sexuelle Beziehungen zwischen Therapeuten und Patienten aus so unterschiedlichen Quellen zu versammeln wie klinischen Studien, Erlebnisberichten, nationalen Umfragen, Rechtsprechung und Fallrecht, ethischen Grundsätzen und Unterhaltungsliteratur; hinzu kamen noch die Ergebnisse unserer Arbeit als Wissenschaftler und klinische Psychologen. Wir hoffen, dieses Wissen einer breiten Leserschaft zugänglich zu machen: klinischen Psychologen, Wissenschaftlern, ehemaligen, gegenwärtigen und zukünftigen Therapiepatienten, Anwälten, Lehrern, dem Verwaltungspersonal der Kliniken, Gesetzgebern und Politikern, ebenso wie den Mitgliedern der Ethik-Kommissionen und anderen Aufsichtsgremien der Berufsverbände. Wir hoffen, daß dieses Buch nicht nur dazu beitragen kann, das verheerende Trauma der sexuellen Verstrickung zwischen Therapeuten und Patienten zu lindern, sondern auch positiven Einfluß nehmen wird auf Politik und moralisch verbindliche Richtlinien, Überwachung und Regulierung, »gefährdete« Therapeuten, erzieherische und aufklärerische Strategien, die dem vorbeugen können, was ein ehemaliger Präsident der *American Psychological Association* als »nationale Schande« bezeichnet hat.

Wir danken den Rechtsanwälten Jay Ziskin, Karl Seuthe und Catherine Seuthe für ihre Hilfe und Durchsicht der Teile, die sich mit rechtlichen Fragen befassen.

Weiterhin danken wir dem Lektor von Praeger Publishers, Michael Fisher, für die große Zustimmung zu unserem Buchprojekt und zur endgültigen Fassung des Manuskripts.

Schließlich möchten wir an dieser Stelle uns einmal gegenseitig Dank sagen für die Geduld und kollegiale Zusammenarbeit, die die Abfassung dieses Buches zu einem bedeutsamen Erlebnis machten.

1 FORMEN SEXUELLER BEZIEHUNGEN ZWISCHEN THERAPEUTEN UND PATIENTEN UND IHRE ENTSTEHUNG

Lange Zeit ein Tabuthema, stellen sexuelle Beziehungen zwischen Therapeuten und Patienten für viele von uns immer noch ein heißes Eisen dar. So verheerend sind die Folgen für den Patienten und so tiefgreifend der Vertrauensmißbrauch von seiten des Therapeuten (von Gesetz, Moral und Berufsethos einmal ganz abgesehen), daß wir nur allzu bereitwillig die Augen schließen und so tun, als würde dergleichen nie oder zumindest selten vorkommen. Eifrig tragen wir dazu bei, dieses Problem zu leugnen oder herunterzuspielen. Wir üben uns in »selektiver Unaufmerksamkeit«.

Doch das Belegmaterial, das in späteren Kapiteln behandelt wird, deutet darauf hin, daß wir vor einem ernsthaften Problem stehen. Sexuelle Beziehungen zwischen Therapeuten und Patienten sind für viele *Professional Ethics Committees*, die Berufsethik-Kommissionen (oder auch Ehrengerichte) der Verbände, zur Hauptquelle der Beschwerden geworden. Zahlreiche Schlagzeilen dokumentieren die wachsende Flut der Verfahren wegen ärztlicher Kunstfehler und die Maßnahmen staatlicher Zulassungsbehörden, die - oft wenig erfolgreich - versuchen, mit diesem Problem fertig zu werden. Mehreren nationalen Umfragen zufolge bekennt sich von zehn Therapeuten mehr als einer dazu, intime Beziehungen zu Patienten zu unterhalten.

Um diesem weitverbreiteten Problem sinnvoll begegnen zu können, muß man es zuallererst einmal zur Kenntnis nehmen. In welcher Form tauchen sexuelle Beziehungen zwischen Therapeuten und Patienten auf? Wie entstehen sie im Verlauf der

Therapie? Die Antworten auf diese Fragen sind für diejenigen, die psychotherapeutische Dienste anbieten oder in Anspruch nehmen, von größter Bedeutung.

Den Therapeuten, der noch keine intimen Beziehungen zu Patienten gehabt hat, kann die Erkenntnis, daß sich die Behandlung - und sei es noch so unmerklich und unbeabsichtigt - auf eines der nachfolgenden Szenarios zubewegt, in die Lage versetzen, rechtzeitig Präventivmaßnahmen zu ergreifen. Eine sorgfältige Überprüfung des bisherigen Behandlungsverlaufs, die offizielle Hinzuziehung eines Kollegens und vielleicht auch ein Neubeginn der Therapie - das sind mögliche Schritte für die Therapeuten, die sich »gefährdet« fühlen. Unglücklicherweise erschweren es die Tabuisierung sexueller Gefühle Patienten gegenüber und die Furcht, den eigenen Ruf zu schädigen, indem man bei Kollegen Mißbilligung, Zweifel oder Argwohn hervorruft, vielen Analytikern, sich in diesen Fragen gezielt an Kollegen um Rat zu wenden. (Die Checkliste auf S. 237f. kann für Therapeuten hilfreich sein, die diesen Problemen systematisch nachgehen wollen.)

Den Patienten, die das Gefühl haben, daß mit der Therapie etwas »nicht stimmt«, die angesichts sexueller Gefühle oder sexuellen Verhaltens in der Behandlungssituation Angst und Unbehagen verspüren, kann die Kenntnis dieser Szenarios helfen, auf Grundlage von konkreten Informationen über die Angemessenheit der gegenwärtigen Behandlung nachzudenken und Entscheidungen zu treffen. (Die Checkliste S. 239ff. soll als Leitfaden für solche Nachforschungen dienen.) Sexuelle Gedanken, Gefühle und Phantasien sind ebenso wie Furcht, Scham und Schuldgefühle aufgrund sexueller Impulse, Erregung, Erinnerungen oder Absichten häufige Themen im Verlauf einer Psychotherapie. Oft rufen sie bei Patienten heftiges Unbehagen und Gefühle des Verwundetseins hervor. Die Entscheidung zu treffen, ob die Therapie ein nützliches oder einfühlsames Eingehen auf diese Probleme darstellt, dürfte selbst unter den besten Umständen schwierig sein. Die Kenntnis der am häufigsten zu beobachtenden Szenarios sexueller Kontakte zwischen Therapeuten und Patienten macht mit den Alarmsignalen vertraut, die die Patienten veranlassen sollten, Fragen von Vertrauen, Zustimmung zur Behandlung auf der Basis von Informationen, Sicherheit und Integrität des therapeutischen Prozesses direkt anzusprechen. Die Erörterung derartiger Befürchtungen mit dem Therapeuten und oft auch das Einholen eines weiteren fachlichen Rates (um eine »zweite Meinung« aus anderer Perspektive zu erhalten) sind hier notwendige Schritte. Viele Patienten verdrängen ihre diesbezüglichen Ängste, vielleicht auch mit Hilfe reflexiver Etikettierungen wie »Übertragung«, »Projektion«, »chronisches Mißtrauen«, »Widerstand«, »Abwehr, über Sex zu sprechen« und so weiter. Diese oberflächlichen Bezeichnungen - die wohlüberlegte und ehrliche Nachforschungen eher behindern als befördern - werden häufig vom Therapeuten unterstützt und angeregt, der seine Autorität und seinen Fachjargon in die Waagschale wirft. Natürlich können die Ängste auch wirklich auf andere Probleme, die in der Therapie wirksam werden, verweisen. Hier kommt es darauf an, diesen Befürchtungen und dem, was sie verursacht, verständnisvoll zu begegnen, was durch sorgfältige, ehrliche und informierte Überlegungen eher möglich ist als durch impulsives, reflexives Verleugnen, Abtun oder eine entsprechende Etikettierung.

Die Kenntnis verbreiteter Szenarios sexueller Beziehungen zwischen Therapeuten und Patienten kann auch für die Nachfolgebehandlungen sowohl der Patienten als auch der Therapeuten, die an solchen Kontakten beteiligt waren, nützlich sein. Für die Patienten bedeutet der Heilungsprozeß oft angestrengte und ausdauernde Bemühungen, die Entstehung der intimen Beziehung zu begreifen und mit den typischen Gefühlen wie Schuld und Ambivalenz dem ausbeuterischen Therapeuten gegenüber fertig zu werden. Für den Therapeuten beinhaltet der Versuch einer Rehabilitation häufig sowohl Aufklärung über sexuelle Kontakte zwischen Arzt und Patient (wie sie gemeinhin entstehen, die verheerenden Auswirkungen, die Risikofaktoren usw.) als auch ein eher persönliches

Bemühen, die zahlreichen Rationalisierungen und Verdrehungen beiseite zu räumen, um das Geschehen, so wie es sich wirklich abgespielt hat, zuzugeben und zu verstehen. Ebenso wie diejenigen, die Kinder sexuell mißbrauchen, vergewaltigen oder ihre Frauen schlagen, oft mystifizierende Erklärungen anbieten, derart, daß das Opfer solcher Gewalttaten »danach verlangt«, »es gebraucht«, »sich aufreizend verhalten«, »es verdient« hat und daß es ihm wohl ganz gut getan hat, so hält auch der Therapeut, der den Fehltritt begeht, häufig ein persönliches System von Überzeugungen bereit, das dem Patienten die Schuld und Verantwortung zuschiebt.

Die Kenntnis dieser Szenarios ist wichtig für Berufsverbände und Bildungsinstitutionen. Und sowohl diejenigen, die psychotherapeutische Dienste anbieten, als auch die, die sie in Anspruch nehmen, brauchen umfassende und ständige Aufklärung über Handlungen, die zu eindeutig unethischen und krankmachenden sexuellen Beziehungen führen.

Schließlich mag es Therapeuten geben, die derzeit sexuellen Kontakt zu Patienten pflegen und sich und ihr Verhalten in diesen Szenarios wiedererkennen. Aus was für Gründen sie auch immer in diese Situation geraten sind - der Schock, wenn sie ihr Verhalten und die Folgen wahrnehmen, kann sie in die Lage versetzen, sofort Maßnahmen zu ergreifen, um die sexuelle Verstrickung zu beenden und die konstruktivste Lösung herbeizuführen. Indem sie den Mut und die Aufrichtigkeit finden, einen solchen Schritt ohne äußeren Druck (wie Prozesse, Beschwerden bei Zulassungsbehörden und ähnliches) zu wagen, können sie weiteren Schaden vom Patienten abwenden und sich als Therapeuten rehabilitieren.

Verbreitete Szenarios

Die Szenarios, die in diesem Teil vorgestellt werden, gründen sich auf klinische Berichte und wissenschaftliche Literatur, öffentliche Dokumente (zum Beispiel Abschriften von Zivilprozessen und Hearings vor staatlichen Stellen) und unsere eigenen Forschungen auf diesem Gebiet. Die meisten Fälle intimer Beziehungen zwischen Patienten und Therapeuten lassen sich in zehn grundsätzliche Szenarios einteilen - auch wenn es natürlich viele Ausnahmen gibt -, die eine jeweils spezifische Dynamik und einen wahrscheinlichen Entwicklungsverlauf aufweisen (vgl. S. 18). Unsere Absicht ist es, die hervorstechenden Merkmale jedes Szenarios zu verdeutlichen und gleichzeitig die Privatsphäre der Beteiligten - besonders der Patienten - zu schützen. Daher sind die Beispiele der zehn häufigsten Szenarios fiktive Verallgemeinerungen, und keines bezieht sich auf einen besonderen individuellen Fall.

Rollentausch

Amy ist 21 Jahre alt und Studentin. Sie hat Bob, ihren neuen Therapeuten, im Branchenbuch unter dem Stichwort »Psychotherapie« gefunden. Sie ist sehr ängstlich, als sie ihm von den Problemen erzählt, die sie mit ihrem Freund hat. Sie schämt sich zu sehr, um offen über ihre Eltern zu sprechen, über die Streitereien, den Alkoholismus und die gelegentliche Gewalt.

Bob ist mitfühlend. Er will sie entspannen, ihr versichern, daß solche Probleme nicht ungewöhnlich sind. Um ihr zu helfen, ihre Gefühle der Isolation zu überwinden, beginnt er, ihr etwas aus seinem eigenen Leben mitzuteilen (»beispielgebende Selbstenthüllung«), und erzählt ihr von den Problemen, die er mit seiner Frau hat, von den »Familiengeheimnissen«, mit denen er hat leben müssen.

Amy ist beruhigt und fasziniert. Sie will mehr über sein Leben hören, darüber, wie er mit Problemen fertig wurde, die den ihren vergleichbar sind. Bob kommt ihr entgegen. Er geht mehr und mehr ins Detail, klagt über den Mangel an Kommunikation in seiner Ehe, das Desinteresse seiner Frau an ihm, die sexuellen Probleme, die aus dem Vaginismus seiner Frau herrühren.

Amy und Bob entdecken, daß sie viel gemeinsam haben.

Zehn verbreitete Szenarios

Szenario	*Kriterium*
1. Rollentausch	Der Therapeut wird zum »Patienten«, seine Wünsche und Bedürfnisse bestimmen die Behandlung.
2. Sexualtherapie	Der Therapeut stellt intime Beziehungen zwischen Arzt und Patienten arglistig als angemessene Behandlung sexueller oder anderer Schwierigkeiten dar.
3. Als ob ...	Der Therapeut behandelt die positive Übertragung, als ob sie nicht das Ergebnis der therapeutischen Situation sei.
4. Svengali*	Der Therapeut verwendet Kokain, Alkohol oder andere Drogen als Teil der Verführung.
6. Vergewaltigung	Der Therapeut setzt physische Gewalt, Drohungen und/oder Einschüchterung ein.
7. Wahre Liebe	Der Therapeut erfindet Rationalisierungen, die den klinischen/professionellen Charakter der Beziehung samt der dazugehörenden Verantwortung herabmindern.
8. Es geriet einfach außer Kontrolle	Dem Therapeuten gelingt es nicht, die emotionale Nähe, die sich in einer Therapie entwickelt, mit hinreichender Aufmerksamkeit, Behutsamkeit und Rücksichtnahme zu behandeln.
9. Szenenwechsel	Der Therapeut erkennt den Tatbestand nicht an, daß die therapeutische Beziehung mit den festgelegten Sitzungen innerhalb der Praxis endet, und setzt sich darüber hinweg.
10. Halte mich!	Der Therapeut beutet die Sehnsucht des Patienten nach nichterotischem, physischem Kontakt und die möglichen fließenden Grenzen zwischen erotischen und nichterotischen Berührungen aus.

* Gestalt des bösartigen Hypnotiseurs aus dem Roman »Trilby« von George DuMaurier (1894).

Amy freut sich auf jede Sitzung und fragt, ob sie sich nicht häufiger treffen könnten. Sie spürt, wie ihre Selbstachtung wächst, weil Bob sie wie eine Erwachsene behandelt (was weder ihre Eltern noch ihr Freund je getan haben). Sie fühlt sich wertvoller, weil sie Bobs Probleme verstehen und ihm helfen kann - manchmal nur dadurch, daß sie ihm zuhört und anwesend ist. Ihre eigenen Probleme, die sie in die Therapie geführt haben, erscheinen weniger wichtig; sie fühlt sich mit ihrer Familie oder ihrem Freund nicht mehr sehr eng verbunden. Sie entdeckt eine neue Art von Beziehung, die ihr ganz natürlich vorkommt, in der sie sich geborgen fühlt. Zum erstenmal in ihrem Leben nimmt sie sich als etwas wirklich Besonderes wahr.

Bob stimmt den zusätzlichen Sitzungen zu und verzeichnet in seinen ansonsten spärlichen Behandlungsunterlagen Amys Fortschritte. Er merkt, daß auch er sich auf die Sitzungen freut. Er beschließt, sein Therapiekonzept nicht als eigentlich analytisch zu betrachten, sondern eher als existentiell und humanistisch orientiert. Offensichtlich ist seine »Authentizität« Amy gegenüber von therapeutischem Wert. Daß sie einander »aufrichtig« begegnen, hilft ihr, sich weniger »geteilt«, dafür wertvoll und lebendig zu fühlen.

Bald treffen sie sich an fünf Tagen in der Woche, und Bob stellt fest, daß er sich zum erstenmal in seinem Leben wirklich verstanden fühlt. Er läßt Empfindungen in sich aufkommen, von deren Existenz er bislang nichts ahnte. Wo er am verletzlichsten ist, kommt ihm Amy mit genau dem richtigen Wort des Verständnisses und der Beruhigung zu Hilfe. Während einer Sitzung, in der er erzählt, wie sehr er als kleines Kind darunter gelitten habe, daß er niemals fest in die Arme genommen wurde, gerät er in solch tiefe Bewegtheit, daß Amy zu ihm hinübergeht und ihn umarmt. Er legt seine Arme um sie, und sie verspüren eine ganz besondere Nähe.

Nach der Sitzung, in der sie sich umarmt hatten, begann ihnen das gewohnte Arrangement - Bob in seinem Stuhl, Amy auf der Couch - unnatürlich, unecht und ihrer wirklichen Nähe abträglich zu erscheinen. Sie begaben sich auf die Couch, wo Bob oft mit dem Kopf in ihrem Schoße lag und sie ihn tröstete, während er mehr und mehr über sich erzählte - Dinge, die er noch nie irgend jemandem mitgeteilt hatte.

Eines Tages sagte Bob zu ihr, daß er dabei sei, das größte Risiko seines Lebens einzugehen und ihr sein tiefstes Geheimnis mitzuteilen. Nur mit Mühe erzählte er, daß er sich danach sehne, mit einer wirklichen Frau zu schlafen, und daß die einzig wirkliche Frau, die er kenne, Amy sei. Amy fühlte für Bob so, wie sie noch für keinen Menschen empfunden hatte, so, wie sie sich immer gewünscht hatte, daß jemand für sie empfinden könnte. Sie sagte ihm, daß sie alles für ihn tun würde.

Kommentar

Ebenso wie in einigen gestörten Familienbeziehungen (die oft Inzest und ähnliche Rollen- und Grenzverletzungen einschließen) die Kinder zu »Eltern« ihrer eigenen Eltern werden und versuchen, ihnen Freude zu machen und für sie zu sorgen, gibt es auch in manchen gestörten Therapiemustern eine Vertauschung der Rollen. Dem Patienten fällt die Aufgabe zu, für die Wünsche und Bedürfnisse des Therapeuten zu sorgen, ihn zu erfreuen und zufriedenzustellen. Der schlüpfrige Abhang zur sexuellen Intimität beginnt oft mit allmählicher, kaum wahrnehmbarer Neigung. Der Therapeut redet, der Patient hört zu. Das Leben und die Bedürfnisse des Therapeuten rücken ins Zentrum. Die legitimen Probleme des Patienten werden zweitrangig oder gar nicht mehr berücksichtigt. Als Resultat seiner oder ihrer offenkundigen Bedeutung für den Therapeuten beginnt sich der Patient oder die Patientin besonders und wichtig vorzukommen. Sie oder er wird sich für Depressionen, Schuldgefühle, Frustrationen, Überdrußgefühle und andere Probleme, die der Therapeut oder die Therapeutin vermittelt, verantwortlich fühlen. Den Therapeuten sexuell zu befriedigen ist nur eine der vielen Möglichkeiten, diese Rolle auszufüllen.

Dieses modellhafte Beispiel unterstreicht, wie wichtig es für alle Therapeuten ist, sich zu vergewissern, daß sie über genügend Quellen verfügen, die eigenen Wünsche und Bedürfnisse *außerhalb* der Beziehung zu Patienten zu befriedigen. Wenn Therapeuten Schwierigkeiten mit ihrem persönlichen Leben haben, sollten sie sich beraten und fachlich betreuen lassen und/oder (erneut) in eine Therapie einsteigen, um Schaden von ihrer Arbeit mit Patienten abzuwenden.

Sexualtherapie

Cathy ist eine Patientin von Dr. Donald, einem charismatischen Psychiater. Sie leidet darunter, daß sie beim Geschlechtsverkehr keinen Orgasmus erleben kann. Dr. Donald, der zuerst eine genaue Lebensgeschichte einschließlich der sexuellen Entwicklung aufnimmt, bemerkt, daß Cathys Probleme unter anderem daher kommen, daß sie sich ihres Körpers schämt. Sie fürchtet, nicht attraktiv zu sein, und ist daher unsicher, wenn sie sich auszieht, um mit einem Mann zu schlafen.

Dr. Donald erklärt, daß die erste Phase der Behandlung zwei Verfahren umfasse, die in der medizinischen Literatur als »Realitätsprüfung« und »systematische Desensibilisierung« bezeichnet werden. Er verweist auf renommierte wissenschaftliche Zeitschriften, in denen diese Methoden diskutiert werden, und versichert ihr, daß diese Maßnahmen nicht nur legitim, sondern auch unumgänglich sind, wenn sie ihr Problem überwinden will. Cathy fühlt sich unbehaglich, als der Therapeut erklärt, was sie tun muß - aber schließlich ist er ein zugelassener Arzt, und sie ist verzweifelt und will geheilt werden.

Zuerst bittet er sie, ihre Bluse auszuziehen und ihm zu berichten, wann sie die ersten Ängste verspürt. In den darauffolgenden Sitzungen ist Cathy noch nicht einmal fähig, ihre Bluse aufzuknöpfen; doch Dr. Donald arbeitet beharrlich und behutsam an diesem Widerstand und erklärt, daß dies ein normaler Aspekt ihrer Schwierigkeiten und des Therapieverlaufs sei. In der vierten Sitzung legt sie ihre Bluse ab. Dr. Donald bemerkt dazu, daß sie einen bedeutsamen Schritt auf dem Weg zur Heilung gemacht habe.

In der nächsten Sitzung bittet er sie, ihre Bluse und auch ihren Büstenhalter auszuziehen. Der »Widerstand«, der mit dieser Phase der »Behandlung« einhergeht, hält zwei weitere Sitzungen an.

Während der Sitzung, in der sie schließlich den Oberkörper vollständig entblößt, sieht Dr. Donald sie mit einem professionellen Blick an und behauptet, daß die systematische Desensibilisierung gute Fortschritte mache, daß sie jetzt fähig zu sein scheine, ihre Ängste zu erleben und mit ihnen besser umzugehen. Weiterhin erklärt er, er wolle ihr jetzt seine Eindrücke von ihrem Körper mitteilen, damit sie für ihre »Realitätsprüfung« ein professionelles Urteil erhalte. Auf diesem Wege könne sie zu einer realistischeren Auffassung von ihrem Körper und seiner Attraktivität gelangen.

Der weitere Therapieverlauf erfordert, daß sie sich vollständig entkleidet, um dem Widerstand und den Ängsten zu begegnen, die mit dieser Handlung verbunden sind, und um für Dr. Donalds Bemerkungen über ihren Körper »empfänglich zu sein«.

Nachdem diese Phase ihrer »Therapie« erfolgreich beendet ist, hört Cathy nun den Arzt sagen, daß er, um ihre Orgasmusschwierigkeiten einschätzen zu können, als erstes sehen müsse, unter welchen Bedingungen sie gegenwärtig keine Probleme habe. Während ihrer Lebensgeschichte hatte sie erzählt, daß ihre Schwierigkeiten nur beim Verkehr, nicht beim Masturbieren auftreten würden.

Dr. Donald erklärt, daß sie nun ihre Orgasmusfähigkeit erforschen müßten. Dazu habe sie sich auf den Boden zu legen und bis zum Höhepunkt zu masturbieren. Der Widerstand gegen diese Phase dauert zwei Monate. Jedoch bewirkt die ruhige und sichere Art des Psychiaters zusammen mit seinen zunehmend gebieterischen Anweisungen, dem Behandlungsplan strikt Folge zu leisten, um »gesund« zu werden, daß Cathy ihre Bedenken beiseite schiebt und den »Anweisungen des Arztes folgt«.

Zweimal bricht sie während des Versuchs zu gehorchen in Tränen aus, zieht sich schnell an und rennt aus seiner Praxis. Doch bald schafft sie es, die Übung zu Ende zu bringen; die ganze Zeit über spricht Dr. Donald zu ihr, um ihr bei ihrer »Realitätsprüfung« zu helfen. Während einer Sitzung legt sich Dr. Donald neben sie auf den Boden, »um sie zu beruhigen und zu beobachten, was wirklich das Problem verursacht«. Bald berührt er sie. Sie ist verwirrt und ängstlich, aber auch sexuell erregt. Sie schlafen miteinander. Am Nachmittag nach dieser Sitzung springt sie vom Dach eines Bürogebäudes in der Nähe ihrer Wohnung.

Kommentar

Die Mittel, die Therapeuten zur Verfügung stehen, um Patienten dazu zu bringen, ihre Zweifel und Widerstände gegenüber sexuellen Handlungen zu überwinden, sind zahlreich und breit gefächert. Patienten haben oft Ängste und Unklarheiten in bezug auf ihre Sexualität und sind daher leicht beeinflußbar. Da gibt es den verbreiteten Wunsch, manchmal fast einen Zwang, den Therapeuten zu erfreuen. Da gibt es die Verwirrung, die mit dem Übertragungsphänomen zusammenhängt. Dazu die Handlungsfreiheit und Kontrolle, die wir Ärzten zugestehen: Wir erlauben einer bestimmten Gruppe von Ärzten, uns einzuschläfern und aufzuschneiden; anderen, uns potentiell tödliche Chemikalien zu injizieren; und wieder anderen, uns nackt zu untersuchen und die intimsten Teile unseres Körpers zu erforschen. Wir glauben an die Autorität der Ärzte. Trotz der gesunden Skepsis der Verbraucherschutzbewegung und unserer tiefsitzenden Haßliebe zum medizinischen Establishment gibt es nur wenige, die sich nicht an die Hoffnung klammern, daß es »der Doktor schon am besten wisse«. Die Verzweiflung angesichts quälender und ihr Leben behindernder Zustände treibt Kranke dazu, »alles zu versuchen«, um sich besser zu fühlen. Und zu alledem kommt noch die bedeutsame Tatsache, daß tiefes Vertrauen ein ausschlaggebender Faktor jeder therapeutischen Beziehung ist. Dieses

Vertrauen macht Patienten anfällig für den Einfluß des Therapeuten und sehr verwundbar.

Als ob ...

Ellen war beunruhigt, als sie schon in ihrer dritten Sitzung mit Frank, einem klinischen Psychologen, feststellte, daß sie sich zu ihm hingezogen fühlte. Das war, so dachte sie, das Schlimmste, was passieren konnte. Sie war gekommen, um unter anderem über ihre Beziehung zu Männern zu sprechen, und jetzt fing sie an, für ihren Therapeuten zu schwärmen. Wie konnte sie an den anderen Problemen arbeiten, wenn sie sich in Frank verliebte? Und wie konnte sie die Peinlichkeit ertragen, ihm ihr Geheimnis zu erzählen? Er würde vermutlich ärgerlich werden und ihr sagen, daß er mit ihr nicht mehr arbeiten könne. Oder sie einfach auslachen - und dann stünde sie mit ihren Gefühlen da.

Sie hoffte, daß das Problem verschwinden würde, wenn sie es ignorierte. Nach mehreren Wochen wurde es jedoch schlimmer. Sie merkte, daß sie von ihm träumte und einmal sogar eine sexuelle Phantasie hatte. Während der Sitzungen versuchte sie weiter, über die Probleme zu sprechen, die sie in die Therapie geführt hatten; aber sie spürte, daß sie sich vorstellte, wie sie beide alle möglichen Dinge miteinander taten.

Sie bemühte sich verstärkt, diese Gedanken aus ihrem Kopf zu verbannen. Sie bemerkte aber, daß der bloße Gedanke an die Therapie sie sexuell erregte; und alles, was sie tun konnte, wenn sie mit ihm in der stillen Intimität seiner Praxis saß, war, sich zu beherrschen. In einer Sitzung überkam sie, während er redete, eine lebhafte sexuelle Phantasie, die sie so erregte, daß sie fast einen Orgasmus erlebte. Frank bemerkte, daß sie rot wurde und fragte, ob etwas nicht in Ordnung sei. Sie schüttelte den Kopf und sagte: »Nein, es ist nichts.«

Die Situation war für sie unerträglich geworden. Während der Ferien ihres Therapeuten beschloß sie, etwas zu unternehmen. Sie fühlte, daß diese Gedanken sie wahnsinnig machten.

Sie nahm ihren Mut zusammen und entschloß sich, gleichgültig wie peinlich es ihr war und wie ärgerlich oder spöttisch Frank reagieren mochte, darüber zu sprechen, was in ihr vorging. Wenn sie es offen zugab, konnten sie und Frank beschließen, was nun werden sollte. Schließlich war es vielleicht für einige Patienten normal, sich in ihre Therapeuten zu verlieben, obwohl sie sich nicht sicher war, ob sie das wirklich glaubte. Selbst wenn es nicht normal war, konnten sie das zu einem Gegenstand der Therapie machen. Vielleicht hing es ja irgendwie mit ihren anderen Problemen zusammen. Natürlich war es auch möglich, daß sie in Anbetracht der Stärke ihrer Gefühle nicht mehr mit Frank würde arbeiten können. Das beunruhigte sie. Aber das Risiko mußte sie eingehen, und vielleicht würde er ihr ja helfen, einen neuen Therapeuten zu finden, mit dem sie erfolgreicher arbeiten konnte.

Der Entschluß, die Angelegenheit offenzulegen, machte sie nervös, nahm ihr aber auch eine schwere Last von der Seele. Während der Tage, die sie auf Franks Rückkehr aus den Ferien wartete, stellte sie fest, daß sie nicht mehr so oft von ihm träumte und seltener und nicht so intensiv sexuell erregt wurde, wenn sie an ihn dachte. Sie entwickelte sogar eine genauere Vorstellung davon, daß ihre Schwärmerei den Gefühlen glich, die sie für ihren Ex-Ehemann und die Männer, mit denen sie nach ihrer Scheidung zusammen gewesen war, empfunden hatte. Diese Beziehungen waren immer sehr schmerzhaft zu Ende gegangen - jetzt aber schöpfte sie Hoffnung, daß sie herausfinden konnte, was sie an solchen Männern so attraktiv fand und wie es dazu kam, daß sie sich mit ihnen einließ.

Als sie nach den Ferien auf dem Weg zu Franks Büro war, wurde ihr bewußt, daß sie zum erstenmal seit vielen Wochen vor einer Sitzung nicht sexuell erregt war. Sie war immer noch etwas nervös, aber zuversichtlich, selbstbewußt und gespannt darauf, was sie gemeinsam tun konnten.

Als Ellen anfing, über ihre Gefühle zu sprechen, hörte Frank mit gespannter Aufmerksamkeit zu. Sie war ihm als eine der schönsten, intelligentesten und faszinierendsten Frauen erschienen, die er je getroffen hatte. Nun stellte sich heraus, daß sie in ihn verliebt war. Die Vorstellung erregte ihn über die Maßen. Er sah, wie sie in ihrem Stuhl hin- und her rutschte und spürte seine wachsende Erregung. Er atmete schwer und merkte, wie ihm das Blut ins Gesicht schoß.

Ellen war so viel sprühender als seine gegenwärtige Geliebte, die ihn zu langweilen begann. Und nun erzählte sie ihm nicht nur, daß sie in ihn verliebt war, sondern beschrieb auch noch sexuelle Phantasien, die sich mit ihm verbanden. Dies konnte, dachte er, die perfekte Beziehung sein. Gerade schilderte sie, wie sie immer davon geträumt hatte, er würde zu ihr kommen und sie küssen. Abrupt unterbrach er sie. »Steh auf!« - »Wie bitte?« fragte sie. Er wiederholte lauter: »Steh auf!«

Ohne zu realisieren, was eigentlich geschah, stand sie auf und überlegte, ob er sie nun aus seinem Büro hinausweisen wollte. Sie hatte es zwar schon fast vergessen, aber eine ihrer anfänglichen Befürchtungen war es gewesen, er könnte sie verlassen, wenn sie ihm von ihren Gefühlen erzählte.

Als sie aufstand, kam er sofort zu ihr, umarmte sie und versuchte, sie zu küssen. Sie wehrte ab, war aber verwirrt. Ihr wurde schwindelig; sie glaubte, ohnmächtig zu werden. In diesem Augenblick wollte sie bloß aus dieser Praxis heraus, um jeden Preis weg von dieser Situation.

»Du willst das hier«, sagte er, hielt sie fest und zerrte an ihren Kleidern herum. Sie fing an zu weinen und bemühte sich mit aller Kraft, ihn wegzustoßen. Er schien leidenschaftlich erregt und wütend zu sein. Ihr Verstand setzte aus. Noch Jahre danach konnte sie trotz intensiver Psychotherapie an dieses Erlebnis nur mit Schrecken, Ekel und Scham zurückdenken. Die sexuelle Beziehung zu diesem Therapeuten wird das zerstörerische Ereignis in ihrem Leben bleiben.

Kommentar

Den meisten von uns tut es sehr gut zu hören, daß uns andere sexuell anziehend finden, sich romantisch zu uns hingezogen fühlen, sich in uns verlieben. Es schmeichelt uns und macht uns stolz. Vielleicht fühlen wir uns bestätigt, privilegiert und als etwas Besonderes. Die Liste der positiven Reaktionen ist breit gefächert und lang. Dann und wann ergeben sich auch unangenehme Augenblicke, brechen Konflikte hervor, kompliziert sich unser Leben; im allgemeinen jedoch schätzen wir es, wenn man uns so etwas sagt.

Das Schönste daran zu hören, daß uns jemand attraktiv findet, ist, daß wir es ganz auf uns beziehen. Es spricht uns – das möchten wir zumindest so sehen – als unvergleichliches Individuum an. Vielleicht liegt hier das eigentliche Problem für die therapeutische Beziehung.

In der therapeutischen Beziehung kann der Patient, durch die Übertragung und eine Menge verwandter Phänomene, machtvolle sexuelle Gefühle für den Therapeuten entwickeln, die sich im Grunde nicht auf den Therapeuten als Individuum beziehen. Es ist nichts Ungewöhnliches oder der Therapie Abträgliches daran, daß solche Gefühle entstehen und ausgesprochen werden. Vielmehr können diese Empfindungen und das Bemühen, sie zu akzeptieren und zu verstehen, in vielen Therapien für die erfolgreiche Arbeit wesentlich sein.

Die verantwortungsvolle Aufgabe des Therapeuten besteht darin, solche Gefühle grundsätzlich von denen, die außerhalb einer Behandlung vorkommen, zu trennen und dementsprechend mit ihnen umzugehen. Dieser Grundsatz ist spätestens seit 1915 bekannt, als Freud klar und ausdrücklich darauf hinwies, daß die Übertragung des Patienten in einem anderen Licht gesehen werden muß als das »Verlieben«, wie es außerhalb der therapeutischen Beziehung geschieht. Der Analytiker »muß erkennen, daß das Verlieben der Patientin durch die analytische Situation erzwungen wird und nicht etwa den Vorzügen seiner Person zugeschrieben werden kann, daß er also gar keinen Grund hat, auf eine solche ›Eroberung‹, wie man sie außerhalb der Analyse heißen würde, stolz zu sein.« (Freud, 1925, S. 122)

Therapeuten erliegen einem schweren Irrtum, mit schädlichen Folgen, wenn sie auf die sexuelle Ausstrahlung von Patienten reagieren, als ob man sich in einem anderen als dem therapeutischen Umfeld befände. Diese »Als ob«-Szenarios zählen für Therapeuten und Patienten zu den verwirrendsten und schädlichsten.

Svengali

Gilda ist eine charismatische Lebensberaterin, die von ihren Patienten völlige Ergebenheit verlangt. Heather, die fast immer Probleme damit gehabt hat, eigene Entscheidungen zu treffen und ihr Leben selbstbestimmt zu führen, glaubt, daß Gilda genau die richtige Therapeutin für sie ist. Stets verwirrt von den Schwierigkeiten und Anforderungen des Lebens, bemerkt Heather, daß Gilda über Wissen und Gewißheiten verfügt, nach denen sie immer gestrebt hat.

Gilda hilft ihren Patienten, ihre wahren Möglichkeiten zu entdecken, indem sie ihnen die Geheimnisse des Lebens enthüllt und aufzeigt, wie man richtig lebt. Sie fällt für sie Entscheidungen in allen Lebensbereichen und duldet keinen Widerstand. Sie verfügt über eine Reihe von Techniken - wie Spott, Einschüchterung und Verlassensandrohungen -, um das Vertrauen und die Loyalität ihrer Jünger zu gewinnen, vor allem jedoch herrscht sie durch die Kraft ihrer Persönlichkeit. Sie macht deutlich, was für einen einzigartigen und wertvollen Dienst sie ihren Klienten erweist, und in besinnlichen Momenten soll sie sich mit Sokrates, Moses, Jesus, Buddha und Albert Schweitzer verglichen haben.

Sie erklärt Heather, daß sie ihr Liebling sei und fast alles erreichen könne, wenn sie sich nur den neuen Erfahrungen öffne, dem Wissen, das vor ihr liege. Sie berührt Heather oft, legt den Arm um sie, streichelt ihr Haar, umarmt sie.

Heather begibt sich mehr und mehr in die Gewalt ihrer Therapeutin und befolgt ihre Weisungen in allen Lebensbereichen. Es ist, als ob sie ihre Identität und ihren Willen jetzt von Gilda ableitet.

Gilda teilt Heather mit, daß sie nun bereit sei für das heiligste Wissen, die wahre Gemeinschaft von Geist und Seele. Heather versteht nicht ganz, wovon Gilda spricht, doch das ist nicht neu. Gilda hat ihren Patienten vermittelt, daß es nicht immer möglich oder wichtig ist zu wissen, warum sie etwas tun, sondern daß sie es tun, wenn sie ihnen sagt, daß es in ihrem Interesse liegt. Das Verständnis werde später kommen, wenn überhaupt, nachdem sie sich der neuen Erfahrung geöffnet haben.

Gilda macht Heather bald zu ihrer Geliebten.

Kommentar

Svengalis, die oft mit zahlreichen Patienten intim werden, sind zumeist sanft verführerische oder streng autoritäre Therapeuten. Charisma und der Nimbus des Geheimnisumwitterten spielen eine große Rolle.

Sie haben es leicht, Patienten mit ausgeprägter Neigung, sich in Abhängigkeit zu begeben und sich unterzuordnen, auszubeuten. Diejenigen, die Autorität fürchten und respektieren, sind besonders anfällig. Allerdings gibt es eine Vielfalt von Verfahren, Patienten zu beherrschen, die in vielen Fällen einer Gehirnwäsche oder Hypnose ähneln. Diese Therapeuten werden für ihre Patienten, deren Fähigkeit, eigenständig zu denken, erheblich geschwächt wird, zu Göttern. Kulte und kultähnliche Handlungen sind hier nicht ungewöhnlich. Die sexuelle Beziehung zwischen Therapeut und Patient kann sich in die verführerische Form eines religiösen Rituals kleiden und am Ende drei oder mehr Personen einschließen.

Drogen

Ivan, ein Therapeut, der sich auf Körperarbeit spezialisiert hat, erklärt Jack, seinem neuen Patienten, was er allein durch die Berührung seines Körpers alles erreichen könne. Die Schulterhaltung zum Beispiel zeige die Anspannung und den Streß, unter dem er bislang gelebt hat. »Sie verdienen sicherlich nicht soviel Geld, wie Sie gern möchten, und bisweilen füllt Sie Ihre Arbeit nicht aus. Manchmal fragen Sie sich, ob Sie den falschen Beruf haben, sind aber zu ängstlich, um neue Möglichkeiten zu erproben, die sich nicht auszahlen könnten. Die verbogene Wirbelsäule weist auf tiefverwurzelte Minderwertigkeitsgefühle, vermutlich aus Kindheitserlebnissen herrührend, die Sie in künftigen Sitzungen erforschen müßten. Es gibt Zeiten, wo es Sie nervös macht, neue Menschen kennenzulernen oder in einer Gruppe zu sein. Sie fühlen sich in mehrfacher Hinsicht unzulänglich, und doch fällt es Ihnen schwer, über Ihre Unzulänglichkeiten zu sprechen oder sie sich auch nur einzugestehen. Es gibt einiges an Ihrem Körper und Ihrem Ich, das Sie gern ändern würden.« Die leicht schräge Neigung des Beckens drücke sexuelle Probleme aus, denen man sich umgehend zuwenden müsse. »Sie haben sexuelle Erlebnisse gehabt, die nicht gut gingen, einige taten Ihnen sogar seelisch weh. Sie haben Phantasien von sexuellen Handlungen gehabt, die Sie nicht ausgelebt haben, und Phantasien, von denen Sie glauben, sie lieber nicht ausleben zu wollen. Manchmal sind Sie mit jemandem zusammen gewesen und haben sexuelle Handlungen, die Sie gern getan hätten, nicht ausgeführt. Manchmal fühlten Sie sich von einem, mit dem sie schliefen, oder einem, der sie sexuell anzog, zurückgewiesen. Sie könnten sich Ihr Sexualleben in mancherlei Hinsicht anders vorstellen, besser.«

Ivan hat schon erklärt, daß seine Methode der Integration von Körper und Geist sich aus den Arbeiten von Freud, Ferenczi, Reich, Lowen, Rolf, Feldenkrais, Janov und Alexander herleitet. Extreme Körpersensationen, Wiedergeburt und Regression in ein früheres Leben sind ebenfalls Quellen, aus denen er schöpft. Doch Jack ist noch ganz verblüfft, daß ein völlig Fremder, gleichgültig wie gut informiert und begabt, so viel über ihn erzählen konnte, allein dadurch, daß er ihn auszog und berührte. Natürlich ist ihm nicht bewußt, daß Ivan buchstäblich allen neuen Patienten mit nur geringen Abweichungen dasselbe erzählt.

Während der zweiten Sitzung stellt Ivan seinem Patienten einen detaillierten Behandlungsplan vor, der erst einmal Jacks »Charakterpanzer« auflösen soll, so daß sie beide verborgene Schmerzen und »Engramme« überall an seinem Körper entdecken und damit beginnen können, eine positivere Entwicklung von Körper und Geist einzuleiten. Tiefenmassage werde ein Teil der Behandlung sein sowie Darmentleerung, die den Körper von Giftstoffen befreien soll. Ivan erklärt, daß der Prozeß der »Entpanzerung« beträchtlich beschleunigt werden kann durch den vernünftigen Gebrauch ungefährlicher, in der Natur vorkommender Substanzen, die in alten Kulturen oft benutzt wurden, um Aufnahmefähigkeit und Wohlgefühl zu steigern. In unserer Kultur, so Ivan, bezeichne man diese Substanz oft als Kokain, ohne ihre therapeutischen Wirkungen anzuerkennen. Ivan hat Jack versichert, daß er zugelassener Arzt ist und die Erlaubnis hat, Kokain für seine Therapie zu verschreiben. Zugleich schärft er Jack ein, anderen nichts von dieser Methode zu erzählen, da er sich sonst vor Klienten kaum retten könnte, für die eine solche Behandlung ungeeignet wäre.

Die Wirkungen des Kokains, verbunden mit den ständigen Körperkontakten, machen Jack zu einem leichten Opfer der sexuellen Ausbeutung durch seinen Therapeuten.

Kommentar

Drogen können von Therapeuten in verschiedenster Weise eingesetzt werden, um eine Verführung zu bewerkstelligen. Einige Mittel erzeugen bei manchen Menschen eine Art gesteigerter sexueller Empfindlichkeit und Erregung. Einige psychotrope Arzneimittel beeinträchtigen die Wahrnehmungsfähigkeit und motorische Prozesse, das Bewußtsein oder die Fähigkeit, wirksam zu reagieren. Andere führen einen fast komatösen Zustand herbei, in dem der Patient vollkommen hilflos ist. In noch anderen Fällen kann ein Therapeut eine Droge verabreichen, die eine starke seelische oder körperliche Abhängigkeit hervorruft. Hängt der Patient erst einmal »an der

Angel«, kann der Therapeut sexuelle Kontakte zur Bedingung für weitere »Verschreibungen« machen.

Vergewaltigung

Karen ist ein 14jähriges Inzestopfer. Dr. Louis, ein Vertreter der Hypnotherapie, behandelt sie wegen des Inzesttraumas. Er veranlaßt sie, sich auf seine Couch zu legen, und versucht, sie in tiefe Trance zu versetzen. Sie ist so nervös, daß sie sich nicht auf das, was er sagt, konzentrieren kann. Sie vertraut ihm nicht, mag ihn nicht ansehen, bedeckt ihr Gesicht mit den Händen und weint.

Er sagt, daß sie wohl jemanden brauche, der sie beruhige, und legt sich neben sie. Er sagt ihr, daß sie sich nicht fürchten muß, daß er sie beschützen und trösten wird. Er drängt sich an sie und legt ihr die Hand über den Mund, bevor sie schreien kann. Er hält sie so, daß sie sich nicht bewegen kann. Er vergewaltigt sie.

Als er fertig ist, erzählt er ihr, daß nichts passiert ist, daß sie verrückt ist und sich die ganze Sache nur eingebildet hat. Wenn sie versucht, es jemandem zu erzählen, wird ihr niemand glauben, sagt er. Alle werden denken, daß sie psychotisch ist und in eine Anstalt gehört. Wenn sie es weitererzählt, werden alle wissen, daß sie auch den Inzest nur erfunden hat, und sie entweder zu ihrem Vater zurückschicken oder in ein Gefängnis stecken. Er wird, egal wohin sie kommt, immer noch verantwortlich für ihre Behandlung sein, und sie werden einem angesehenen Hypnotherapeuten immer mehr glauben als einem hysterischen kleinen Mädchen, das sich immer Geschichten ausdenkt, die zeigen, was für eine schmutzige Phantasie sie hat. Er könnte ihnen auch erzählen, sie habe versucht, ihn zu verführen und ihm gestanden, die Geschichte vom Inzest erfunden zu haben, weil sie ihren Vater nicht verführen konnte. Wenn sie versucht, irgend jemandem zu erzählen, was angeblich geschehen sei, so sagt er weiter, wird er ihr Drogen verabreichen, die sie nur noch dahinvegetieren lassen und auf ihr

Gehirn einwirken könnten. Wenn er wollte, könnte er sie sogar umbringen. Als sie sich angezogen hat und gehen will, schlägt er ihr ins Gesicht, damit sie zu weinen aufhört. Er schärft ihr ein, zur nächsten Sitzung nicht zu spät zu kommen.

Kommentar
Wie aus der klinischen Theorie und wissenschaftlichen Literatur, die in diesem Buch zitiert wird, hervorgeht, schwächen das mächtige Phänomen der Übertragung, das Kräfteverhältnis zwischen dem Therapeuten und Patienten, das tiefe Vertrauen, das für eine erfolgreiche therapeutische Beziehung notwendig ist, und ähnliche Faktoren die Fähigkeit des Patienten erheblich, sexuellen Annäherungen zu widerstehen. Auf dieser Grundlage haben Masters und Johnson (1976) die Auffassung vertreten, daß Therapeuten, die ihre Macht benutzen, um sexuelle Beziehungen zu Patienten einzugehen, der Vergewaltigung angeklagt werden sollten. In diesem Sinn stellen alle intimen Kontakte zu Patienten im Zusammenhang einer therapeutischen Beziehung eine Form von Vergewaltigung dar. Doch in einigen Fällen kommt es vor, daß sich Therapeuten vorwiegend auf ihre physische Stärke verlassen, die nicht selten in massive Gewalt ausarten kann, um sich sexuelle Befriedigung zu verschaffen. Somit verbinden sich die zerstörerischen Folgen einer Vergewaltigung, die unter Einsatz von physischer Gewalt erfolgt, mit der Verletzung der Form der therapeutischen Beziehung.

Wahre Liebe

Im zweiten Jahr ihrer Analyse spürte Martha, daß sie sich stark zu Dr. Walters hingezogen fühlte. Wie vom Schicksal bestimmt, tat Dr. Walter seinen Blick in sein Inneres und entdeckte ähnliche Gefühle für sie. Dies war kein plötzlicher und oberflächlicher Reiz, sagte er sich voller Überzeugung. Über ein Jahr lang hatte er ihr eine Stunde am Tag seine ungeteilte Aufmerksamkeit geschenkt, fünfmal in der Woche. Er glaubte, sie besser zu kennen als die meisten seiner Freunde. Doch es war mehr als nur das. In ihrer gemeinsamen Arbeit erlebte er eine Nähe, ein starkes Gefühl von Vertrautheit, das er noch nie verspürt hatte. Es schien ihm, als ob sie verwandte Seelen seien, die das Schicksal zusammengeführt hatte. Es war die außergewöhnlichste Beziehung in seinem Leben.

Als er während der nächsten zwei Monate über das Dilemma nachdachte, fiel ihm auf, daß er während der analytischen Sitzungen mehr als gewöhnlich sprach. Martha ging darauf ein, woraufhin das Gespräch weniger einseitig als vorher wurde.

Er wußte nicht recht, was er tun sollte. Auf der einen Seite war er immer der Ansicht gewesen, daß Sex zwischen Patienten und Therapeuten nicht akzeptabel sei. Doch dies hier war irgendwie anders, ungewöhnlich. Er war kein geiler, alter Bock, der nur darauf wartete, sich auf eine wehrlose Frau zu stürzen; und sie war kein hilfloses Opfer und kam mit ihrem Leben zurecht. Gut, sie hatte ihre Probleme - aber die haben wir alle. Sie war intelligent, eine gefestigte Persönlichkeit und hatte eine Entwicklungsstufe erreicht, die vermutlich selbst über dem Durchschnitt jener lag, die keine Patienten waren. Ihre Analyse war eigentlich keine Behandlung im traditionellen Sinn, sagte er sich, sondern eher ein Mittel, das sie benutzte, um neue Möglichkeiten für sich zu entdecken, fast so wie jemand, der ein Seminar besucht oder sich in einem Tagebuch selbst beobachtet. Daher war sie keine typische Patientin, sondern eher ein Mitmensch, mit dem er gern zusammenarbeitete.

Doch da war noch mehr. Ihre Gefühle füreinander gingen über die durchschnittliche Anziehung hinaus. Hier fanden zwei vollkommen füreinander geschaffene Seelen zueinander, was höchstens einmal im Leben passiert. Die Einschränkungen - medizinische, ethische, gesetzliche -, die Affären zwischen Patienten und Therapeuten untersagten, trafen auf diesen Fall nicht eigentlich zu. Es gab einfach keine Regeln, die für jeden Menschen in jeder Situation immer und überall gemacht sind. Martha und er stellten eine spezielle Ausnahme dar. Was ist schließlich wichtiger, außergewöhnlicher, heiliger als diese seltene Form von Liebe? Konnte er es jemals rechtfertigen, wenn er dieses Geschenk des Lebens auf der Grundlage irgendwo festgelegter Vorschriften, die diese Situation ohnehin nicht betrafen, zurückwies?

Er faßte einen Entschluß und bat sie am Anfang einer Sitzung, sich nicht auf die Couch zu legen, sondern sich im gegenüber zu setzen, so daß sie miteinander sprechen konnten. Er war entschlossen, nicht überstürzt zu handeln, obwohl er die Möglichkeit der Heirat ausdrücklich erwähnte. Er schärfte ihr ein, die Affäre diskret zu behandeln, da es im Kreis seiner Kollegen und in der Öffentlichkeit kaum Verständnis für ihre »besondere« Situation geben würde. Er erwähnte, daß sie darauf beharren müßten, daß ihre Beziehung erst nach Beendigung der Therapie begonnen hätte, wenn jemand davon erfahren sollte. Um ihnen dieses Arrangement zu erleichtern, hatte er Unterlagen über den Verlauf und die erfolgreiche Beendigung der Behandlung verfaßt und sie mehrere Monate zurückdatiert. Damit würde es offenkundig, daß die Therapie schon eine ganze Weile zu Ende war, bevor sie sich privat getroffen hätten. Er konstruierte eine Geschichte, nach der sie sich in einigen Monaten »zufällig« auf einer Party begegnen und so tun würden, als hätten sie sich seit dem Ende der Therapie zum erstenmal wiedergesehen.

Es waren erst 20 Minuten vergangen, als er sich ausgesprochen hatte. Da noch mehr als eine halbe Stunde übrig blieb, beschlossen sie, sich auf die Couch zu legen, um sich besser kennenzulernen und ihr Glück miteinander zu teilen.

Kommentar

Der erfinderische Geist des Therapeuten ist nie um eine Rationalisierung verlegen, wenn es darum geht, unkontrolliertes Verhalten zu entschuldigen. »Wahre Liebe« ist eine besonders wirksame, verführerische und unausrottbare Rechtfertigung. Ist der Therapeut einmal von der Gegebenheit dieser besonderen Lage überzeugt, lösen sich alle nur denkbaren Einwände vor dem gebieterischen und geheimnisvollen Bann dieser Himmelsmacht in Luft auf. Liebe hat immer recht und berechtigt scheinbar zu allem. Sie »wäscht alles rein«. Wie die Loreley lockt sie die Therapie vom Wege ab - auf eine unsagbar gefährliche Fährte. Erst später, wenn der Zauber schwindet, werden den Beteiligten die schrecklichen Folgen bewußt.

Es geriet einfach außer Kontrolle ...

Oliver war intelligent, gutaussehend, körperlich stark, doch seelisch empfindsam. Er war extrem schüchtern und besaß eine melancholische Ausstrahlung, als ob er immer mit etwas beschäftigt sei, das irgendwann in der Vergangenheit schiefgelaufen war. Gleichwohl war er ein sehr erfolgreicher Geschäftsmann und konnte sich gut in Gesellschaft bewegen, indem er seine angeborene Schüchternheit mit einem ausgeprägten Sinn für Humor überspielte. Paula, seine Therapeutin, hatte immer das Gefühl, daß sie nicht zu einer angemessenen Diagnose oder einem handfesten Behandlungsplan gelangte, aber sie tat ihr Bestes, hörte ihm aufmerksam zu und machte hilfreiche Bemerkungen. Ein- oder zweimal überlegte sie, ihn an einen anderen Therapeuten zu verweisen, da etwas auf ihre sonst so wache klinische Intuition und Fähigkeit, zur rechten Zeit einzugreifen, einwirkte. Doch sie spürte, daß sie diesen Patienten sehr mochte, und hoffte, daß ihre uneingeschränkt positiven Empfindungen für ihn als solche therapeutisch wirksam sein und schließlich zu einer klareren Sicht führen könnten. Oliver jedenfalls schien unbedingt mit ihr arbeiten zu wollen.

Olivers geschäftliche Verpflichtungen belasteten ihn immer mehr. Er kam selten zur normalen Zeit aus dem Büro nach Hause. Einmal rief er sie an, weil er sich in einer Krise befand, wie er sagte, und fragte, ob sie zu ihm in sein Büro kommen könnte, um ihn vor einer entscheidenden Verhandlung, die in eineinhalb Stunden stattfinden würde, wieder »zurechtzurükken«. Er fühle sich nicht in der Verfassung, Auto zu fahren, und außerdem sei ohnehin nicht genügend Zeit, um in ihre Praxis zu fahren, dort mit ihr zu sprechen und pünktlich zur Verhandlung wieder zurück zu sein. Paula dachte kurz nach, bevor sie zustimmte, ihn in seinem Büro zu treffen. Sie sah es als positives Zeichen der Entwicklung ihrer therapeutischen Beziehung an, daß er sich in einer Krise an sie wandte.

Während der folgenden Monate traf sie ihn noch zweimal in seinem Büro. Das zweite Mal beschlossen sie, die Sitzung beim Mittagessen fortzusetzen. Paula fand nichts Schlimmes dabei.

Ein Markstein in Olivers Therapieverlauf war seine Entscheidung, ein Risiko einzugehen und eine Zweigstelle zu eröffnen. Er bedankte sich aufrichtig und überschwenglich bei Paula, weil er es ohne ihre Hilfe nicht geschafft hätte. Es würde ihm sehr viel bedeuten, wenn sie bei der offiziellen Einweihungsfeier für das neue Büro anwesend wäre, sagte er ihr. Sie glaubte, daß es wichtig sei, seine Fortschritte zu unterstützen, und stimmte zu. Als sie ankam, begrüßte Oliver sie und führte sie die ganzen zwei Stunden herum. Danach gingen sie essen, um zu besprechen, wieviel das hier ihm bedeutete. Er bestellte eine Flasche Champagner und dann noch eine. Er sprach darüber, wieviel ihm diese Therapie gegeben hätte, wie wichtig Paula für ihn sei. Er nahm ihre Hand und sagte, sie sei die entscheidende Person in seinem Leben. Als sie später ihrem eigenen Therapeuten erklären wollte, wie es dazu gekommen war, daß sie die Nacht mit ihrem Patienten verbracht hatte, fiel ihr nur der Satz ein: »Es geriet einfach außer Kontrolle . . .«

Kommentar

Therapeuten und Patienten arbeiten nicht nur in enger und privater physischer Nähe, sondern erleben auch eine intensive emotionale Intimität. Diese Vertrautheit, die oft der Lebensnerv der Therapie ist, muß respektiert und behutsam behandelt werden. Der Therapeut ist verantwortlich dafür, daß die Rollen nicht durcheinandergebracht werden und die gefühlsmäßige Nähe nicht zu sexuellem Kontakt führt. Patienten können aus unterschiedlichsten Gründen eine soziale, romantische oder sexuelle Beziehung heraufbeschwören, die sich mit der Arbeit und den Zielen einer Therapie nicht verträgt. Der Therapeut sollte die Impulse, die zu diesen »Herausforderungen« führen, immer mit Achtung, Verständnis und Aufnahmebereitschaft behandeln, aber dafür sorgen, daß die Therapie ein sicherer Ort für die eigentliche therapeutische Arbeit bleibt. So müssen Therapeuten darauf achten, daß sie nicht mit ihren Patienten gemeinsame Sache machen und diese Anstöße »zu Ende führen«. Folglich dürfen Patienten - verbal - Regungen, Wünsche, Phantasien, Sehnsüchte und Aufforderungen aller Art ausdrücken, ohne Einschränkungen oder Zensur. Der Therapeut jedoch bleibt der Fels in der Brandung, unberührt von der unpassenden gemeinsamen Teilnahme an selbstzerstörerischen Aktivitäten.

Es muß hier klargestellt werden, daß Therapeuten im Rahmen einiger theoretischer Konzepte Maßnahmen ergreifen dürfen, die sie aus dem Therapiezimmer in das alltägliche Leben ihrer Patienten führen. Am Beispiel selbstmordgefährdeter Patienten bemerkt Bruce Danto (Colt 1983, S. 56–57), ehemaliger Direktor des *Detroit Suicide Prevention Center* und Präsident der *American Association of Suicidology*:

»Bei diesen Problemen kann man sich nicht einfach gemütlich im Sessel zurücklehnen und sagen: ›Die ganze Arbeit wird hier in meinem Büro mit meinen magischen Ohren und meiner Zunge erledigt.‹ Es kommt der Augenblick, wo man einen anderen Gang einlegen und aktiv werden muß. Hilfe kann bedeuten, einem Patienten einen Job zu verschaffen, einer Prüfung oder einem Spiel beizuwohnen, Krankenhaus- und sogar Hausbesuche zu machen.«

M. H. Stone (1982, S. 270–271) gibt ein anschauliches Beispiel von einem Therapeuten, der einen Patienten außerhalb der Praxis »trifft«:

»Eine schizophrene Frau im Alter von 22 Jahren war aufgrund eines psychotischen Vorfalls nach dem Ende einer Liebesbeziehung ins Krankenhaus eingewiesen worden. Sie warf ihrer Therapeutin vor, sich ›nichts aus ihr zu machen‹, als gäbe es keinen Unterschied zwischen der Ärztin und dem verschwundenen Geliebten. Eines Tages verließ die Patientin in einem Anfall von Verstimmung das Krankenhaus. Als die Therapeutin davon erfuhr, nahm sie ihren Wagen und graste all die Bars, Lokale und Treffpunkte in Greenwich Village ab, in denen ihre Patientin verkehrte. Um Mitternacht fand sie ihre Patientin und fuhr sie ins Krankenhaus zurück. Von diesem Tage an wurde die Patientin ruhiger, weniger impulsiv und machte rasche Fortschritte in der Therapie. Später, nachdem eine entscheidende Besserung eingetreten war, erzählte sie ihrer Therapeutin, daß ihr all die Deutungen während der ersten paar Wochen im Krankenhaus nur sehr wenig geholfen hätten. Doch nach der ›mitternächtlichen Rettungsaktion‹ sei selbst ihr bewußt geworden, wie betroffen und aufrichtig ihre Therapeutin von Anfang an gewesen war.«

Es geht nicht darum, daß Therapeuten niemals, unter keinen Umständen, ihre Patienten außerhalb der Praxis treffen oder sich in ihr Leben einmischen sollen, sondern daß solche Interventionen nur unter folgenden Bedingungen stattfinden: innerhalb eines abgesicherten theoretischen Rahmens, auf der Grundlage eines wohlüberlegten Behandlungsplans und unter besonderer Beachtung, daß diese Maßnahmen keine sexuellen Beziehungen fördern oder einleiten können.

Szenenwechsel

Dr. Quincys Therapiegruppe trifft sich jeden Mittwoch abend von 7.00 Uhr bis 8.45 Uhr in seinem Büro. Zwei Tage nach dem 22. Treffen der Gruppe bittet ihn Reve, eine der Patientinnen, sich mit ihr privat zu treffen, um eine persönliche Angelegenheit zu besprechen. Wegen seines vollen Terminplans bestellt er sie zu seiner kurzen Mittagspause zwischen den Morgen- und Nachmittagspatienten.

Sie möchte seinen Rat in einer geschäftlichen Angelegenheit, deren Einzelheiten sie nicht in der Gruppe besprechen will, besonders da die Sache nicht die Themen betrifft, die die Gruppe augenblicklich beschäftigen. Sie bringen es schnell hinter sich und verbringen den Rest der Mittagspause mit angenehmer Unterhaltung.

Zwei Wochen später meldet sie sich wieder, und bald treffen sie sich regelmäßig zum Mittagessen. Beide spüren die gegenseitige Anziehung, und nach zwei Monaten besucht Reve Dr. Quincy zu Hause, wo sie Petting und Fellatio praktizieren. Nach drei Monaten dieser sexuellen Beziehung verläßt Reve von einem Tag auf den anderen die Therapiegruppe und bricht den Kontakt zu ihrem Therapeuten ab. Sie zieht in eine andere Stadt und es gelingt ihr, ihr Leben noch zwei Jahre einigermaßen im Griff zu behalten, indem sie die Erinnerung an ihre intimen Beziehungen zu Dr. Quincy regelrecht verdrängt. Im Laufe des nächsten Jahres zeigt sie Anzeichen von Dekompensation und verliert ihren Job. Nach einem psychotischen Zusammenbruch wird sie in ein Krankenhaus eingewiesen. Aus der Anstalt entlassen, beginnt sie eine langwierige Therapie und ist nach drei Jahren in der Lage, sich zu den verheerenden Auswirkungen ihrer sexuellen Beziehung zu ihrem Therapeuten zu bekennen. Noch zwei Jahre arbeitet sie dieses Problem in der Therapie auf und beschließt dann, offiziell Beschwerde gegen Dr. Quincy beim Berufsverband einzulegen.

In Erwiderung ihrer Klage versucht Dr. Quincy abzustreiten, daß seine Beziehung zu Reve in irgendwelcher Weise unpassend, unmoralisch oder ungesetzlich war. Zum ersten, so behauptet er, hatten sie keinen Geschlechtsverkehr und daher auch keine »sexuelle Beziehung«. Zweitens fand das, was auch immer geschah, nie während der Therapiesitzungen statt. Drittens niemals in seiner Praxis. Und viertens sprachen sie, während sie das taten, was auch immer geschehen sein mochte, nie über ihre Behandlung. Somit hatte es nichts mit der Therapie zu tun und auch keinerlei Einfluß auf sie. Das Geschehene, was es auch immer war, und Reves Behandlung waren zwei grundverschiedene Dinge, die nichts miteinander zu tun hatten. Die Zulassungsbehörde widerruft Dr. Quincys Zulassung.

Kommentar
Therapeuten können erstaunlich erfinderisch sein, um sich sachlich begründete Ausnahmen von der klaren und kompromißlosen Regel, keine intimen Beziehungen zu Patienten einzugehen, auszudenken. Manchmal versuchen sie, eine Wand zwischen der Therapie und den sexuellen Kontakten zu errichten, und rechtfertigen das durch räumliche, zeitliche oder inhaltliche Abgrenzungen. Und wenn sie nicht mehr überzeugend darlegen können, daß intime Kontakte »therapeutisch« sind, versuchen sie, glaubhaft zu machen, daß sexuelle Beziehungen gar keine sexuellen Beziehungen sind. Wie unreife Jugendliche versuchen sie, ihr Gewissen zu beruhigen (oder, in Ermangelung eines solchen, die öffentliche Meinung), indem sie behaupten, daß die intimsten, erregendsten und schwerwiegendsten Handlungen so lang erlaubt seien, wie man nicht »bis zum Letzten« geht.

Halte mich!

Steve betrachtete sich selbst als außergewöhnlich verständnisvollen und einfühlsamen Therapeuten, und Theresa, seine Patientin, mochte ihn, weil er so warm und sanft war. Überhaupt nicht wie ihre Mutter, die so kalt und abweisend gewesen war. Seit dem Tod ihrer Mutter vor einem Jahr hatte sich Theresa ganz allein auf der Welt gefühlt. Ihr Vater war gegangen, als sie drei Jahre alt war.

Während der letzten zwei Jahre ihres Lebens hatte Theresa eine Reihe kurzer und unglücklicher Liebesaffären erlebt und erhoffte sich nun von einer Therapie, mit ihrem Leben besser zurechtzukommen. Sie hätte es nie für möglich gehalten, einen so verständnisvollen und warmherzigen Mann wie Steve zu finden.

Im Verlauf der Therapie erwachte in ihr ein starkes Verlangen, sich auf seinen Schoß zu setzen, seine starken Arme zu spüren, die sie trösten und vor der Welt schützen würden. Es fiel ihr schwer, ihm diese verzehrende Sehnsucht einzugestehen. Sie war überrascht, als er sagte, daß dem nichts im Wege stünde. Und obwohl ihr gerade ein sehnlicher Wunsch erfüllt worden war, fühlte sie eine seltsame Furcht.

Als sie zögerte, ging Steve wie gewöhnlich auf ihre Ängste ein und sprach zu ihr mit seiner sicheren und beruhigenden Stimme. Er sagte ihr, daß das, was sie tun wollten, eine tiefe Berechtigung habe. Therapie, so erzählte er, würde von den besten Psychologen oft als eine »korrektive emotionale Erfahrung« begriffen. Zusammen konnten sie ihre Kindheit zurückrufen, doch in einer Form, die ihre gesunde Entwicklung und Reifung begünstigte. Er würde für sie ein liebendes und annehmendes Elternteil abgeben, ganz anders als ihre leibliche Mutter und ihr Vater. Er erklärte ihr, daß ein hervorragender Arzt die therapeutische Situation in der Tat als »haltgebende Umwelt« bezeichnet habe und daß die therapeutisch wirksamste Maßnahme vermutlich wäre, wenn er sie halten würde. Er erzählte ihr von dem Begriff der »offenen Übertragung«, und daß sie dadurch, daß sie ihre Übertragung »real und authentisch« gestalteten, mit ihr klarer und offener umgehen könnten. Er erwähnte sogar Forschungsbeiträge, die darlegten, wie entscheidend Berührung für eine normale menschliche Entwicklung seien.

Als sie schließlich auf seinem Schoße saß, fühlte sie sich wie ein kleines Kind. Es tat gut, wenn er ihr Haar streichelte und ihren Rücken. Dann streichelte er ihre Beine. Sie wurde benommen und verwirrt. Sie fühlte seltsame Regungen und wußte nichts damit anzufangen. Sie empfand ein so tiefes Entsetzen, daß sie sich nicht mehr bewegen, nicht mehr sprechen konnte. Es war wie in einem Alptraum, indem sie von einem Monster verfolgt wurde, lief und lief und nicht von der Stelle kam. Ihr Körper wurde empfindungslos, doch sie hörte weiter seiner Stimme zu, die sanft und hypnotisierend klang. Er sagte etwas über sein Bedürfnis, ihr noch näher zu kommen, sie halten zu wollen, ohne daß etwas ihrem Kontakt im Wege war.

Sie verließ seine Praxis ohne Bewußtsein dessen, was geschehen war. Sie wurde ängstlich und niedergeschlagen, fast völlig kraftlos zwischen den Sitzungen, überwältigt und verwirrt, wenn sie mit ihm zusammen war. Er betonte immer wieder, daß sie ihm vertrauen müßte und daß sie so viele Jahre schlimmer Kindheit ungeschehen machen müßten. Sie haßte es, wenn er sie auszog und Dinge mit ihr tat; aber es schien ihr die einzige Möglichkeit zu sein, von ihm gehalten zu werden. Wenn er sie nicht in seinen Armen hielt, fühlte sie sich aufgelöst, leer, so als würde sie nicht mehr existieren.

Kommentar
In vielen Fällen beuten Therapeuten die tiefe und überwältigende Sehnsucht ihrer Patienten aus, gehalten und getröstet zu werden. Manchmal können Patienten das »Gehaltenwerden« (das sie nicht sexuell meinen) als unlöslich verbunden mit sexuellem Kontakt erleben. Sie mögen die sexuelle Beziehung oder in der Tat jede Forderung des Therapeuten als Preis ansehen, den sie für das scheinbar rettende, schützende und lebensspendende »Halten« bezahlen müssen. Die Übertragung ist in solchen Fällen genauso tiefgreifend wie die Verwundbarkeit des Patienten.

Am Schluß dieses Kapitels sind zwei entscheidende Tatsachen hervorzuheben: Zum ersten geben die zehn Szenarios, die die geläufigsten Wege zur sexuellen Ausbeutung der Patienten durch ihre Therapeuten beschreiben, gewiß kein vollständiges Bild. Zweitens erleben Patienten und Therapeuten das destruktive Ereignis, das in den Szenarios aus einer Vielzahl von Einzelfällen verallgemeinert wird, auf ihre ganz eigene Art im Kontext ihres einzigartigen Lebens. Sexuelle Beziehungen zwischen Therapeuten und Patienten sind eine ganz persönliche Erfahrung.

2 JURISTISCHE, ETHISCHE UND THEORETISCHE ÜBERLEGUNGEN

Historischer Ursprung und rationale Begründung des Verbots sexueller Beziehungen zwischen Therapeuten und Patienten

Auch wenn intime Kontakte zwischen Therapeuten und Patienten, wie das vorangegangene Kapitel gezeigt hat, in unterschiedlichster Gestalt auftreten können, wurden sie doch von der Ärzteschaft zu Zeiten des Hippokrates in jeder Form als verabscheuungswürdige Abweichung von akzeptablem Verhalten aufgefaßt. Der hippokratische Eid gibt unmißverständlich zu verstehen: »Jedes Haus, in das ich komme, werde ich nur zum Wohle meiner Patienten betreten und mich aller absichtlich bösen Taten und Verlockungen enthalten, besonders der Wonnen der Liebe mit Frauen und Männern.« (*Dorland's Medical Dictionary* 1974, S. 175)

Die Gründe für dieses Verbot sind vielfacher Art und berücksichtigen drei wesentliche Aspekte. Zum ersten erkennt das Verbot die extreme Verwundbarkeit des Patienten an. Auch der selbstbewußteste Vertreter der Verbraucherschutzbewegung unter uns spürt immer noch ein tiefes Vertrauen und seine Verwundbarkeit, wenn er sich einem »Heilkundigen« anvertraut. Wenn es um unser physisches Selbst geht, erlauben wir dem Arzt, die intimsten Bereiche unseres Körpers in Augenschein zu nehmen. Selbst eine Routineuntersuchung verlangt gewöhnlich, daß der Patient sich auszieht. Geht es um Operationen, erlauben wir Ärzten, uns aufzuschneiden, etwas aus uns zu entfernen, Teile unserer inneren »Fabrik« zu sehen und zu berühren, die wir selbst nie erblickt oder direkt angefaßt haben. Während der meisten größeren Operationen sind wir als Patienten nicht einmal bei Bewußtsein.

Ist nun die Untersuchung und Behandlung psychischer statt physischer Natur, wird unsere Verwundbarkeit nicht geringer. Wir erzählen Therapeuten unsere tiefsten Geheimnisse. Wir lassen sie die dunkelsten und schlimmsten Momente unseres Lebens miterleben. Oft ist das, was in tiefenpsychologischen Therapien an den Tag kommt, für Patienten eine ebenso große (wenn nicht noch größere) Überraschung wie für die Ärzte. Was hier herausbricht, kann beim Patienten Gefühle von tiefer Scham, Schuld, Verlegenheit, Furcht, Angst oder Verstörung hervorrufen. Oft können Patienten »die Kontrolle über sich verlieren«. Demzufolge erlauben wir einem Fachmann, der sich mit unserem emotionalen und psychischen Wohlbefinden beschäftigt, unsere intimsten Seelenregungen zu »erblicken«, genau wie wir einem Arzt, der um unsere physische Gesundheit besorgt ist, gestatten, unsere intimsten Körperteile zu untersuchen und sich mit ihnen zu befassen. Ebenso wie die flüchtige Bewegung eines Chirurgen tödliche Folgen haben kann, können unbedachte Worte und andere Eingriffe eines Psychotherapeuten enorm destruktive - manchmal tödliche - Auswirkungen haben.

Die Entblößung der tiefsten Schichten der Seele in Gegenwart des Psychotherapeuten ist nicht der einzige Faktor, der uns verletzlich macht. Da gibt es auch noch die Tatsache, daß wir normalerweise zum Arzt gehen, wenn wir uns schlecht fühlen, wenn mit unserem Leben etwas nicht stimmt und wir nicht mehr ohne Hilfe zurechtkommen. Wir handeln aus Schmerz und Verwirrung heraus, manchmal auch aus Verzweiflung. In extremen Fällen können unsere grundlegenden Fähigkeiten, wahrzunehmen, zu denken und uns klar zu erinnern, beeinträchtigt sein. Diejenigen, die an der Alzheimer-Krankheit, Drogensucht, schizophrenen Halluzinationen oder

Wahnvorstellungen und Schlaganfällen leiden, befinden sich in einem Zustand extremer Verwundbarkeit. Ein weiterer Aspekt dieser Verletzlichkeit ist die sogenannte Übertragung. Patienten neigen oft dazu, ihren Therapeuten Kräfte und Eigenschaften zuzuschreiben, die weniger mit den Therapeuten als mit früheren Erfahrungen und der »psychischen Verfassung« der Patienten zu tun haben. Daß so etwas vorkommt, ist weder ungewöhnlich noch an sich nachteilig. Vielmehr sind Entstehung, Analyse und erfolgreiche Auflösung der Übertragung in vielen Therapien notwendige Prozesse. Trotzdem weiß jeder, der dieses Phänomen erfahren hat, um die Gefühle der Verletzlichkeit, die es begleiten.

Betrachtet man diese Quellen der Verwundbarkeit, so unterscheidet sich die sexuelle Beziehung, die zwischen Therapeut und Patient entsteht, grundsätzlich von der, die sich aus anderen Situationen entwickelt. Die vielfältigen Verletzlichkeiten des Patienten schaffen ein gewaltiges Machtgefälle, das Zweifel an der Fähigkeit des Patienten, solchen Beziehungen begründet zuzustimmen, entstehen läßt. Die sich so ergebenden sexuellen Beziehungen sind daher mit Phänomen wie Inzest und Vergewaltigung vergleichbar. Sie entstehen zwischen einer Person, die als sehr viel mächtiger erlebt wird, und einer anderen, die extrem verletzlich ist.

Judd Marmor (1977, S. 158–159), emeritierter Professor der University of Southern California und ehemaliger Präsident der *American Psychiatric Association*, hat Aspekte der Verwundbarkeit von Patienten, die die Grundlage für das Verbot sexueller Beziehungen bilden, zusammengefaßt:

»Ein solches Verhalten ist vor allem deshalb verwerflich, weil Patienten in dieser Situation besonders verwundbar sind. In vielen anderen Beziehungen zwischen Abhängigen und Fachleuten kann der Klient einen gewissen Teil seiner Persönlichkeit verborgen halten und dennoch von der Beziehung mehr oder weniger profitieren. In der psychotherapeutischen Beziehung jedoch wird besonderes Gewicht auf die therapeutische Notwendigkeit gelegt, daß der Patient oder die Patientin seine oder ihre üblichen Widerstände aufgibt und sich ganz der vermutlich guten und hilfreichen Wirkung des beruflichen Könnens eines Therapeuten überläßt. Die implizite und explizite Grundlage für solch grenzenloses Vertrauen ist die feierliche Verpflichtung, es nicht zu mißbrauchen. Unter solchen Umständen entwickelt sich gewöhnlich eine positive Übertragung, die den Patienten dem Einfluß des Therapeuten in einzigartiger Weise preisgibt. Diese, durch den Arzt hervorgerufene, Verletzlichkeit auszubeuten, scheint mir besonders verwerflich und unmoralisch zu sein.«

Der *zweite Grund* für das Verbot bezieht sich auf die Verantwortung des Therapeuten. Therapeuten betrachten sich als Angehörige eines Berufsstandes. »Berufsstand« bedeutet hier mehr, als daß die Mitglieder Geld für das, was sie tun, erhalten (mehr als der Begriff Berufssportler im Gegensatz zum Amateur). Auch erlangt man diesen beruflichen Status nicht einfach durch eine Ausbildung, die einen in die Lage versetzt, eine qualifizierte Arbeit zu leisten - wie die Reparatur eines Automotors oder die Konstruktion einer präzis gehenden Uhr. »Berufsstand« bezeichnete in diesem Sinn von Anfang an diejenigen, die sich für die Ehre, den Status und andere Annehmlichkeiten verpflichten, das Wohl jener, denen sie dienen, an oberste Stelle zu setzen und störende Befangenheiten oder Beziehungen zu vermeiden.

Diese Auffassung ist von großer Bedeutung. Ein Beispiel für das Vermeiden störender Befangenheit wäre ein Chirurg, der an einem Tag zwei Nierenoperationen an sehr unterschiedlichen Patienten durchführt. Eine betrifft einen Patienten im Kreiskrankenhaus, der über keine Mittel verfügt. Die andere einen Millionär, der ein Privatpatient des Arztes ist. Jeder Chirurg, der seinem Berufsstand Ehre macht, wird die Operation bei beiden Patienten genauso sorgfältig durchführen.

Ein Beispiel der Vermeidung einer unvereinbaren Beziehung ist ein Anwalt, der einen Klienten vertreten soll, der den Geschäftspartner des Anwalts verklagen will. Der Anwalt wird ablehnen, weil die Beziehung zu seinem Geschäftspartner ein

Hindernis für die rückhaltlose und erfolgreiche Vertretung des Klägers darstellt.

Therapeuten, die sexuelle Beziehungen zu ihren Patienten unterhalten, verstricken sich in eine moralisch unhaltbare Beziehung im doppelten Sinn. Sie verlieren die unbefangene Objektivität und Klarheit, die für eine professionelle Beurteilung und Behandlung unerläßlich sind. Sie lassen es zu, daß ihre eigenen Wünsche und Bedürfnisse nach sexuellem Vergnügen dem Wohl des Patienten zuwiderlaufen.

Eine Reihe von Faktoren kann Therapeuten dazu bringen, ihre Verpflichtung, alles zum Besten des Patienten zu tun, über Bord zu werfen. Einige Therapeuten mögen charakterliche Mängel aufweisen und sich dem Wohlergehen der Patienten wenig verpflichtet fühlen. Vielleicht sind sie lediglich Psychiater oder Psychologen geworden, um viel Geld zu verdienen, berühmt zu werden und Filmstars zu behandeln, sich voyeuristisch an dem persönlichen Leben anderer zu ergötzen oder sadistische Züge an verletzlichen Patienten auszuleben. Andere haben vielleicht durch unzureichende Ausbildung oder seelische Entwicklungen ihre eigenen Gefühle und Bestrebungen nicht genügend unter Kontrolle. Und wieder andere können sich selbst in einer Krise befinden, »problembeladene oder beeinträchtigte Therapeuten« sein, wie man das nennt. Was auch immer die Ursachen sein mögen, die Preisgabe der Bindung an das Wohl der Patienten stellt eine Verletzung professioneller Verantwortung dar und schädigt oder zerstört die Fähigkeit, die erforderliche Diagnose und Behandlung leisten zu können.

Der *dritte Grund* für das Verbot leitet sich aus dem Schaden ab, den die sexuelle Beziehung zwischen Patienten und Therapeuten den Patienten zufügt. Wie Freud (dessen Arbeiten später in diesem Kapitel diskutiert werden) betont und wie eine kalifornische Modelluntersuchung (Bouhoutsos et al. 1983) bestätigt, endet die Therapie, wenn der sexuelle Kontakt beginnt. Somit werden Patienten der Dienstleistungen beraubt, die sie brauchen und die der Therapeut ihnen zugesagt hat.

Zu der Beendigung der therapeutischen Arbeit kommen noch die zahlreichen zerstörerischen Folgeerscheinungen der sexuellen Beziehung hinzu. Die Ergebnisse der Forschungsunternehmungen, die in den folgenden Kapiteln dargestellt werden, haben die schwerwiegenden, manchmal tödlichen Konsequenzen nachgewiesen.

So gründet sich das Verbot sexueller Beziehungen zwischen Therapeuten und Patienten, das älter als 2000 Jahre ist, auf mindestens drei wichtige Gesichtspunkte: die Verletzlichkeit von Patienten, die Aufgaben und Schwächen der Therapeuten und die Konsequenzen für die Patienten. Diese drei Aspekte werden in den Kapiteln 3, 4 und 5 behandelt, die neuere klinische Befunde und Ergebnisse wissenschaftlicher Untersuchungen diskutieren.

Wachsendes Problembewußtsein

Das Verbot sexueller Beziehungen zwischen Therapeuten und Patienten, das der hippokratische Eid so beredt und Freud so nachdrücklich aussprachen, hat im letzten Viertel dieses Jahrhunderts breite Aufmerksamkeit und Besorgnis erregt. Das öffentliche Interesse spiegelt sich in einer eindrucksvollen Erzählung, *Betrayal* (Freeman und Roy 1976), wider, die zur Grundlage eines Fernsehfilms wurde, in Schlagzeilen auf der Frontseite wichtiger Zeitungen (Brenneman 1978), in solch populären Leserbrief-Seiten wie »Dear Abby« (Van Buren 1978), in der beliebten Fernsehshow *Sixty Minutes* (Glauber 1978) und in Filmen mit Stars wie Meryl Streep, Dudley Moore und Roy Scheider (*Lovesick, Still of the Night*).

Abgesehen von den klaren Aussagen bei Hippokrates und Freud war es um dieses Problem ziemlich still. Es wurde nicht ausdrücklich in den Moralkodizes der großen psychologischen Fachverbände erwähnt, viele Untersuchungen gingen gar nicht darauf ein, und es stellte keinen Schwerpunkt in der klinischen Ausbildung dar.

Das änderte sich erst vor ungefähr 20 Jahren. Warum dieser Mangel an expliziter Aufmerksamkeit in der Zeit unmittelbar vor dem letzten Jahrhundertviertel? Dafür scheint es zwei Ursachen zu geben.

Zum ersten schien die definitive Ächtung durch Hippokrates und Freud ausreichend zu sein. Man nahm einfach an, daß eine sexuelle Beziehung zwischen Therapeut und Patient ein so ungeheuerlicher Akt von seiten des Arztes sei, daß man es wohl kaum in einem Lehrbuch oder Moralkodex zu erwähnen bräuchte. Schließlich würde man ja auch kein Handbuch für Piloten verfassen, das den Hinweis enthielte: »Lassen Sie das Flugzeug nicht an der Flanke eines Berges zerschellen.« Das Prinzip scheint so selbstverständlich, daß es keiner ausdrücklichen Erwähnung bedarf.

Zum zweiten bereitet das Thema vielen Psychiatern und Psychologen soviel Unbehagen, daß man es eher verleugnet und sich in »selektiver Unaufmerksamkeit« übt, wie schon im 1. Kapitel ausgeführt. Dem Thema der sexuellen Beziehungen zwischen Therapeut und Patient erging es nicht anders als den Problemen von Vergewaltigung, Inzest und Kindesmißbrauch, die erst nach Jahren relativer Vernachlässigung, die teilweise mit unserem Unbehagen an jenen Erscheinungen zu tun hat, die relativ starke Aufmerksamkeit von Öffentlichkeit und Verbänden erregten. Der Widerstand, das Problem in unser Alltagsbewußtsein aufzunehmen, war erheblich.

Einzelne Beispiele dieser Verleugnung und Abwehr sind leicht zu finden. Noch 1977 erschien ein größerer Artikel, der in der Überschrift sexuelle Beziehungen zwischen Therapeuten und Patienten als »Problem ohne Namen« bezeichnete (Davidson 1977).

Vor einem Vierteljahrhundert berichtete Greenwald über seine Bemühungen, auf einer Versammlung der *New York Psychological Association* eine Diskussion über dieses Thema in Gang zu bringen. »Ich sprach das Problem nur an ... als klinischer Psychologe, in der Absicht, daß man es wie jedes andere Phänomen behandeln solle. Das reichte für einige Mitglieder aus, um meinen Ausschluß aus der *Psychological Association* zu beantragen« (Shepard 1971, S. 2).

Ungefähr ein Jahrzehnt später stimmte der Bezirksverband Los Angeles der *Psychological Association* (zusammen mit der *Los Angeles Society of Clinical Psychologists*) zu, daß Forer eine Umfrage unter den Mitgliedern durchführte. Als er am 11. Oktober 1968 dem Vorstand seine Ergebnisse vorlegte, die einen hohen Anteil an sexuellen Beziehungen zwischen Therapeuten und Patienten belegten, sagte man ihm, daß es »nicht im Interesse der Psychologie liege, es an die Öffentlichkeit zu bringen« (Forer 1984). Obgleich es ihm später ermöglicht wurde, seine Befunde in den Hauptversammlungen des Verbandes zu diskutieren, konnte er nur »sehr beschränkte« Aspekte bekanntgeben.

Als Dahlberg schließlich seinen Artikel über »Sexuelle Kontakte zwischen Patienten und Therapeuten« (1971) veröffentlichen konnte, schrieb er in der Einführung: »Ich hatte Mühe, daß die größeren Organisationen, bei denen ich weniger, aber nicht unbeträchtlichen Einfluß besaß, dieses Papier akzeptierten. Man sagte mir, es sei zu umstritten« (S. 34).

Selbst auf die Fragebogen-Untersuchungen, die von den Autoren dieses Buches Anfang der achtziger Jahre unternommen wurden, reagierten einige der Befragten gereizt, weil man dieses Problem offiziell untersuchte. Entweder weigerten sie sich zu glauben, daß irgendein Fachmann das grundsätzliche Verbot sexueller Beziehungen zwischen Arzt und Patient mißachten könnte, oder sie wurden auf die Forscher wütend, die dieses Phänomen untersuchen wollten.

Wenn das Stillschweigen an der scheinbar selbstverständlichen Natur des Verbots und dem Unbehagen der Fachwelt lag, sich mit dem Phänomen zu befassen - was erklärt dann das zunehmende professionelle und öffentliche Interesse an dem Thema während der letzten 25 Jahre? Wieder scheint es zweierlei Ursachen zu geben.

Zum einen verkündeten einige wenige Therapeuten doch tatsächlich in aller Öffentlichkeit, daß sexueller Kontakt zwischen Therapeut und Patient ein berechtigtes Verfahren sein könne (Mc Cartney 1966; Shepard 1971; Romeo 1978). (Vgl. Kapitel 5, das diese Behauptungen diskutiert.) Das Ergebnis dieser veröffentlichten Bemühungen, sexuelle Beziehungen zu Patienten zu legitimieren, war ganz anders, als es die Autoren vermutlich beabsichtigt hatten. Die Verbände konnten offenbar einige Mitglieder tolerieren, die das Verbot ignorierten, solange diese das stillschweigend taten. Traten sie jedoch damit an die Öffentlichkeit, waren die Verbände gezwungen zu reagieren. So eine Situation ist nicht neu. Viele Gruppen sind darin geübt, Vergehen zu ignorieren, solange wie sie sich selbst und anderen vormachen können, daß sie keine Ahnung hatten, daß sie nicht wußten, was vor sich ging (selbst wenn die Fehltritte kaum zu übersehen waren).

Die verschwindend kleine Gruppe der Verfechter sexueller Beziehungen zwischen Therapeuten und Patienten zwang die Verbände, die Gründe für das Verbot erneut zu prüfen und die Notwendigkeit anzuerkennen, explizite Bekenntnisse in Moralkodizes, Lehrbüchern und so weiter zu verankern.

Zusätzlich trugen die Publikationen zugunsten sexueller Kontakte zwischen Therapeuten und Patienten selbst dazu bei, die Berechtigung und Notwendigkeit des Verbots zu bekräftigen und klarzustellen. Zum Beispiel liefert Fritz Redlich, ein Mediziner und Psychiater (1977, S. 150), die folgende Analyse von Shepards (1971) Versuchen, für sexuelle Beziehungen zwischen Therapeuten und Patienten zu argumentieren:

»Die Hybris dieses Buches hat mich wirklich in Erstaunen gesetzt. Shepard empfiehlt ›reife‹ sexuelle Beziehungen zu Patienten, doch alle Fälle in diesem Buch (wortwörtliche Berichte von sexuellen Beziehungen zwischen Patienten und anderen Therapeuten) belegen den Zusammenbruch des Vertrauens und der Achtung und die Feindseligkeit und Enttäuschung, die der sexuellen Verstrickung folgt. Das Buch veranschaulicht auch die psychopathischen Motivationen der Therapeuten, die an solchen Handlungen beteiligt sind. Ein derartiges Verhalten befriedigt die Bedürfnisse der Therapeuten und nicht die der Patienten und ist mit einer guten Therapie unvereinbar.«

Zum anderen gingen Patienten mehr und mehr dazu über, Therapeuten, die das Verbot übertraten, zu verklagen. Die höheren Entscheidungsinstanzen begannen, sexuelle Beziehungen zwischen Therapeuten und Patienten als hinreichenden Grund für einen Straftatbestand oder ärztliche Fahrlässigkeit anzusehen - so im Fall *Zipkin gegen Freeman*, verhandelt vor dem Missouri Supreme Court 1968, und *Roy gegen Hartogs*, verhandelt vor dem New York Appellate Court 1976. Seit jeher hat ärztliches Fehlverhalten - besonders solches, das sich zielbewußt abspielte - die Aufmerksamkeit der Fachverbände erregt. Ihre Ehrengerichte haben auf die Ausbeutung verletzlicher Patienten durch Therapeuten entrüstet reagiert. Die Höhe des Schmerzensgeldes ist von Staat zu Staat verschieden. Zum Beispiel sind in Utah fünfstellige Summen im unteren Bereich häufig, Kalifornien hat schon siebenstellige Strafgelder für das gleiche Vergehen verhängt, so zum Beispiel die Summe von 4,6 Millionen Dollar (Shearer 1981). Selbst die Zyniker unter den Therapeuten ließ diese Tatsache nicht unberührt: Sowohl die Anzahl als auch die Höhe solcher Geldstrafen haben bewirkt, daß Versicherungen für Psychiater, Psychologen und Sozialarbeiter dazu übergingen, die Haftung in Fällen sexueller Beziehungen zu Patienten beträchtlich zu reduzieren oder gänzlich auszuschließen (Cummings und Sobel 1985). Die Zahlen sind beunruhigend: Interne Daten der Versicherungen legen nahe, daß 20 Prozent aller Therapeuten irgendwann in ihrer Laufbahn mit zumindest einem Patienten oder einer Patientin sexuell intim werden (*Los Angeles Times*, 14. Februar 1976, S. 1).

Man darf nicht vergessen, daß Fälle von sexuellem Mißbrauch in der Therapie selten in den Gerichtssaal gelangen. Versicherungsgesellschaften scheuen im allgemeinen Zeit und Kosten, ein Verfahren anzustrengen, und versuchen häufig, einen befriedigenden außergerichtlichen Vergleich zu erreichen. Die meisten Policen, in denen ärztliche Kunstfehler versichert werden, enthalten die Klausel, daß der Therapeut sich nach Ermessen der Gesellschaft unter Umständen außergerichtlich einigen muß. Oft versuchen die Gesellschaften den Therapeuten (und sich selbst) vor der Öffentlichkeit zu schützen, damit nicht andere Patienten veranlaßt werden, Anklage gegen denselben Therapeuten zu erheben, indem sie den Vergleich davon abhängig machen, daß der Patient darauf verzichtet, eine Klage auf Aberkennung der Zulassung einzureichen und/oder den Fall oder die Höhe der Abfindung öffentlich bekannt zu machen. Diese Bedingung wird manchmal auch auf Anwälte oder Gutachter ausgedehnt, die mit dem Fall beschäftigt sind. Ob sich so eine Abmachung mit der Verfassung vereinbaren läßt (das heißt mit der Freiheit der Rede), ist fraglich, aber damit haben sich die Gerichte noch nicht befaßt.

Der Fall *Zipkin gegen Freeman* weist einen interessanten Aspekt auf. Richter Seiler legte die mehrheitliche Auffassung des Missouri Supreme Court schriftlich nieder und kam zu folgendem Schluß:

»Der Vorwurf lautet, daß der Beklagte Mrs. Zipkin nicht angemessen behandelt hat, wodurch ihr ein Schaden zugefügt wurde.

Er ging mit dem Übertragungsphänomen nicht richtig um, das Psychiater voraussehen und entsprechend handhaben müssen« (S. 761).

Diesen Punkt führte der Richter noch näher aus:

»In dem Augenblick, als Dr. Freeman begann, das Übertragungsphänomen falsch anzugehen, was man ihm in der Klage vorwirft und was eindeutig bewiesen wurde, war es unvermeidlich, daß es Probleme geben würde. Das medizinische Beweismaterial belegt ganz deutlich, daß Mrs. Zipkin selbst dann ein Schaden zugefügt worden wäre, wenn die Reisen in andere Bundesstaaten in Begleitung erfolgt wären, wenn man beim Schwimmen Badekleidung getragen und wenn es statt sexueller Beziehungen nur Gesellschaftstänze gegeben hätte« (S. 761). Hiermit erkennt das Gericht nachdrücklich die Verantwortung an, mit dem Übertragungsvorgang, der einer der Hauptgründe für das Verbot sexueller Beziehungen zwischen Therapeuten und Patienten ist, richtig umzugehen. Um dieses Phänomen zu verstehen, müssen wir auf Sigmund Freuds Lehre zurückgreifen.

Freud, Übertragung und Gegenübertragung

Wie schon Hippokrates in früherer Zeit sprach sich auch Freud klar und deutlich, auf fundierter theoretischer Grundlage, für ein Verbot sexueller Beziehungen zu Patienten aus. Er begründete das vor allem mit dem Begriff der Übertragung. Im Jahre 1915 unterschied Freud in einem Aufsatz die Übertragung des Patienten als klinisches Phänomen von der nicht-klinischen Erfahrung des »Sich Verliebens«. Er betonte, daß der Analytiker erkennen muß, »daß das Verlieben der Patientin durch die analytische Situation erzwungen wird und nicht etwa den Vorzügen seiner Person zugeschrieben werden kann, daß er also gar keinen Grund hat, auf eine solche ›Eroberung‹, wie man sie außerhalb der Analyse heißen würde, stolz zu sein.« (Freud, 1925, S. 122). Freud glaubte, daß dieses Verbot in der Therapie von fundamentaler Bedeutung sei und dem Analytiker als »gute Warnung vor einer etwa bei ihm bereitliegenden Gegenübertragung« (S. 122) dienen solle.

Ein sexuelles Verhältnis zu dem Patienten einzugehen bedeutet nach Freud die Zerstörung der Therapie. »Es wäre ein großer Triumph für die Patientin, wenn ihre Liebeswerbung Erwiderung fände, und eine volle Niederlage für die Kur. ... Das Liebesverhältnis macht eben der Beeinflußbarkeit durch die analytische Behandlung ein Ende; eine Vereinigung von beiden ist ein Unding.« (S. 128)

So verheerend waren die Auswirkungen sexueller Beziehungen zu Patienten, daß Freud auch das Küssen und andere »Präliminarien« verbot. Es beunruhigte ihn sehr, als sein Schüler Ferenczi der elterlichen Lieblosigkeit damit begegnen wollte, daß er den Part des liebevollen Vaters spielte und begann, körperliche Zärtlichkeiten mit seinen Patienten auszutauschen. In einem Brief vom 13. Dezember 1931 schrieb Freud:

»... Sie haben kein Geheimnis daraus gemacht, daß Sie Ihre Patienten küssen und sich von ihnen küssen lassen, auch hatte ich dasselbe schon von meinem Patienten gehört....

Nun malen Sie sich, was die Folgen der Veröffentlichung Ihrer Technik sein wird.... Soundso viele unabhängige Denker in der Technik werden sich sagen: Warum beim Kuß stehenbleiben? Gewiß erreicht man noch mehr, wenn man das ›Abtatscheln‹ dazunimmt, das ja auch noch keine Kinder macht. Und dann werden Kühnere kommen, die den weiteren Schritt machen werden zum Beschauen und Zeigen – und bald werden wir das ganze Repertoire des Demiviergetums und der petting-parties in die Technik der Analyse aufgenommen haben, mit dem Erfolg einer großen Steigerung des Interesses an der Analyse bei Analytikern und Analysierten. Der neue Bundesgenosse wird aber leicht zuviel von diesem Interesse für sich selbst in Anspruch nehmen, die Jüngeren unter unseren Kollegen werden es schwer finden, in den angeknüpften Beziehungen an dem Punkt stehenzubleiben, wo sie ursprünglich wollten, und Godfather Ferenczi wird vielleicht, auf die belebte Szenerie blickend, die er geschaffen hat, sich sagen. Vielleicht hätte ich mit meiner Technik der Mutterzärtlichkeit doch *vor* dem Kusse haltmachen sollen. ...« (Jones, 1962, Bd. 3, S. 197f.)

Wie so viele wohlbegründete Auffassungen hatte auch Freuds Verbot zumindest eine unbeabsichtigte und ungeahnte Folge. Die traumatischen und destruktuven Aspekte eines sexuellen Kontaktes zu Patienten wurden von Freud so eindrücklich herausgestellt, daß Therapeuten nun allen positiven Gefühlen für Patienten mißtrauten. Insbesondere die Entwicklung des Konzepts der Gegenübertragung verkörperte dieses Mißtrauen (eine Gesamtdarstellung und Diskussion der diesbezüglichen Literatur geben Keith-Spiegel und Tabachnick 1986). So stellt Thompson (1950, S. 107) die Situation dar:

»In Anbetracht der Betonung der unglückseligen Aspekte einer Anteilnahme des Analytikers verbreitete sich die Auffassung, daß selbst aufrichtig freundschaftliche Gefühle von seiner Seite aus verdächtig waren. Im Ergebnis fürchteten sich viele Schüler Freuds davor, einfach menschlich zu sein und das übliche Wohlwollen und Interesse zu zeigen, das ein Therapeut gewöhnlich für seine Patienten aufbringt. In vielen Fällen nahm der Analytiker aus Furcht, seine Gegenübertragung zu offenbaren, eine steife und unnatürliche Haltung ein.«

Diese Skepsis vor Gefühlen für Patienten mag die Angst verstärkt haben, die das Thema sexueller Kontakte zwischen Therapeuten und Patienten heraufbeschwört, und könnte immer noch bewirken, daß das Problem und unsere Versuche, es zu bewältigen, nicht voll anerkannt werden.

Offizielle Maßstäbe

Anfang der siebziger Jahre nahmen alle größeren Berufsverbände das ausdrückliche Verbot sexueller Kontakte zu Patienten in ihre Moralkodizes auf:

»Die notwendige Intensität der therapeutischen Beziehung kann dazu führen, sexuelle und andere Wünsche und Phantasien auf seiten der Patienten und der Therapeuten zu beflügeln, und gleichzeitig die Objektivität beeinträchtigen, die man braucht, um die Kontrolle und den Überblick zu behalten. Sexuelle Kontakte zu Patienten sind ethisch nicht vertretbar« (American Psychiatric Association 1985).

»Psychologen kennen ihre eigenen Bedürfnisse und ihre potentiell einflußreiche Position gegenüber Personen wie Klienten, Studenten und Untergebenen. Sie vermeiden es, das Vertrauen und die Abhängigkeit solcher Personen auszubeuten... Sexuelle Beziehungen zu Patienten sind ethisch unvertretbar« (American Psychological Association 1981).

»Sozialarbeiter sollten sich unter keinen Umständen sexuell mit Klienten einlassen« (National Association of Social Workers 1980).

»Sexuelle Beziehungen zwischen Analytikern und Patienten sind mit der Behandlung unvereinbar und unter allen Umständen unannehmbar. Jede sexuelle Aktivität mit Patienten stellt eine Verletzung dieses moralischen Grundsatzes dar« (American Psychoanalytic Association 1983).

»Ein Therapeut wird versuchen, Beziehungen zu seinen Klienten zu vermeiden, die sein professionelles Urteilsvermögen herabsetzen oder das Risiko, Klienten auszubeuten, erhöhen könnten. Beispiele solcher Beziehungen schließen ein: Behandlung von Familienmitgliedern, engen Freunden, Arbeitgebern oder Vorgesetzten. Sexuelle Beziehungen zu Klienten sind unmoralisch« (American Association for Marriage and Family Therapy 1982).

So versuchten also die Justiz (auf der Grundlage von Klagen, die Patienten einreichten) und die Verbände (vor allem durch ausdrückliche Hinweise in ihren ethischen Grundregeln), sich diesen Problemen zu stellen. Zusätzlich ermöglichten gesetzgeberische Maßnahmen der Regierung, direkte Schritte gegen die Mitglieder der Berufsgruppen einzuleiten, die das Verbot übertreten. In den meisten Fällen veranlaßt die Regierung Anhörungen vor den staatlichen Zulassungsbehörden. In allen 50 Staaten der USA müssen Psychiater und Psychologen eine Zulassung haben. In mehr als der Hälfte auch Sozialarbeiter. In einigen wenigen müssen auch Ehe- und Familientherapeuten zugelassen sein. In solchen Fällen wie *Morra gegen State Board of Examiners* und *Cooper gegen Board of Medical Examiners* haben die Gerichte die Befugnis der Zulassungsstellen anerkannt, den Therapeuten, die das Verbot übertreten, die Lizenz zu entziehen. Ungefähr ein Drittel der Staaten hat Gesetze erlassen, die sexuelle Kontakte zwischen Therapeuten und Patienten unter Strafe stellen und es damit überflüssig machen, daß Sachverständige erst begründen müssen, warum das Geschehene eine Verletzung professioneller Standards darstellt. In Wisconsin wurde 1983 ein Gesetz erlassen, das sexuelle Kontakte zwischen Therapeuten und Patienten als Vergehen wertet, auf das bis zu neun Monate Gefängnis stehen und/oder eine Geldstrafe von 10 000 Dollar. Nach demselben Gesetz gilt Geschlechtsverkehr zwischen Therapeuten und Patienten als schweres Verbrechen. (Wisconsin Act 434, 1983).

Schließlich haben Masters und Johnson (1976), die die vielen Übereinstimmungen zwischen Vergewaltigung und Sex mit Patienten bemerkten, dafür plädiert, daß Therapeuten, die ihre Macht einsetzen, um Sex von ihren Patienten zu erlangen, des Verbrechens der Vergewaltigung angeklagt werden sollten. Redlich (1977) stimmt dem im Prinzip zu, meint aber, daß eine Anklage wegen Vergewaltigung Minderjähriger angemessener sein könnte. Auch auf Betrug könnte die Anklage lauten, falls der Therapeut öffentliche Gelder (wie Medicare) oder Honorare privater Versicherungen für psychotherapeutische Dienste in Anspruch genommen hat und in Wirklichkeit die vorgebliche Therapie durch eine sexuelle Beziehung ersetzt hat.

Doch all die Bemühungen der letzten Zeit, diesem schwerwiegenden Problem Rechnung zu tragen, hatten - sowohl was die Vorbeugung als auch die Wiedergutmachung anbetrifft - bei weitem keinen durchschlagenden Erfolg. Zum Beispiel läßt sich auf der Grundlage von Forschungsergebnissen abschätzen, daß Schritte, die in all diesen Bereichen unternommen wurden - Ethik-Kommissionen, Verfahren aufgrund ärztlichen Versagens, Stärkung von Zulassungsgremien usw. -, nur etwa 4 Prozent der Fälle sexueller Kontakte erfassen, von denen nur etwa die Hälfte abgeschlossen wurde (Bouhoutsos et al. 1983). Die Möglichkeiten, auf Patienten, die eine Klage einreichen, Druck, auch schwerwiegenden, auszuüben, sind, wie die folgenden Kapitel, besonders Kapitel 9, aufzeigen, vielfältig und vielschichtig - ebenso wie die Gründe dafür, daß nur auf einen kleinen Teil der eingereichten Klagen entsprechende Reaktionen erfolgten. Die häufigste Ursache, die von Regierungsstellen oder Verbänden genannt wird, ist Geldmangel (Bouhoutsos

1984). Zum Beispiel gibt eine staatliche Zulassungsbehörde mit begrenzten Mitteln durchschnittlich 7000 bis 10 000 Dollar jährlich aus, um solche Fälle zu untersuchen und bei ihnen als Schiedsrichter aufzutreten - und weit mehr, wenn sich der Therapeut einer Verzögerungstaktik und aller Rechtsmittel bedient (Vinson 1984). Die Aussichten, diesem Phänomen mit mehr Erfolg beizukommen, besonders auf dem Wege der Vorbeugung, sind Thema des 10. Kapitels.

3 GEFÄHRDETE THERAPEUTEN

Was sind das für Psychotherapeuten, die in Gefahr stehen, sexuelle Kontakte zu ihren Klienten aufzunehmen? Es war nicht leicht, Informationen über solche Therapeuten zu erhalten. Patienten, die gegen diese Ärzte gerichtlich vorgehen, müssen sich oft einer psychologischen Untersuchung unterziehen, die Therapeuten dagegen, die ihnen Schaden zugefügt haben, im allgemeinen nicht. Gäbe es solche psychologischen Befunde, könnten wir eine exakte Typologie der Therapeuten, die sexuell mit ihren Patienten verkehren, herstellen. Entsprechende Untersuchungen könnten auch Wege aufzeigen, wie man solchen Therapeuten helfen könnte, falls das überhaupt möglich ist.

Durch anonyme Selbstzeugnisse haben wir etwas über den generellen Typus solcher Therapeuten in Erfahrung bringen können: über ihre Anzahl, demographischen Merkmale und die Muster erotischer und nichterotischer Aktivität mit Patienten. Die Übersicht (S. 63) faßt die Häufigkeitsraten sexueller Aktivität zwischen Therapeuten und Patienten zusammen, die wir aus den bisherigen Untersuchungen entnehmen konnten.

Die unterschiedlichen Zeitpunkte der Untersuchungen, geographischen Einzugsbereiche und Auswahlkriterien lassen es nicht zu, feste Schlüsse über mögliche Differenzen zwischen den Berufsgruppen zu ziehen. Ein Forschungsprojekt, das alle Berufsgruppen untersucht (und somit die Differenzen aufgrund von Auswahlkriterien, Daten der Stichproben etc. möglichst gering hält) steht noch aus und ist ein Desiderat.

Gegenwärtig werden Daten analysiert, die eine Untersuchung unter Ehe- und Familienberatern zusammengetragen hat. Ihre Auswertung wird einen Überblick über sexuelle Kontakte zu Patienten in allen psychotherapeutischen Berufsgruppen ermöglichen.

Auf Grundlage des verfügbaren Materials lassen sich folgende Aussagen machen: Therapeuten sind generell 12 bis 16 Jahre älter als ihre weiblichen Patienten, mit denen sie sich einlassen (Butler 1975). Meist haben sie eine gutgehende Praxis; einige sind in ihrem Bereich führend.

Es hat mehrere Versuche gegeben, die Dynamik der sexuellen Arzt-Patient-Beziehung von seiten der Therapeuten zu verstehen. Einige Analytiker wollen bei den männlichen Therapeuten eine feindselige Haltung gegen ihre Mütter erkennen und ein Bedürfnis, von der Patientin bemuttert zu werden (S. Smith 1981). Weigert sich diese, die Mutterrolle fortzusetzen, und fordert mehr Aufmerksamkeit, Liebe oder Bindung von dem Therapeuten, ist die Beziehung nicht länger wünschenswert. Der Therapeut zieht sich zurück, die Patientin fühlt sich verlassen, betrogen und benutzt. Die Patientin stellt die Bezahlung für die »Behandlung« ein, und das ist auch der Augenblick, in dem Klagen oder Beschwerden bei den Ehrengerichten eingereicht werden.

Die Forschung bemühte sich, empirisch fundierte Erkenntnisse über solche Therapeuten zu erhalten. Man hängte Zettel an die Anschlagtafeln der Gemeinden oder inserierte in Zeitungen. Hieraus hervorgehende Dissertationen (Butler 1975; D'Addaria 1977) ergaben, daß 60 Prozent der erotisch aktiven Therapeuten sich als Vaterfiguren sahen. 70 Prozent erkannten, daß sie in einer dominanteren Rolle als ihre Patientinnen waren, 55 Prozent hatten Angst vor intimen Beziehungen, und 95 Prozent berichteten über Angst- und Schuldgefühle angesichts dessen, was geschehen war. Nur 40 Prozent suchten Hilfe bei einem Freund oder Kollegen. Etwa 45 Prozent rationalisierten ihr Verhalten, indem sie ihren Patienten ein ihrer Meinung nach unübersehbares Bedürfnis unterschoben. Butler führte aus, daß der typische Psychotherapeut gelernt hat,

Untersuchungen zur Häufigkeit sexueller Therapeut-Patient-Beziehungen

Quelle	*Erscheinungsjahr*	*Berufsgruppe*	*Ort*	*Rücklaufrate*	*männlich*	*weiblich*
1	1968	Psychologen	Los Angeles County	70	13,7	0
2	1973	Psychiater	Los Angeles County	46	10,0	n/a
3	1976	Psychiater	Kalifornien & New York	33	n/a	0
4	1977	Psychologen	national	70	12,1	2,6
5	1979	Psychologen	national	48	12,0	3,0
6	1985	Sozialarbeiter	national	54	3,8	0
7	1986	Psychiater	national	26	7,1	3,1
8	1986	Psychologen	national	59	9,4	2,5

Quellenschlüssel:
1 Forer 1980
2 Kardener, Fuller und Mensh
3 Perry
4 Holroyd und Brodsky
5 Pope, Levenson und Schover
6 Gechtman und Bouhoutsos
7 Gartrell, Herman, Olarte, Feldstein und Localo
8 Pope, Keith-Spiegel und Tabachnick

daß man Gefühle der Gegenübertragung in der therapeutischen Situation vermeiden muß. Sie behauptet, daß diese Gefühle aufgrund fehlender sozialer oder beruflicher Gelegenheiten oft als Zeichen emotionaler Unangemessenheit unterdrückt werden - Gefühle, die erkannt und analysiert statt verdrängt und verleugnet werden sollten. Folglich projiziert der Therapeut oder die Therapeutin auf den Klienten seine oder ihre eigenen ungelösten Gegenübertragungen.

Die Vernachlässigung der Bedeutung sexueller Gegenübertragung in der Ausbildung der Psychotherapeuten führt uns zu dem allgemeineren Thema der sexuellen Attraktivität von Patienten. Solch eine Anziehung kann in allen nur möglichen Fällen Elemente von Gegenübertragung enthalten oder auch nicht. Die anziehende Wirkung von Patienten auf Therapeuten scheint - obschon im allgemeinen als Gegenstand der Forschung zu kurz gekommen - ein weitverbreitetes Phänomen zu sein. Pope, Keith-Spiegel und Tabachnik (1986) fanden bei einer nationalen Umfrage unter Psychologen heraus, daß die große Mehrheit (87 Prozent) berichtete, Patienten als sexuell anziehend erlebt zu haben. Die sexuelle Ausstrahlung scheint auf männliche Therapeuten stärker zu wirken (95 Prozent) als auf weibliche (76 Prozent), doch auch ein sehr großer Prozentsatz von jüngeren weiblichen Psychologen bekannte sich dazu.

Daß dieses Thema in Ausbildungsgängen und wissenschaftlichen Untersuchungen so vernachlässigt wurde, scheint, bedenkt man das starke Unbehagen, das es beim einzelnen Arzt hervorruft, nur allzu verständlich. Viele der Befragten (63 Prozent) bekannten, daß sie Schuld- und Angstgefühle bekämen oder in Verwirrung gerieten, wenn sie sich von ihren Patienten sexuell angezogen fühlten.

Was für Eigenschaften besaßen die Patienten, zu denen sich die Therapeuten hingezogen fühlten? Die Liste war lang, doch unter den am häufigsten erwähnten Merkmalen befanden sich physische Attraktivität, geistige Beweglichkeit (intelligent, ausdrucksfähig), sexuelle Qualitäten (sexuelle Idealvorstellung, sexy) und Verletzlichkeit (hilfsbedürftig, kindlich, sensibel, zerbrechlich). Bis auf zwei wurden all diese Eigenschaften ungefähr gleich häufig von männlichen und weiblichen Psychologen erwähnt. »Physische Attraktivität« wurde von männlichen Therapeuten häufiger erwähnt als von weiblichen; »erfolgreich« wurde viel mehr von Frauen als von Männern genannt. Dieser geschlechtsspezifische Unterschied in der Bewertung scheint allgemeine Züge unserer Kultur widerzuspiegeln. Bei 85 Prozent der männlichen und bei 66 Prozent der weiblichen Psychologen beschränkten sich die sexuellen Gefühle ausschließlich auf gegengeschlechtliche Klienten. Nur 14 Prozent der männlichen und 31 Prozent der weiblichen Psychologen fühlten sich sowohl von männlichen als auch weiblichen Patienten angezogen. 0,6 Prozent der männlichen und 3 Prozent der weiblichen Therapeuten reizte ausschließlich das eigene Geschlecht.

Nur 7 Prozent ließen diesen Gefühlen Handlungen folgen (das heißt, sie wurden mit Patienten intim), doch 18 Prozent dachten immerhin daran. All diejenigen, die sich von Patienten angezogen fühlten, aber keine sexuellen Beziehungen aufnahmen, wurden gefragt, warum sie der Versuchung widerstanden hatten. Viele nannten mehr als einen Grund - mit dem Ergebnis von 1091 Antworten. Die häufigsten lassen sich unter vier Kategorien zusammenfassen und bewerten sexuelle Beziehungen zwischen Therapeuten und Patienten als: (1) unmoralisch, (2) antitherapeutisch oder ausbeuterisch, (3) unprofessionelles Verhalten und (4) nicht mit den Wertvorstellungen des Therapeuten vereinbar. Solche Auffassungen bezeugen eine Haltung jenseits von Eigennutz, sie verraten Bindungen an die Maßstäbe des Berufsstandes, Achtung vor dem Patientenwohl und persönliche Werte in Übereinstimmung mit professionellen Normen.

Weniger oft wurden als Gründe für die sexuelle Abstinenz genannt: (5) eine enge Beziehung zu jemand anderem, (6) Angst vor Kritik oder Rufschädigung, (7) negative Folgen für den Therapeuten, (8) Furcht vor Vergeltungsmaßnahmen von seiten des Patienten und (9) klares Bewußtsein von der Ungesetzlichkeit eines solchen Verhaltens. Die letzteren, weniger häufig genannten Gründe scheinen sich vor allem auf das Wohlergehen des Therapeuten zu beziehen (besonders, wenn er unangenehme Folgen vermeiden will).

Es sollte an dieser Stelle noch erwähnt werden, daß die Antworten auf diesen Fragenkatalog trotz der zugesicherten Anonymität einen unbestimmbaren Anteil nicht ganz aufrichtiger Angaben der Gründe für die Vermeidung sexueller Kontakte enthalten können. Manche der Befragten haben sich vielleicht dazu verleiten lassen, Antworten zu liefern, die ihnen persönlich oder sozial akzeptabler erschienen. Die Gültigkeit dieser Untersuchung für diesen besonderen Bereich muß durch weitere Nachforschungen erhärtet werden. Im Moment jedoch sind diese Daten die einzigen systematisch gesammelten, empirisch gewonnenen Informationen, die wir über dieses Thema haben, und wohl die beste Grundlage für Schlußfolgerungen.

Die Daten legen nahe, daß äußere Zwänge und Verbote bei vielen - aber keineswegs allen - Therapeuten relativ unwirksam sind, wenn es darum geht, sexuelle Verwicklungen von Therapeuten und Patienten zu verhindern. Zwei Wege zur Veränderung scheinen durch diese Befunde vorgezeichnet: (1) das Kriterium persönlicher und professioneller Wertvorstellungen des Bewerbers für die Zulassung zur Therapeutenausbildung stärker zu bewerten und (2) die Ausbildungsprogramme mehr darauf auszurichten, daß sie diese Werte vertiefen, und Therapeuten eher in die Lage zu versetzen, von sexuellen Kontakten zu Patienten abzusehen.

Was die Ausbildungsgänge selbst anbetrifft, so gibt es nur wenige, die sich ausreichend mit der Frage sexueller Gefühle und Phantasien in bezug auf Patienten beschäftigen. Über die Hälfte der Psychologen hat auf diesem Gebiet kaum Erkenntnisse und Verhaltensmaßregeln vermittelt bekommen, und nur 9 Prozent berichteten von ausreichender Information und Supervision.

Pope, Keith-Spiegel und Tabachnik (1986) liefern uns Kriterien, nach denen Ausbildungsprogramme Probleme sexueller Empfindungen für und intimer Beziehungen zu Patienten wirkungsvoll thematisieren können. Mit Sicherheit läßt sich allerdings sagen, daß die Versuchung, sexuelle Beziehungen mit verletzlichen und den Arzt bewundernden Patienten einzugehen, mehr Beachtung verdient als eine kurze Erwähnung während der Durchnahme des hippokratischen Eids oder eine beiläufige Bemerkung in einem Referat zum Stichwort Berufsethos.

Entscheidend ist, daß es zwei völlig verschiedene Dinge sind, sich von Patienten angezogen zu fühlen oder mit ihnen intim zu werden, auch wenn beides manchmal miteinander verbunden ist; Therapeuten, die noch in der Ausbildung sind, fühlen sich vielleicht deshalb so schuldig, wenn sie Patienten sexuell attraktiv finden, weil es ihnen so vorkommt, »als ob« sie schon kurz davor oder dabei sind, mit ihnen intim zu werden. Jedoch erscheint das Empfinden sexueller Gefühle für Patienten als (statistisch gesehen) normal und ein völlig natürlicher Teil der Reaktion des Therapeuten auf einige Patienten. In manchen Fällen kann es sich um Gegenübertragung handeln, in anderen eine unverstellte menschliche Reaktion auf eine andere Person darstellen; doch in jedem Fall muß dem Drang, sexuelle Handlungen zu begehen, widerstanden werden. Tatsächlich können solche Gefühle fast immer, geht man mit ihnen offen, sensibel und professionell um, therapeutisch von Nutzen sein.

Die Ausbildungsprogramme für Therapeuten weichen den Problemen sexueller Verlockungen und Verstrickungen überwiegend aus, oder sie beschäftigen sich damit im allgemeinen wenig wirkungsvoll. Das bedeutet, die Lehrpläne dieser Ausbildungsgänge scheinen in ihrer gegenwärtigen Form wenig geeignet, dem Therapeuten zu ermöglichen, sich den sexuellen Reizen, die von manchen Patienten ausgehen, zu entziehen. Gechtman und Bouhoutsos (1985) zum Beispiel fanden in einer landesweiten Untersuchung heraus, daß Sozialarbeiter, die aus Ausbildungsgängen hervorgingen, die diese Fragen behandelten, sich genauso häufig mit Klienten einließen wie jene, in deren Ausbildung solche Probleme keine Rolle gespielt hatten.

Woher kommt die mangelnde Effizienz solcher Programme, zumindest in den Schulen für Sozialarbeit? Mehrere Hypothesen bieten sich an: Das Angebot der Kurse ist unzureichend, die Therapeuten sind von ihren Lebensbedingungen her so belastet, daß ihre eigenen Bedürfnisse über ihr moralisches Urteilsvermögen siegen, oder die Therapeuten haben charakterliche Probleme, die didaktische oder therapeutische Einflüsse zunichte machen. Wir werden allen drei Möglichkeiten nachgehen.

Der mangelhaft ausgebildete Therapeut

Die gebräuchlichste Erklärung für sexuelle Übergriffe von seiten eines Therapeuten oder einer Therapeutin ist, daß er oder sie »es nicht besser wußte«. Dennoch ist bekannt, daß viele ältere, gut etablierte Ärzte intime Kontakte zu ihren Patienten aufgenommen und sie in manchen Fällen sogar geheiratet haben (Bouhoutsos, 1984). Die männlichen Psychotherapeuten, die mit weiblichen Patienten verkehrten, befanden sich gewöhnlich in den Vierzigern und Fünfzigern und konnten auf lange Jahre der Ausbildung und Berufserfahrung zurückblikken. Auch wenn so belegt ist, daß es die meisten Therapeuten in der Tat »besser wissen«, gibt es einige verbreitete Mißverständnisse, die die Entscheidung, sexuelle Beziehungen zu Patienten aufzunehmen, beeinflussen können und daher hier erwähnt werden sollten.

Das erste Mißverständnis ist, daß die sexuelle Beziehung vertretbar ist, wenn sie außerhalb der therapeutischen Sitzung stattfindet. Es ist nicht ungewöhnlich, daß ein Therapeut einer Patientin erzählt, es sei unmoralisch, sexuelle Beziehungen während der Behandlungsstunden einzugehen, daß sie sich aber abends bei ihr oder ihm zu Hause oder in einem Hotel treffen könnten.

Dies als Mißverständnis zu bezeichnen, erschiene kaum möglich, gäbe es da nicht den Wortlaut von Moralkodizes, die zuweilen Verbote gegen Sex mit Patienten lediglich »im Verlauf der Therapie« aussprechen. Manche Therapeuten mißverstehen nun diesen zugegebenermaßen ungeschickten Wortlaut im Sinne von »während der einzelnen therapeutischen Sitzung«. Soweit wir wissen, hat es keinen Fall gegeben, wo diese Rechtfertigung vor Ehrengerichten, in Zulassungsverfahren oder Zivilprozessen erfolgreich gewesen wäre.

Das zweite Mißverständnis ist, daß nur die sexuellen Beziehungen, die vor Ende der Therapie stattfinden, ungesetzlich und/oder unmoralisch seien. Oft hört man diese Verteidigung bei Anhörungen vor Ethik-Kommissionen oder staatlichen

Zulassungsgremien. Gewöhnlich wurde die Therapie von Therapeuten beendet, um sexuelle Beziehungen zu Patienten aufzunehmen. Eine Studie über Zulassungsstellen für Psychologen und die Psychologenverbände der US-Bundesstaaten (Gottlieb, Sell und Schoenfeld 1985) hat die Fälle, in denen Therapeuten das Ende der Therapie als Rechtfertigungsgrund für ihr Verhalten benutzten, untersucht. Viele Therapeuten argumentierten so, doch in keinem Fall wurde der einzelne aufgrund dieses Hinweises entlastet. Auf der anderen Seite existierten in keinem Bundesstaat Vorschriften über die erforderliche Zeitspanne zwischen der Beendigung einer therapeutischen Beziehung und dem Beginn einer sozialen/sexuellen Beziehung. Die Studie tritt für klare Festlegungen in moralischen, verwaltungs- und zivilrechtlichen Kodizes ein, und zwar in dem Sinne, daß sexuelle Beziehungen zwischen Therapeuten und Klienten niemals möglich sind - ein Grundsatz, der gegenwärtig noch nicht allgemein anerkannt ist. Im Juni 1986 gab die Ethik-Kommission der *American Psychological Association* solch eine offizielle Erklärung ab.

Das dritte Mißverständnis ist, daß man sich mit einem Patienten oder einer Patientin sexuell einlassen kann, wenn die Initiative von diesem oder dieser ausgeht. Anwälte setzen diese Argumentation oft zur Verteidigung ein, Therapeuten jedoch nur selten. Sie ist unsinnig. Unabhängig vom Verhalten des Patienten *liegt die Verantwortung für die Beziehung immer bei dem Therapeuten.* Ob sich der Patient aufreizend verhalten hat oder nicht, ist höchstens Wasser auf die therapeutischen Mühlen, ansonsten aber bedeutungslos.

Das vierte Mißverständnis ist, daß man sich straflos vergnügen könne, wenn der eigene Professor, Supervisor oder Kollege ohne disziplinarische Folgen sexuelle Kontakte zu Patienten unterhalten hatte. Dies ist normalerweise eine uneingestandene, irrige Vorstellung, die dann auch selten bei irgendwelchen Hearings angeführt wird. Dennoch beeinflußt sie oft die Einstellung des Therapeuten, der eine Praxis eröffnet, im Hinblick auf intime Kontakte zu Patienten. Pope,

Levenson und Schover (1979) fanden heraus, daß Studenten, die erotische Beziehungen zu ihren Professoren hatten, auch später auffallend häufig sexuelle Kontakte zu Klienten aufnahmen (das gilt zumindest für Frauen). Man stößt gar nicht selten auf ganze Therapeutengemeinschaften, die sexuelle Beziehungen zu Patienten unterhalten und die bei Professoren studiert haben, die sich gewohnheitsmäßig mit Studenten einließen. Anstatt daß Gemeinschaftspraxen solchen Tendenzen entgegenwirken, kommt es manchmal vor, daß sich alle Mitglieder der Gruppe daran beteiligen.

Diese vier Mißverständnisse müssen in den Ausbildungsprogrammen, die Psychotherapeuten für die Praxis vorbereiten, beachtet und beseitigt werden. Jene medizinischen und geisteswissenschaftlichen Fakultäten sowie Institute, die sich diesen Problemen nicht widmen, bilden ihre Studenten unzureichend aus und sind mit dafür verantwortlich, wenn Patienten zu Schaden kommen.

Der »Psychotherapeut in Not«

Bisher waren Psychotherapeuten aller Richtungen nahezu nie gewillt, sich selbst als Menschen mit Schwierigkeiten zu betrachten. Der Spott unter Medizinern, »Ärzte sind die schlimmsten Patienten«, läßt sich sicher auch auf Psychiater, Psychoanalytiker, Psychologen, Sozialarbeiter und Familientherapeuten übertragen. Viele psychotherapeutische Disziplinen haben in ihre Ausbildungsgänge eine obligatorische Lehranalyse eingebaut, die es allerdings bestimmten Studenten ermöglicht, ihre Behandlung aufgrund emotionaler Schwierigkeiten als Lernerfahrung und Vorbereitung auf ihre zukünftigen Berufe auszugeben. Mit Situationen konfrontiert, denen sie nicht gewachsen sind, tun sich viele Psychologen und Psychiater schwer, ihre Fehlbarkeit zuzugeben. Wenn sie es doch tun, stellt sich häufig heraus, daß sie gar nicht wissen, an wen sie sich in Krisensituationen wenden könnten. Die meisten zögern, ihre Schwierigkeiten ihren Angehörigen gegenüber zuzugeben, die ja durchaus ein Teil des Problems sein und wenig Unterstützung anbieten können. Selbst wenn diese problembeladenen Therapeuten sich an Kollegen wenden, wie das überraschende 57 Prozent der kalifornischen Psychologen im Fall sexueller Verwicklungen mit Klienten taten (Bouhoutsos et al. 1983), waren jene Kollegen, an die sie sich wandten, vermutlich kaum darauf vorbereitet, mit solchen Vertrauensbeweisen umzugehen, und spielten das Problem höchstwahrscheinlich herunter oder »kehrten den Fall unter den Teppich«.

Die Probleme verschlimmern sich, wenn Therapeuten die Ernsthaftigkeit ihrer Störungen nicht erkennen. Oft werden Kollegen auf diese Probleme entweder durch gemeinsame Patienten oder aufgrund ihrer klinischen Erfahrung in bezug auf anomales Verhalten aufmerksam. Manch ein Moralkodex (*American Psychological Association* 1981) verlangt von den Mitgliedern des entsprechenden Berufsverbandes, daß sie, wenn sie von einer Verletzung ethischer Normen erfahren, erst mit dem fraglichen Kollegen reden, bevor sie offizielle Schritte unternehmen. Doch wie sagt man einem Kollegen, daß er zuviel trinkt, daß er nicht mehr bei der Sache ist oder seine Urteilsfähigkeit nachläßt und er Hilfe braucht?

Was uns oft davon abhält, diese Probleme direkt anzusprechen, ist die Sorge, als Gegner und nicht als besorgter Kollege betrachtet zu werden. Berufsverbände sind in dieser Hinsicht im allgemeinen nicht sehr hilfreich. Ehrengerichte greifen normalerweise erst dann ein, wenn eine Beschwerde vorliegt, und werden gewöhnlich als erzieherische oder strafende und nicht so sehr als rehabilitierende Organe angesehen. Auch wenn der belastete Psychologe Einsicht und Veränderungsbereitschaft zeigt, gibt es immer noch zu wenig legitimierte Personen und Einrichtungen, die bei Fällen sexueller Verwicklungen über Spezialwissen verfügen.

Die Unwilligkeit und Unfähigkeit der Verbände, mit Kollegen in Not umzugehen, hat in vielen Fällen tragische Folgen gehabt. Einmal angenommen, ein Psychotherapeut ist auffallend unruhig und gereizt und von Zeit zu Zeit depressiv. Erst später erkennen die Kollegen, daß sein sonderbares Verhalten ein Hilferuf war. Lange Zeit begegnet man ihm mit Ungeduld und Verärgerung, wenn er sich auf Versammlungen unverständlich und übersteigert verhält. Was sich danach im Kontakt zu Patienten abspielt, wird gleichfalls übersehen, bis es zu einem Ausbruch von Gewalt kommt, in dem der Mann einen Patienten, seine Familie und sich selbst umbringt. Eine psychologische Analyse enthüllt, daß es unzählige Anzeichen für zunehmende emotionale Störungen gegeben hatte und daß die Tragödie hätte vermieden werden können, wäre man nur einem dieser Hinweise nachgegangen. Nicht von ungefähr fehlten die Sensibilität für seinen Kummer und Stellen, die Hilfe anbieten konnten.

Die Ärzteverbände entwickelten als erste ein Programm, um Kollegen in Not zu helfen (R. Smith 1980). Doch 1971 zeigte eine Umfrage unter diesen Verbänden, daß nur sieben Bundesstaaten Gremien besaßen, um solch ein Programm beaufsichtigen zu können, und nur zwei Staaten Bestimmungen, die disziplinarische und therapeutische Maßnahmen festlegten. In diesen beiden Staaten, Florida und Texas, galten Regelungen für den »kranken Arzt«, die es erlaubten zu handeln, bevor Patienten zu Schaden kamen. Die *American Medical Association* (AMA) gab 1972 eine Erklärung heraus, die besagte, daß Ärzte moralisch verpflichtet seien, Beeinträchtigungen bei Kollegen zu beachten und zu melden (AMA, Council on Mental Health 1973), und 1974 wurde die erste Verfügung erlassen, die den Zulassungsorganen ermöglichte, therapeutische Hilfe und Rehabilitation für praktizierende Ärzte anzubieten, bevor Patienten geschädigt werden. Im Jahr 1982 wurden per Computer 101 Vorladungen erfaßt, und die Ärzteverbände aller 50 US-Staaten besaßen Kommissionen für Ärzte in Not. Selbsthilfegruppen, den Anonymen Alkoholikern vergleichbar, erwiesen sich in vielen Fällen als hilfreich und sind für die meisten Berufsgruppen verfügbar (zum Beispiel die Internationalen

Rechtsanwälte bei den Anonymen Alkoholikern (Laliotis und Grayson 1985)). Psychologen haben etwas länger als andere Berufsgruppen gebraucht, um das Problem kranker Kollegen zu erkennen. Eine Untersuchung (Abell und Strong 1983), in der die Bereiche Jura, Medizin, Psychologie, Zahnmedizin, Krankenpflege und Sozialarbeit verglichen wurden, stellte fest, daß die Psychologenverbände der Staaten selbst auf Fragebögen zur Rehabilitation von Mitgliedern, die Krisen zu bewältigen hatten, seltener antworteten. Die Vertreter der Krankenpflegeberufe antworteten am häufigsten. Die Mediziner bekundeten das stärkste Interesse an der Rehabilitation von Kollegen in Not, die Psychologen das geringste.

Die *Psychological Association* des Staates Kalifornien ist dabei, ein Programm für Psychologen in der Krise zu begründen, das auf ungefähr fünf Jahre angelegt ist. Das Programm, das Laliotis und Grayson (1985) als »das fortgeschrittenste« aller Staaten bezeichnet haben, läuft teilweise schon, begegnet aber Schwierigkeiten und Konflikten, die jeder Lösung zu trotzen scheinen.

Nur die Fälle, die von den Betroffenen selbst an die Helfer herangetragen werden, eröffnen die Möglichkeit, ohne erhebliche Komplikationen einzugreifen, und Sex mit Patienten fällt normalerweise nicht in diese Kategorie. Und doch scheint es offenkundig, daß viele der Therapeuten, die sich sexuell mit ihren Patienten einlassen, Problemfälle sind. Gibt es irgendwelche Belege, daß sich Therapeuten ihrer eigenen Probleme bewußt sind?

Eine Untersuchung, die alle zugelassenen Psychologen in Kalifornien erfaßt, versucht abzuschätzen, wie hoch der Anteil der Mitglieder psychologischer Berufe ist, die sich an die Standesethik halten (Bouhoutsos 1983). Fragebögen wurden an schätzungsweise 5500 zugelassene Therapeuten gesandt, von denen 65 Prozent antworteten; Teil II der Studie, der sich auch mit Problemfällen beschäftigt, wurde an eine Zufallsstichprobe (1200 von 5500) verschickt. Man bat sie, die Zusatzfragen auszufüllen, was 50 Prozent auch taten. Die Daten wurden strikt

vertraulich behandelt, und den Befragten sicherte man Anonymität zu. Die Frage, die sich auf eine Notlage bezog, lautete: »Haben Sie während des vergangenen Jahres eines der folgenden Probleme gehabt, das ihre berufliche Leistungsfähigkeit beeinträchtigt haben könnte?« 523 (90 Prozent) antworteten mit nein; 35 (6 Prozent) mit ja; 23 (4 Prozent) gaben keine Antwort. Die Ja-Stimmen wurden in folgende Kategorien eingeteilt:
Alkoholmißbrauch: 6 (1 Prozent)
Spielsucht: 0
Schwerere geistig-seelische Störungen: 6 (1 Prozent)
Mißbrauch anderer Stoffe: 3 (0,5 Prozent)
Schwerere körperliche Krankheiten oder Behinderungen: 9 (1,5 Prozent)
Kummer durch Verlust oder Trennung von geliebten Menschen: 23 (4 Prozent)
Anderes: 14 (2 Prozent).

Die Studie führt sexuelle Beziehungen zu Patienten nicht gesondert auf. Da jedoch 90 Prozent der Therapeuten über Gefühle von Verletzlichkeit, Hilflosigkeit oder Einsamkeit berichteten, wenn sie sexuellen Kontakt zu Patienten aufnahmen, und da sich viele trennten, scheiden ließen oder unglücklich verheiratet waren, ist es möglich, daß sich unter jenen 4 Prozent, die Beziehungsprobleme zugeben, eine beträchtliche Anzahl befindet, die Sex mit Patienten hatte. Es scheint also eine Gruppe von Individuen zu geben, die von einem Programm für Therapeuten in Not profitieren könnte, das im Krisenfall Hilfe anbietet. Schwierig wird es, den problembehafteten Therapeuten von dem ausbeuterischen Therapeuten zu unterscheiden. Der Wissensstand auf dem Gebiet der psychologischen Beurteilung erlaubt keine exakten Vorhersagen für die Rückfallquote bei sexuellem Ausagieren als zum Beispiel bei kriminellen Handlungen.

Man hat versucht, ein Modell zu entwerfen, das sowohl den psychisch »beschädigten« als auch den schädigenden Psychotherapeuten umfaßt, wobei dem ersteren geholfen und der letztere in seine Schranken verwiesen werden muß.

Im Augenblick ist die Rehabilitierung von Therapeuten, die sexuelle Kontakte zu ihren Patienten hatten, sowohl für die Berufsverbände als auch die Zulassungsorgane ein schwieriges Problem. Wenn Ehrengerichte oder Zulassungsgremien mit diesen Psychologen vereinbaren, eine Therapie zu machen und/oder sich von erfahrenen Kollegen überwachen zu lassen, fehlen Einrichtungen oder Fachleute, die diese Person im Auge behalten. Da in der Fachliteratur schon früh aufgezeigt wurde, daß bei 80 Prozent der Psychologen, die sexuell mit ihren Patienten verkehrten, das Ausagieren mit mehr als einer Person stattfindet (Holroyd und Brodsky 1977), kann man verstehen, daß es den Kommissionen und Gremien, die dem Allgemeinwohl verpflichtet sind, widerstrebt, diesen Psychologen die Rückkehr in den Beruf zu ermöglichen.

Eine Kontrolle ist kaum möglich, da der Therapeut, der von der Überwachung weiß, sich außerhalb der Praxis ausleben kann (und das auch gewöhnlich tut). Die Zulassung nur auf weibliche bzw. männliche Patienten zu beschränken ist auch kaum durchführbar. Zum ersten stellt der Verlust eines Drittels bis zur Hälfte des Patientenstammes einen ökonomischen Faktor dar, den Richter berücksichtigen müssen. Zweitens gibt es Therapeuten, die ihr sexuelles Ausagieren nicht auf ein Geschlecht begrenzen. Drittens sind die Kosten der Überwachung normalerweise untragbar.

Ein Programm, das von der Unterstützung des problembeladenen Therapeuten bis zu rigorosen Zwangsmaßnahmen reicht, wäre natürlich optimal. Unglücklicherweise haben wir bis jetzt unter anderem das Problem der Differenzierungs- und Durchführungsmöglichkeiten noch nicht gelöst. Ein Modell (das Bouhoutsos für die *Psychological Association* des Staates Kalifornien entworfen hat) delegiert die Verantwortlichkeit an drei Stellen: ein Programm für »Psychologen in Not«, die Ethik-Kommission und die staatliche Zulassungsbehörde. Hier sind drei Stufen denkbar:

Stufe I: Der betroffene Therapeut wendet sich an die entsprechenden Einrichtungen und bittet um Unterstützung bei einem persönlichen Problem. Solch ein Ersuchen wird selten an ein Standesgericht der Berufsverbände der Staaten und praktisch nie an eine Zulassungsbehörde herangetragen. Diesem Fall ist auch am ehesten mit einem Programm für Therapeuten in der Krise gedient. Das Programm muß in angemessener Distanz zu Organen arbeiten, die über Sanktionsmöglichkeiten verfügen, wie Ehrengerichte der Verbände und/oder Zulassungsbehörden.

Das Programm für Therapeuten in Not wird unter der Schirmherrschaft eines Berufsverbandes oder, besser noch, der Verbände errichtet, weil alle Therapeuten an ähnlichen Problemen zu leiden scheinen und sich manchmal lieber an Kollegen der anderen medizinischen Richtung wenden.

Eine Schwierigkeit bei der Etablierung solcher Programme war das Mißtrauen unter den Mitgliedern der Berufsverbände im Hinblick auf die ungenügende Geheimhaltung. Wenn Therapeuten diese Dienste unbesorgt in Anspruch nehmen sollten, ist strikter Daten- und Persönlichkeitsschutz dringend geboten. Akten müssen unter Verschluß gehalten und nach Abschluß der Fälle vernichtet werden. Statistische Erhebungen über die Teilnahme sind wünschenswert, doch muß die Anonymität der Daten unbedingt gesichert sein.

Informationen über das Nothilfeprogramm sollten mittels Rundschreiben und persönlichen Anschreiben an alle zugelassenen Angehörigen der Berufsgruppen weit gestreut werden. Wenn möglich, sollten eine kostenlose Telefonnummer zur Verfügung gestellt und anonyme Anfragen ermutigt werden.

Eine Abteilung besonders ausgebildeter, erfahrener Mitglieder der Berufssparten sollte für Anfragen zur Verfügung stehen. Bestehende nationale Selbsthilfe-Organisationen wie die *Physicians Helping Physicians* oder *Psychologists Helping Psychologists* sollten miteinbezogen werden. Das Selbsthilfemodell hat sich bei gewissen Suchtproblemen und Verhaltensstörungen als wirksamer erwiesen als andere Therapieformen.

Häufig stehen Zulassungsbehörden unter gesetzlichen Beschränkungen, die es ihnen nicht erlauben, sich an Berufsverbände oder Individuen zu wenden. Dennoch werden Beschwerden, die keine disziplinarischen Maßnahmen erfordern, oft an Ethik-Kommissionen überwiesen, die sie, wenn keine moralischen Vergehen vorliegen, an das Programm für Therapeuten in Not weiterleiten dürfen.

Stufe II: Von Betroffenen oder von anderen vorgebrachte Fälle von Alkohol- oder Drogenkonsum, der die Arbeit mit Patienten gefährden könnte oder schon gefährdet hat. Auf dieser Stufe befänden sich auch Therapeuten, die sexuelle Beziehungen zu Patienten unterhalten haben. Daß solche Fälle von dem Betroffenen selbst vorgebracht werden, ist selten. Die meisten Anträge in dieser Kategorie kommen von Ethik-Kommissionen, Standes- oder anderen Berufsaufsichtsorganen oder einer Zulassungsbehörde. Der Therapeut/die Therapeutin kann als Teil einer Abmachung überwiesen worden sein, zu der er oder sie sich verpflichtet hat, um seine oder ihre Mitgliedschaft in einer Organisation oder Zulassung zu behalten. Die Kommission oder die Zulassungsstelle fordert häufig eine therapeutische Behandlung und/oder die Supervision. Die Kommission oder die Zulassungsbehörde macht den Betreffenden mit dem Hilfsprogramm des Berufsverbandes ebenso wie mit anderen Quellen bekannt, die zur Verfügung stehen. Die erfahrenen Kollegen, die Gruppe der Psychologen in dem Programm für Therapeuten in Not, die die Therapie und/oder Supervision anbieten, fassen regelmäßig Berichte an die überweisende Stelle ab und sprechen Empfehlungen aus, ob die Mitgliedschaft oder Zulassung weiterbestehen sollte. Der Zulassungsbehörde wird über Teilnahme und erfolgreiche Beendigung des Programms Bericht erstattet. Diese Fälle werden nicht vertraulich behandelt. Die Gebühren bezahlt der Therapeut, der das Programm in Anspruch nimmt.

Stufe III: Ausschließlich Überweisungen der Zulassungsbehörden, die Fälle vorbringen, bei denen Therapie und Supervision zwingend vorgeschriebene Bedingungen sind für eine berufliche Wiedereinsetzung. Gebühren zahlt der Beschuldigte. Die Namen der Mitglieder des Programms für Therapeuten in Not werden dem Therapeuten übermittelt. Die Zulassungsbehörde übernimmt die Kontrolle von Bewährungshelfern, solange sich der Therapeut noch »auf Bewährung« befindet. Da Bewährungsberichte Teil der öffentlichen Rechtsprechung sind, gelten sie nicht als vertraulich. Das Gericht kann Beweise für den Fortgang bzw. Abschluß der Rehabilitation verlangen. Der behandelnde Therapeut, der solch ein Zeugnis ablegen soll, ist zur genauesten Objektivität verpflichtet. Neuere Forschungen sind der Frage der Befangenheit nachgegangen, wenn der Berichterstatter über seine eigene Aktivität spricht, ob als Täter oder als Gutachter (Holroyd und Bouhoutsos 1985).

Der Therapeut mit Charakterschwächen

Am einen Ende der Skala steht der »Therapeut in der Krise«, am anderen das Individuum mit charakterlichen Mängeln, das zur Wiederholung der sexuellen Übergriffe neigt. Schon früh wurde in der Forschung deutlich, daß ein Therapeut, der Sex mit einem Klienten hatte, es in 80 Prozent der Fälle weiter tun wird (Holroyd und Brodsky 1977). In einer Untersuchung (Pope, Keith-Spiegel und Tabachnik 1986) stellte sich heraus, daß 86 Prozent derjenigen, die mit Patienten intim wurden, es ein- oder zweimal taten, 10 Prozent drei- bis zehnmal, und eine Psychologin gestand eine Anzahl von über 10 Fällen ein. Eine andere Quelle berichtet von einem Therapeuten, der mit mehr als 100 Patienten Sexualkontakte hatte (Siegel 1983). Weil es so wenig empirische Daten gibt über die Persönlichkeiten jener Therapeuten, die sexuelle Beziehungen zu Patienten unterhalten, können wir nur vermuten, daß diejenigen, die wiederholt mit Klienten sexuell verkehren, Charakterfehler statt seelischer Probleme haben. Das Rechtssystem bemißt das Strafmaß danach, ob und wie häufig jemand rückfällig geworden ist; Psychologen haben ermittelt, daß sich die Gefährlichkeit eines Therapeuten am ehesten anhand seines Verhaltens in der Vergangenheit voraussagen läßt (Shah 1980). Manch ein Szenario, das im 1. Kapitel vorgestellt wurde, zum Beispiel »Svengali« oder »Vergewaltigung«, veranschaulicht, wie sehr der Charakter des Therapeuten den Stil der sexuellen Verwicklungen prägt.

Therapeuten können charakterlich begründete, unterschiedliche destruktive Wesenszüge aufweisen. Sie können sadistisch, ausbeuterisch oder masochistisch sein. Sie können versuchen, Patienten extrem abhängig zu machen, oder selbst von Patienten abhängig werden. Sie können machthungrig sein, beleidigend, impulsiv oder abweisend feindselig. Sie alle benötigen jedoch Hilfe, professionelle wie kollegiale. Sie brauchen auch externe Kontrolle und Beschränkungen - die sie sich selbst nicht auferlegen können und die sie davon abhalten, Patienten dauerhaft und manchmal mit tödlichen Folgen zu schädigen.

Angehörige der psychologischen Berufe, die völlig erschöpft sind, die eine Midlife-Crisis, Familienprobleme oder Liebeskummer durchleben, verdienen, daß man ihnen hilft, ihre eigenen Verletzlichkeiten zu erkennen und professionelle Hilfe in Anspruch zu nehmen. Die Tatsache, daß sich 57 Prozent der Therapeuten, die sexuellen Kontakt zu Patienten hatten, an Kollegen wandten (Bouhoutsos et al. 1983) und daß diese Kollegen zu Vorurteilen neigten (Holroyd und Bouhoutsos 1985) legt jedoch nahe, Hilfe bei Experten für dieses Problemfeld zu suchen. Wenn man bemerkt, daß sich ein Kollege in einer Krise befindet, sollte man wissen, wohin man sich in seinem Heimatort wenden kann und wer in diesem Fall dem Kollegen hilft. Bücher zu diesem Thema zu lesen kann sinnvoll sein, wenn man das Problem und seine Folgen verstehen will.

Auch jene Therapeuten, die sich unbehaglich fühlen, weil sich Patienten aufreizend verhalten, könnten einen erfahrenen Kollegen auf dem Gebiet intimer Kontakte zwischen Therapeuten und Patienten aufsuchen. Kritik unter Kollegen sollte nicht als negativ bewertet werden, und Fallbesprechungen können erheblich dazu beitragen, gefährliche Verstrickungen zu vermeiden. Die Diskussion über sexuelle Kontakte zu Patienten kann schwierig und gewiß aufrüttelnd sein - doch das ist weiß Gott nicht ungewöhnlich. Vielleicht ist es am schwersten, nicht dem verführerischen Gefühl zu erliegen, daß man unersetzlich ist, daß nur durch persönliches Eingreifen ein Patient oder eine Patientin erfahren kann, daß er oder sie geliebt, begehrt wird und etwas wert ist. Heilsbringer in den helfenden Berufen fördern geradezu eine den Patienten schwächende Abhängigkeit vom Therapeuten, die von Sozialkontakten abhält und damit eine Verkehrung des Heilungsprozesses bewirkt (vgl. Kapitel 8). Eine Therapie, die viele Jahre lang weiterläuft, ohne für die Selbständigkeit des Patienten zu sorgen, bedarf der Beobachtung und Überwachung.

Ausbeuterische und machthungrige Therapeuten stellen ein größeres Problem dar. Unwahrscheinlich ist, daß irgendwelche Einrichtungen und Maßnahmen, die heute zur Verfügung stehen, hier eine Lösung anbieten können.

4 VERLETZLICHE PATIENTEN

Was sind das für Patienten, die sich sexuell mit ihrem Therapeuten einlassen? Menschen, die zum erstenmal die Praxis eines Therapeuten betreten, werden gewöhnlich von einer Mischung aus Hoffnung, Erwartung, Angst und Sorge bewegt. Viele haben großen Kummer, genug, um bereit zu sein, Angst und Sorge auszuhalten und für das Privileg, sich der Pein der Selbsterforschung und Konfrontation mit eigenen Schwächen und Verletzungen unterziehen zu dürfen, auch noch zu bezahlen. Auf das Versprechen von Genesung hin teilt der Patient geheime Gedanken, Phantasien und Gefühle mit und vertraut dem Therapeuten immer mehr, der im Gegenzug absolute Diskretion, Anteilnahme und Hilfe zusichert. Eine Diskussion der Notwendigkeit einer vertrauensvollen Beziehung ist gewöhnlich Teil der Therapie, und Therapeuten betonen häufig, daß schrankenloses Vertrauen für den Erfolg der Behandlung ausschlaggebend ist (Marmor 1972b). Aufgrund der Annahme, daß dieses Vertrauen nicht mißbraucht wird, werden Patienten ermutigt, die übliche Abwehr aufzugeben und sich dem forschenden Fragen des Therapeuten zu öffnen. Die Wechselwirkungen während der Therapie sind innig und persönlich und fördern Wärme und Nähe.

Gleichfalls ein Teil der Therapie ist die stillschweigende Anerkennung der ungleichen Machtverteilung zwischen Therapeuten und Patienten. Dieses Machtgefälle, das den Therapeuten begünstigt, kann unrealistische Gefühle der Überlegenheit hervorrufen (Marmor 1953). Die Bedürftigkeit des Patienten, das Unbehagen, das die Suche nach Abhilfe nötig machte, das phantasierte oder wirkliche Wissen, über das der Therapeut verfügt, und die Atmosphäre in der Praxis nähren dieses Machtgefälle und färben auf die therapeutische Begegnung ab.

Ein Schutz gegen den ungezügelten Einsatz von Macht im therapeutischen Prozeß ist der »Therapierahmen«, der die Grenzen der Beziehung festlegt und den Beteiligten Sicherheit gibt. Dieser Rahmen begründet verläßliche Grenzen (A. A. Stone 1983), innerhalb derer Patienten annehmen können, daß alles vertraulich behandelt wird, keine Interessenkonflikte entstehen und das Bemühen des Therapeuten unmißverständlich ihrem Wohlergehen gilt. Vertrauen, Machtverhältnis und klare Grenzziehung sind die entscheidenden Bereiche, die verletzt werden, wenn die therapeutische Beziehung in eine sexuelle übergeht.

Die Forschung konzentriert sich gern auf Therapeut-Klient-Verhältnisse, in denen der Therapeut männlich und der Patient weiblich ist (Bouhoutsos et al. 1983). Deshalb wird sich ein Großteil der folgenden Diskussion auf weibliche Klienten und ihre Reaktion auf die Handlungen männlicher Therapeuten beziehen. Man muß jedoch im Auge behalten, daß sich sexuelle Beziehungen zwischen Therapeuten und Patienten keinesfalls auf solche Muster beschränken lassen. Untersuchungen belegen, daß sexuelle Kontakte auch in Fällen stattfinden, wo beide Individuen weiblichen Geschlechts, wo beide männlich sind und wo der Therapeut weiblich und der Patient männlich ist. Und nicht nur auf Zweierverhältnisse läßt sich Sex zwischen Therapeuten und Patienten begrenzen, auch Fälle von Gruppensex sind bekannt.

Obwohl sich einige Dissertationen mit den charakteristischen Eigenschaften weiblicher Patienten, die sich mit ihrem Therapeuten einließen, beschäftigt haben und einige dieser Merkmale immer wieder in der Literatur auftauchen, fehlen immer noch verläßliche Darstellungen, die uns helfen, gefährdete Frauen zu erkennen. Aufgrund der klinischen Erfahrung der Autoren dieses Buches lassen sich drei Kategorien von Patientinnen aufstellen, die als Orientierung dienen können:

1. Die gering gefährdete Gruppe: Stark gestreßte Patientinnen ohne vorangehende Klinikaufenthalte, die üblicherweise gut integriert sind, einen stabilen Familienhintergrund besitzen und längere, erfüllende sexuelle Beziehungen hinter sich haben.
2. Die durchschnittlich gefährdete Gruppe: Patientinnen, die eine Geschichte von Beziehungsproblemen mit sich herumschleppen, die etwas abhängig und bedürftig erscheinen und in die Kategorie der Menschen mit Persönlichkeitsstörungen fallen.
3. Die stark gefährdete Gruppe: Patientinnen, die Klinikaufenthalte und Selbstmordversuche hinter sich haben, die an schweren psychischen Krankheiten und Drogen- oder Alkoholproblemen leiden.

Bei näherer Betrachtung dieser drei Kategorien werden die unterschiedlichen Auffassungen über Patientinnen, die sich mit ihrem Therapeuten einlassen, verständlich. Die Bandbreite im Verhalten der Patientinnen gleicht der, die wir im 3. Kapitel bei den Therapeuten festgestellt haben, und eine Kategorisierung stellt bestenfalls den Versuch einer ersten Beschreibung dar.

Die gering gefährdete Gruppe

Robertiello (1975) nennt beispielhaft Patientinnen, die mit ihrem Therapeuten sexuelle Beziehungen hatten und dem Kriterium der geringen Gefährdung zu entsprechen scheinen. Er erlebt sie als der Norm entsprechend, nicht besonders »krank«, beeinflußbar, masochistisch, »symbioseanfällig«; sie waren weder schizophren noch stellten sie Borderline-Fälle dar. Er erkennt ihre Probleme als neurotische Konflikte und entdeckt viele Stärken an diesen Frauen, wie Intelligenz, Ichstärke und die Fähigkeit, recht gut mit der Realität zurechtzukommen. Sieben der acht Patientinnen, die er befragt hat, hatten einen College-Abschluß, alle waren berufstätig. Mehrere von ihnen waren verheiratet und hatten Kinder. Sie wirkten auf ihn nicht besonders masochistisch. Er kommt zu dem Schluß, daß diese Frauen nicht anders als wir alle waren, einige sogar auffallend begabt und talentiert. »Was ihnen zustieß, hätte jedem unserer Patienten zustoßen und vielleicht auch jedem von uns zustoßen können« (S. 6).

Häufig ist auslösendes Moment für eine Therapie bei Patienten der gering gefährdeten Gruppe ein traumatisches Ereignis in einer Beziehung. Wenn diese Patientin dann an einen Therapeuten gerät, der schon mit anderen Patientinnen intim geworden ist, und sie unter starker Belastung steht, kann sie sich in erhöhter Gefahr befinden. Das folgende fiktive Beispiel beschreibt die Frau aus der Kategorie mit geringer Gefährdung.

Beispiel 1. Sandy war eine attraktive, kluge, tüchtige junge Berufstätige, die jahrelang in einer erfüllenden Beziehung zu einem Mann, den sie liebte, gelebt hatte. Als er sich in eine andere Frau verliebt, geriet Sandy in tiefe Depressionen. Ein Freund verwies sie an einen bekannten Psychotherapeuten, den Sandy ungefähr dreimal aufsuchte. Die meiste Zeit in seiner Praxis verbrachte sie unter Tränen über ihren Verlust. Sie weinte auch über den Verlust an Selbstachtung aufgrund der Zurückweisung. Während der dritten Sitzung nahm sie der Therapeut tröstend in die Arme und küßte sie. Sie war wie erstarrt und konnte sich nicht dagegen wehren, daß er sie auszog und penetrierte. Als er fertig war, wankte sie aus der Praxis, stieg in ihren Wagen und fuhr ziellos durch die Gegend. Mit hoher Geschwindigkeit raste sie über eine kurvenreiche Bergstraße und überlegte sich ernsthaft, den Wagen in einen Abgrund zu steuern und ihrem Schmerz, der nun noch durch Schuld-, Ekel-, Haß- und Wutgefühle überlagert wurde, ein Ende zu bereiten.

Beispiel 2. John und Mary waren seit sieben Jahren verheiratet und hatten ein fünfjähriges Kind, doch ihre Ehe ging nicht gut. John war ein begeisterter Bergsteiger und zog an Wochenenden oft mit seinen Freunden los. Mary hatte sich am College eingeschrieben und arbeitete viel für ihr Examen. Das Kind hatte Schwierigkeiten in der Schule und brauchte Hilfe bei den Schularbeiten. John fand, daß der Haushalt vernachlässigt wurde. Die Wäsche blieb liegen, die Räume wurden schmuddelig, und er fühlte sich in diesem Zustand sehr unwohl. Er nörgelte immer stärker an Mary herum, bis sie schließlich beschlossen, daß sie Hilfe bei ihren Eheproblemen brauchten.

Das Paar ging zu einer Eheberaterin, die sie am Anfang zusammen behandelte. Bald bestellte sie sie einzeln zu sich und sagte jedem, daß der andere nicht der richtige Partner sei. Sie fing an, die Frau zu umarmen, zu küssen und zu streicheln. Obwohl sich die Frau immer unwohler fühlte, als die Umarmungen zu erotischen Berührungen wurden, war die Entfremdung von ihrem Ehemann doch so groß, daß sie ihm nichts sagte. Die Therapeutin schlug dem Ehemann die Scheidung vor, da die Beziehung hoffnungslos sei. Als sich der Mann gefühlsmäßig immer weiter entfernte, wurde die Therapeutin seiner Frau zunehmend intim. Als die Frau stärkere Ansprüche an die Therapeutin stellte, verlor diese das Interesse und wandte sich einer anderen Patientin zu. Die Frau blieb ohne Ehemann zurück, mit einem Kind, das vernachlässigt worden war und daher Schwierigkeiten in der Schule hatte, mit Geldproblemen, da die Rechnung für die Therapie monatlich weiter gelaufen war, und mit Gefühlen von Verrat, Schuld und Selbsthaß.

Die durchschnittlich gefährdete Gruppe

Der Patientenstamm, der am häufigsten in der wissenschaftlichen Literatur beschrieben wird, scheint zu dieser mittleren Gruppe zu gehören. Es gibt verschiedene Theorien zur Ätiologie des »Gefährdetseins«. Mehrere feministische Autorinnen haben der Gesellschaft und den meisten Psychotherapeuten die Schuld gegeben, weil sie ein stereotypes Bild von Weiblichkeit erhalten und verstärken. Chesler (1972) stellt bestimmte Merkmale fest, die sie als traditionell weiblich definiert: Fremdbestimmtsein, geringes Selbstbewußtsein, geringe Annahme der eigenen Aggressivität. D'Addario (1977) meint, daß diese Merkmale aus der Sicht der Gesellschaft bei Frauen als normal erscheinen, betont aber, daß sie zur Psychopathologie der Frau beitragen und das Stereotyp der Weiblichkeit fortschreiben. Sie zitiert eine frühere Untersuchung (Broverman et al. 1970), nach der männliche und weibliche Psychologen von Frauen erwarten, passiver und abhängiger als Männer zu sein, und gleichzeitig erkennen, daß diese Wesenszüge für die psychische Gesundheit nicht förderlich sind.

Chesler (1972) interviewte elf Frauen, von denen zehn Sex mit ihrem Therapeuten hatten. Sie beschreibt sie als »unzweideutig« weiblich. Alle waren sie ökonomisch abhängig, intellektuell unsicher, konventionell und »rasend« attraktiv, auf der einen Seite sexuell ängstlich und auf der anderen herausfordernd. »Sie waren wie gelähmt durch wirkliche und befürchtete Einsamkeit und Selbstverachtung« (S. 149). Alle gaben sich selbst die Schuld dafür, daß sie von Männern »schlecht behandelt« worden waren. Die Frauen waren zwischen 22 und 45 Jahren alt. Ihre Therapeuten waren im Durchschnitt 15 Jahre älter. Vier Frauen lebten getrennt oder waren geschieden, vier verheiratet, drei lebten allein. Bei vielen hatte sich die sexuelle Beziehung zu dem Therapeuten allmählich entwickelt. Einer anderen Untersuchung zufolge (Bouhoutsos et al. 1983) haben viele der Frauen zuerst nicht bemerkt, daß etwas nicht in Ordnung war. Obwohl sie das Halten, Liebkosen und Küssen und eventuell auch den Geschlechtsverkehr, der stattfand, irritierte und sie es nicht kritiklos hinnahmen, vertrauten sie dem Therapeuten, wenn er ihnen versicherte, daß es ein Teil der Therapie oder zu ihrem Besten sei, und fügten sich. Denjenigen, die Einwände hatten, wurde oft mit Therapieabbruch gedroht, und sie waren so bedürftig und an die therapeutische Rettungsleine gefesselt, daß sie sich der Macht des Therapeuten unterwarfen und gehorchten. Wenn die sexuelle Begegnung den therapeutischen Rahmen verletzt hatte, war der Niedergang der Behandlung nicht mehr aufzuhalten.

Belote (1974) untersucht ausgesprochen weibliche Wesenszüge, die Chesler beschrieben hat - Fremdbestimmung, geringes Selbstbewußtsein, geringe Akzeptanz von Aggressionen und Masochismus -, um zu belegen, ob sie für Frauen typisch sind, die in Gefahr stehen, sexuelle Beziehungen zu ihrem Therapeuten aufzunehmen. Die Mehrheit der Frauen, die Belote ausgewählt hat, waren jung, überdurchschnittlich attraktiv, intelligent, unverheiratet und alleinstehend, besaßen etwas College-Ausbildung und waren arbeitslos. Depressionen standen bei ihnen im Vordergrund, doch auch eine Reihe anderer Probleme war festzustellen: Angstzustände, Einsamkeitsgefühle, Selbstmordgedanken, Ehekonflikte und Phobien. Für 15 der 25 Frauen war es die erste Therapieerfahrung, die meisten sahen keine andere Alternative und hätten ihre Probleme nicht ohne therapeutische Hilfe lösen können. Drei der Frauen waren noch Jungfrau und hatten überhaupt keine sexuellen Erfahrungen gehabt, bevor sie in die Therapie gingen. Dreizehn hatten noch nie einen Orgasmus erlebt und fünf nur ein paarmal. Somit hatten 18 von 25 Frauen Orgasmusschwierigkeiten. Dennoch gab keine der Frauen sexuelle Störungen als Problem an. Viele berichteten, daß ihr Vater sich während ihrer Pubertät sexuell zu ihnen hingezogen gefühlt hätte und daß sie den Eindruck gehabt hätten, daß ihre Mutter eifersüchtig gewesen sei. Fünf Frauen waren ein- oder zweimal vor der Therapie vergewaltigt worden, zwei von Familienangehörigen. Drei hatten als Prostituierte gearbeitet. Fünf hatten von einem früheren Therapeuten unsittliche Anträge erhalten. Die Mehrheit der Frauen berichtete über ein enges, gutes Verhältnis zum Vater und negative Gefühle der Mutter gegenüber, die sie als kalt, steif, herrsch- und kritiksüchtig beschrieben. Vier dieser Mütter waren phasenweise psychotisch und immer wieder in Kliniken gewesen, als ihre Töchter heranwuchsen. Von den 25 sagten acht, daß sie eine warme Beziehung zur Mutter und vor ihrem Vater Angst gehabt hätten. Die meisten der Frauen fühlten sich von älteren Männern, die Autoritätspersonen waren, angezogen. Nur ein paar meinten, daß sie lieber Männer hätten, die schwächer als sie wären. Niemand glaubte, eine gleichwertige Beziehung zu einem Mann zu haben, und nur ein paar deuteten an, daß solch ein Verhältnis wünschenswert wäre. Fast alle gaben unumwunden zu, daß sie sich einen autoritären Mann wünschten. Die meisten zogen männliche Freunde weiblichen vor und ließen erkennen, daß sie sich durch den sexuellen Kontakt zu ihrem Therapeuten als etwas ganz »Besonderes« gefühlt hätten und ihr Selbstwertgefühl gestiegen sei.

Mangelnde Selbstachtung kennzeichnete die Beschreibung ihrer Beziehungen zu Männern, wobei physische Attraktivität als Grundlage für die meisten der Verhältnisse angegeben wurde. Einige Frauen berichteten, von ihren Sexualpartnern mißbraucht worden zu sein, was bei ihnen auch auf die Beziehung zum Vater zutraf.

Belotes Auswahl der 25 Frauen läßt sich offenbar dem Typus mit mittlerer Gefährdung zuordnen. Dennoch muß darauf hingewiesen werden, daß alle diese Untersuchungen, die Hypothesen über die präpathologische Persönlichkeit auf der Grundlage einer Auswahl von Patienten mit traumatischen Erlebnissen aufstellen, Fehlerquellen enthalten können. Beschreibungen des Verlaufs sexuell geprägter Therapien durch ehemalige Patientinnen (Freeman und Roy 1976; Plasil 1985; Walker und Young 1986) legen nahe, daß die Behandlung ihr Selbstgefühl aushöhlte und die Abhängigkeit vom Therapeuten förderte. Nachträgliche Bewertungen der Persönlichkeit der Patientin als fremdbestimmt oder unselbständig können daher mehr eine Folge als eine Ursache beschreiben. Auf diesem Gebiet bedarf es weiterer Forschungen.

Eine Alternative zu dem Konzept der gesellschaftlich verursachten Krankheit, das von Chesler, Belote und D'Addario vertreten wird, sind ätiologische Theorien, die ödipale oder präödipale Ursprünge annehmen.

Freuds Theorie der Entstehung der Hysterie (1972) betont ödipale Konflikte und orale Fixierung. Reich (1951) stimmt dieser grundlegenden Lehre von den oralen Bedürfnissen zu und unterstreicht die Abhängigkeit von der Anerkennung durch andere und das stärkere Bedürfnis nach Zuneigung und Geborgenheit als nach Sex. Marmor (1953) ergänzt die orale Fixierung durch ein labiles, schwaches Ich, das sehr beeinflußbar ist und die Symptomatik rasch aufnimmt. Wolowitz (1970) verdeutlicht, daß diese hysterischen Individuen bei Männern die Geborgenheit suchen, die sie bei ihren eigenen Müttern vermißt haben und aufgrund dieser Enttäuschung bei anderen Frauen nicht finden können. Wie schon oben erwähnt, beschreiben die Frauen aus der Studie von Belote ihre Mütter negativ und fühlen sich stärker ihren Vätern verbunden. Wolowitz erklärt, daß diesen Individuen in ihrem übersteigerten Bemühen, Liebe und Aufmerksamkeit zu gewinnen, der Sinn für die Wirklichkeit abhanden kommt, und sie sich in den Rollen, die sie spielen, verlieren und folglich Gefühle von Falschheit, Leere und Einsamkeit erleben.

Es ist klar, warum Patientinnen, die diese Lehre und Einsamkeit erfahren, gefährdet sind, sich mit ihrem Therapeuten sexuell einzulassen. Sie suchen nach Macht und Überlebenskraft durch die Verbindung mit einem Mann, den sie als stark, mächtig und fürsorgend wahrnehmen. Für diese Verbindung setzen sie Schwäche, Hilflosigkeit und Attraktivität ein, um die Liebe zu gewinnen, die ihnen fehlt, und um über die Quelle dieser Liebe zu herrschen. Belote nimmt an, daß solche Frauen aus Angst vor Feindseligkeit und Sehnsucht nach Sicherheit ihre eigenen Bedürfnisse verleugnen und ihre Aggressionen unterdrücken, um dem Therapeuten zu gefallen; doch die Verleugnung der eigenen Wünsche kann Widerwillen hervorrufen, der sich in Orgasmusstörungen niederschlägt, an der viele dieser Patientinnen leiden. Belote untermauert ihre Argumentation durch: (1) Stekels Untersuchung weiblicher Frigidität, in der der Autor feststellt, daß Feindseligkeit und Abneigung gegen den Ehemann und Geliebten eine Ursache sein kann; und (2) Bardwicks Behauptung, daß passiv-aggressives Verhalten ein bestimmender Teil der weiblichen Sexualrolle in unserer Kultur ist. Belote (1974, S. 112) kommt zum Schluß, daß es auch möglich ist, daß einige Frauen in einer von Männern dominierten Welt, die ihnen nur wenige annehmbare Wege zur Macht eröffnet, den Mann sexuell hinhalten, um ihn zu beherrschen.

Eine alternative, dynamisch angelegte Erklärung für Sex zwischen Therapeuten und Patienten hat L. G. Stone (1980) geliefert, der die Hypothese aufgestellt hat, daß starke Angstbindungen und Ich-Schwäche die Anfälligkeit für die Art von sexualisierten Beziehungen erhöhen könnten. Im Gegensatz zu den oben erwähnten Theoretikern, die die ödipalen Wurzeln der Übertragung und das inzestuöse Wesen der sexuellen Dyade Therapeut-Patient betonen, folgt Stone theoretischen Modellen, denen Greenacre (1954), Spitz (1956), Thompson (1946) und Blum (1973) den Weg bereitet haben und die solche sexuellen Verhältnisse als prä-ödipales Bedürfnis, mit der Mutter zu verschmelzen, darstellen. Diese Wissenschaftler halten dafür, daß die Übertragung eine frühe Beziehung zwischen Mutter und Kind wiederherstellt und daß sie zur Wiederholung grundlegender Bindungserlebnisse anregt. Die Patientin verhält sich in der Therapie so, wie sie sich bei ihrer Mutter verhalten hat (Masterson 1976). Die Entwicklung der Therapie verläuft gemäß den ursprünglichen Trennungs-/Individuationserlebnissen der Patientin. Stone nimmt an, daß die Patientin sexuell mit dem Therapeuten verkehrt, um die symbiotische Bindung zu bewahren, Gefühle des Getrenntseins zu verleugnen und sich vor Objektverlust zu schützen. Die Wissenschaftlerin behauptet, daß die Anfälligkeit dieser Frauen für sexuelle Kontakte zu ihrem Therapeuten ihren Ursprung in Störungen ihrer Trennungs-/Individuationsprozesse hat, die das Funktionieren des Ichs nachteilig beeinflußt und zu angstbesetzten, klammernden Bindungen an wichtige Bezugspersonen beigetragen haben. Im einzelnen führt Stone aus, daß das Kind seine Bedürfnisse zurückstellt, um der Strafe der Mutter für die

Versuche des Kindes, sich von ihr zu trennen, zu entgehen. In dem Bemühen, sich vor Gefühlen der Trennung von der Mutter zu schützen, klammert sich das Kind an und versucht, eine symbiotische Bindung zu erhalten und fortzusetzen. Das Anklammern bleibt so erhalten, und das autonome Funktionieren des Ichs wird unterdrückt. Während der ödipalen Phase verbindet das weibliche Kind den natürlichen Wunsch nach physischer Zärtlichkeit mit dem Vater mit dem unbewältigten, unterschwelligen Bedürfnis nach symbiotischer Vereinigung und stellt fest, daß Sex beides zu geben vermag. Da sich die Patientin in der Therapie so verhält wie zu ihrer Mutter während kritischer Trennungs-/Individuationsphasen, folgert Stone, daß diese Patientinnen versuchen werden, die symbiotische Einheit durch sexuellen Kontakt zu ihrem Therapeuten wiederherzustellen. Die sexuelle Verschmelzung hilft der Frau, Gefühle der Getrenntheit von ihrem Therapeuten genauso zu verdrängen, wie sie Empfindungen der Separation von der Mutter während der prä-ödipalen Stufe bekämpft hat.

Die Dissertation von Stone versucht, empirische Belege für diese Theorie beizubringen. Die Studie wurde mit einer Auswahl von 46 Frauen durchgeführt, die bei einem männlichen Therapeuten in Behandlung gewesen waren (die Therapie jedoch vor der Teilnahme an dem Forschungsvorhaben beendet hatten). Die Frauen wurden in vier Kategorien eingeteilt: 16 von ihnen hatten sexuelle Kontakte zu ihrem Therapeuten gehabt, zehn hatten sexuell gemeinte Anträge erhalten, zehn hatten die therapeutische Beziehung vorzeitig abgebrochen, und zehn hatten die Therapie erfolgreich beendet.

Ein höchst interessantes Verhältnis ergab sich zwischen der Zugehörigkeit zu einer dieser Kategorien und der Stärke der angstbesetzten Bindung an den Therapeuten. Frauen, die sexuelle Beziehungen zu ihrem Therapeuten hatten, zeigten stärkere Angstbindungen (sie klammerten mehr und gestanden ihre Befürchtungen ein, von ihrem Therapeuten emotional/physisch verlassen zu werden) als Frauen, die therapeutische Erfahrungen ohne sexuellen Kontakt gehabt hatten.

Ebenso wiesen Frauen mit sexuellem Kontakt zu ihrem Therapeuten die stärksten angstbesetzten Bindungen an Therapeuten, Mütter und Freunde auf. Auf der anderen Seite hatten die Frauen, die eine Therapie ohne sexuelle Verwicklungen erfolgreich beendet hatten, die geringsten angstbesetzten Bindungen an diese bedeutungsvollen Bezugspersonen. Es stellte sich heraus, daß die Mehrheit der Frauen, die Sex mit ihrem Therapeuten hatten, nach dieser sexualisierten therapeutischen Begegnung einen anderen Psychologen aufsuchten. Der Therapeut, so warnt Stone, der sich sexuell mit einer Patientin einläßt, verlängert ihre Angstbindung, verstärkt ihre Abwehrmechanismen gegen Ablösungen und verhindert ihre Individuation.

Die stark gefährdete Gruppe

Auch wenn es noch keine umfangreichen empirischen Untersuchungen für die prä-pathologische Persönlichkeit der stark gefährdeten Gruppe gibt, weiß man doch, daß ein großer Prozentsatz der betroffenen Frauen als Kinder inzestuöse Beziehungen erlebt hat. Überraschend ist das nicht. Sex zwischen Patienten und Therapeuten ist mit Inzest verglichen worden (Marmor 1972), und eine Art Wiederholungszwang scheint die Wahl des älteren, mächtigen Therapeuten durch diesen Typus von Patientinnen zu bestimmen. Die Patientin ist genauso verletzbar wie ein Kind, das liebend und vertrauensselig den Eltern (oder der Elternfigur) glaubt, daß sie es lieben und umsorgen und nicht verletzen werden. Auf der Seite der Kind-Patientin herrscht das gleiche Gefühl der Machtlosigkeit vor: die Furcht, daß man ohne den Schutz und die Liebe des Elternteils oder des Therapeuten nicht leben kann.

Das Kind, das mit dem Inzest lebt, verfügt über ein begrenztes Repertoire an Anpassungsmustern. Diese Muster, die in der Kindheit das Überleben sicherten, graben sich ein und verfestigen sich. Das übliche Inzestopfer hatte über Jahre eine sexuelle Beziehung zu einer Autoritätsperson, entweder zum Vater oder zu jemand anderem, erlebt und mußte das Geheimnis bewahren. Es hat gelernt, die Schuld für das Geschehene auf sich zu nehmen und den erwachsenen Übeltäter freizusprechen. Die väterliche Rolle wird nun durch den Therapeuten ausgefüllt, der den sexuellen Kontakt herstellt. Der Therapeut kann sich einer gefügigen, oft anrührend naiven, hilfsbedürftigen Patientin gewiß sein, die nichts weitererzählen und nicht ihm die Schuld geben wird, sondern oft über Jahre in der therapeutischen Beziehung ausharrt, für die Schädigungen bezahlt und sich auch noch als Ursache des unvermeidlichen Mißbrauchs und der schlechten Behandlung von seiten des Therapeuten fühlt. Selbst mit viel Verständnis und ausreichender Unterstützung ist es solchen Frauen fast unmöglich zuzugeben, daß sie zum Opfer geworden sind.

Das mißbrauchte Kind lernt, sich einer fortdauernden, erniedrigenden Beziehung anzupassen, die in jedem Fall verbrecherisch ist - ob sie nun sanft oder unsanft gestaltet wird, ob als Liebe ausgegeben oder nicht. Gleiches gilt für das Verhältnis eines Inzest-Opfers zu seinem Therapeuten. Die Sexualisierung einer Therapie heißt eine Vertrauensbeziehung zu verraten, die selbstloses Engagement verlangt, das Eltern oder Therapeuten einem Kind oder Patienten in untergeordneter oder hilfsbedürftiger Position geben müssen, um seine Persönlichkeit nicht zu zerstören. Von Zeit zu Zeit neigt der Überlebende eines Inzests oder die Patientin zur Dissoziation und sucht nach Möglichkeiten, das Geschehnis neu zu definieren, so daß es nicht mehr so schlimm erscheint. Diese Verleugnung setzt sich eine Zeitlang fort, und Sex wird fast zur Alltäglichkeit. Die Notwendigkeit, sich mit der Beziehung zu versöhnen, in ihr positive Qualitäten zu entdecken, wird zwingend. Die Suche nach einer nicht-sexuellen Beziehung zu einer Vaterfigur wird für viele Überlebende des Inzests zur Odyssee, zur verzweifelten sehnsüchtigen Irrfahrt. Der Therapeut, besonders der männliche, befindet sich in der Position des Übertragungsobjekts und verkörpert den potentiell guten Vater anstelle des potentiell inzestuösen Vaters, bevor noch ein Wort gesprochen worden ist. Somit geschieht ein doppelter Verrat, wenn dieser Therapeut die Patientin betrügt, die häufig nie wieder Vertrauen zu jemandem fassen kann.

Noch etwas anderes charakterisiert die Überlebenden eines Inzests und macht es wahrscheinlich, daß sie wiederholt zu Opfern werden: die Fixierung auf eine kindliche Entwicklungsstufe oder unter Streß die Regression auf ein kindhaftes Verhalten. Viele Frauen, die unter normalen Umständen eine relativ stabile Anpassung erreicht haben, regredieren in Streß-Situationen und bemerken, daß sie nicht nein sagen können, besonders nicht zu jemandem, der Autorität besitzt, der mächtiger ist als sie. Einigen Inzest-Opfern, die den Mut gefunden haben, eine Therapie zu beginnen, wird von ihren Therapeuten erzählt, daß sie lernen müßten, Männern wieder zu vertrauen und damit bei ihren Therapeuten beginnen sollten. In diesem Augenblick findet sich die Patientin, das Inzestopfer, sozusagen nackt in einer vertrauten Situation wieder und fragt sich, was denn mit ihr nicht stimme, daß sie so dumm ist, fortwährend zum Opfer zu werden, und so schlecht, diese Dinge immer wieder herauszufordern.

Die Patientinnen in dieser stark gefährdeten Kategorie zeigen oft Merkmale einer Borderline-Störung (siehe *Diagnostic and Statistical Manual* der *American Psychiatric Association* (3rd ed., 1980) (DSM-III)), die fast immer eine erhebliche Zerrüttung zwischenmenschlicher Beziehungen mit sich bringt. Wissenschaft und Forschung stimmen überein, daß solche Störungen das Ergebnis langzeitiger Entwicklungsprozesse sind. Derartige Persönlichkeitsmerkmale können diese Individuen außergewöhnlich anfällig für die Ausbeutung durch prinzipienlose Therapeuten machen. Werden sie auf diese Weise zum Opfer, können wiederholte Aufenthalte in Kliniken und - in der Zwischenzeit - eine schützende Umgebung (die ihnen zum Beispiel hilft, Selbstmordimpulsen zu widerstehen) notwendig werden.

Unsere klinische Erfahrung hat uns gezeigt, daß es in der

Hochrisikogruppe eine übermäßig große Anzahl von Patientinnen zu geben scheint, die von Inzesterlebnissen berichten und danach noch mehrfach zum Opfer geworden sind. Es bedarf weiterer Forschungen, um diese Hypothese zu bestätigen. Mit Diagnosen und pathologischen Befunden über die Patientinnen, die sexuellen Verkehr mit ihrem Therapeuten hatten, muß sehr vorsichtig umgegangen werden, da die Gefahr besteht, dem Opfer die Schuld zu geben, indem man vor allem auf die Vorbedingungen verweist. Welcher Teil der Schädigungen vom Arzt hervorgerufen wurde und welcher Teil schon vorher bestanden hat, ist schwer zu ermitteln.

Es folgen drei fiktive Beispiele, die als typisch für die stark gefährdete Gruppe angesehen werden können:

1. Beispiel. Ein Psychotherapeut, der in einer stationären Abteilung einer Klinik Wochenenddienst hatte, erhielt einen Anruf von einer Frau aus einer Telefonzelle, die sagte, daß sie durch eine frühere Patientin an ihn verwiesen worden sei. Sie sei gerade in der Stadt angekommen, ohne Geld, habe ihren achtjährigen Sohn bei sich, und sie hätten den ganzen Tag noch nichts gegessen. Ob er sie wohl abholen und ihnen eine Unterkunft verschaffen könnte? Der Therapeut ging darauf ein, brachte die Mutter und das Kind über Nacht im Haus eines Nachbarn unter und lieh der Frau einen Wagen. Damit begann eine Reihe von Forderungen der Patientin, die in einer sexuellen Beziehung gipfelten. Als der Therapeut sich mit ihr einließ, stürzte die Frau bei einer Gelegenheit auf die Straße, versuchte, sich unter ein Auto zu werfen, und wurde als selbstmordgefährdet in eine Klinik gebracht. Als es ihr besser ging, wurde sie entlassen, suchte den Therapeuten auf, und der Vorfall wiederholte sich. Diesmal nahm sie sich das Leben.

2. Beispiel. Eine Frau in einer Anstalt beschwerte sich bei einem Interessenvertreter der Patienten, daß ihr Psychotherapeut ihr Überdosen von Barbituraten und Psychopharmaka geben würde. Eine Untersuchung ergab, daß die Patientin nicht psychotisch war und daß auch niemals eine solche Diagnose vorgelegen hatte, sondern daß sie unter Tabletten in der

Klinik gehalten wurde, um dem Therapeuten regelmäßig nach seinen Visiten sexuell zur Verfügung zu stehen. Als sie entlassen wurde, zeigte sie erhebliche Funktionsstörungen.

3. Beispiel. Eine 45 Jahre alte Frau entdeckte ihrem Therapeuten, daß sie 20 Jahre lang mit ihrem früheren Therapeuten sexuellen Kontakt gehabt hatte. Während jener Zeit hatte sie ihn oral befriedigt, aber nie mit ihm geschlafen. Sie hatte keine anderen sexuellen Kontakte gehabt. Stark depressiv und selbstmordgefährdet, erkannte sie, daß sie ihr Leben in sexueller Unterwerfung verbracht hatte.

Wie geraten stark gefährdete Patienten in solch krankhaftes Elend? Oft glauben schwer gestörte Menschen, ohne den »Therapeuten als Nabelschnur« mit dem Leben nicht mehr zurechtzukommen. Inmitten eines trübseligen Lebens sehen sie ohne den professionellen »Helfer« eine Katastrophe auf sich zukommen. Je zerbrechlicher die Ich-Struktur des Kranken ist, desto verletzlicher ist er oder sie. Abhängig, wahnhaft und manchmal sogar psychotisch, haben diese Patienten wenig Abwehrmöglichkeiten. Viele sexuell ausbeuterische Therapeuten suchen sich für intime Kontakte solche Klienten aus, bei denen es höchst unwahrscheinlich ist, daß sie das unmoralische Verhalten des Therapeuten bekannt machen. Diese Therapeuten werden vermutlich verwirrte, verwundbare Frauen vorziehen, die mißhandelt worden oder tief depressiv und/oder psychotisch sind (Bouhoutsos 1984). Solche stark gefährdeten Patientinnen mit schweren psychischen Problemen erleiden größeren Schaden als diejenigen, die von Anfang an weniger beeinträchtigt waren (Feldman-Summers und Jones 1984). Viele dieser Patientinnen begreifen erst Jahre später die Folgen des sexuellen Kontakts zu ihrem Therapeuten. Eine Erkenntnis, die überwältigen kann, besonders wenn der momentan behandelnde Arzt sich mit der Problematik sexueller Kontakte zwischen Therapeuten und Patienten nicht gut auskennt und die Verantwortung der Patientin zuschiebt (vgl. Kapitel 8). Die Patientin kann noch tiefer traumatisiert werden, wenn sie einen Anwalt zu Rate zieht, der zum Schluß kommt, daß die gesetzlichen Fristen z. B. für eine Anzeigeerstattung abgelaufen sind, und ihr daher Vergeltung und/oder Entschädigung versagt werden. Daß stark gefährdete Patientinnen wiederholt mißbraucht werden, kommt leider immer wieder vor.

Die hier vorgestellten Kategorien, die die Patientinnen in gering, mittel und stark Gefährdete einteilen, sollten nicht als letztes Wort hinsichtlich der Verletzlichkeit von Menschen mit psychischen Problemen betrachtet werden. Unsere Theorien können nur einleuchtende Hypothesen und keine abschließende Kategorisierung sein. Selbst wenn wir manchmal in der Lage sind, Risikokategorien zu konstruieren, die sich sowohl verallgemeinern lassen als auch gut untermauert sind (durch mehr als eine systematische Studie), kann es immer noch eine beträchtliche Anzahl von Individuen geben, die nicht den Normen entsprechen.

Nachdem wir nun einige der Faktoren untersucht haben, die Therapeuten dazu bringen, Patienten sexuell auszubeuten, und andere, die vor allem Patientinnen für diese Ausbeutung anfällig machen, wenden wir uns nun den Auswirkungen sexueller Beziehungen zwischen Therapeuten und Patienten zu.

5 AUSWIRKUNGEN SEXUELLER BEZIEHUNGEN ZWISCHEN THERAPEUTEN UND PATIENTEN

Forschungsergebnisse

Obwohl systematisch gewonnene, empirisch belegte Daten über die Auswirkungen intimer Kontakte zwischen Therapeuten und Patienten erst seit kurzem vorliegen, war man seit jeher der Ansicht, daß solche Verhältnisse schädlich für Patienten sind (Boas 1966; Marmor 1972b). Daher wurden, wie das 2. Kapitel ausführt, derartige Kontakte von den verschiedensten Instanzen untersagt - Theoretikern, Praktikern, Ausbildungsinstituten, Berufsverbänden, staatlichen Stellen.

Einige wenige Autoren haben heilsame Wirkungen postuliert; die Mehrheit hat Sex zwischen Therapeuten und Patienten für schädlich befunden - wie die Übersicht, S. 100 zeigt.

McCartney (1966), der bekannteste Verfechter sexueller Kontakte zu Patienten, sucht Unterstützung bei früheren Autoren. Er zitiert die Ausführungen von Boss, daß

»›die Analysandin den männlichen Analytiker zu lieben beginnt, sobald sie feststellt, daß sie zum ersten Mal in ihrem Leben jemanden gefunden hat, der sie wirklich versteht und trotz ihrer Neurosen akzeptiert. Sie liebt ihn um so mehr, weil er ihr erlaubt, ihre wahren Gefühle innerhalb der sicheren Übertragungsbeziehung ganz aufzuschließen.‹ Nirgendwo legt Boss eine Grenze fest, bis zu der es dem Analysanden erlaubt werden sollte, seine Bedürfnisse auszudrücken ... Ich habe festgestellt, daß 10 bis 30 Prozent einen direkten Ausdruck brauchen ... Diese Patienten wollen nicht nur über ihr Verhältnis zu dem Analytiker nachdenken oder reden, sondern die neu entdeckten Möglichkeiten auch mit ihrer emotionalen Sprache, ihrem Körper, erleben . . .« (S. 228-29).

McCartney bezieht sich nur auf heterosexuelle Kontakte. Er behauptet, daß Homosexualität »unreif, neurotisch und unerwachsen« sei. »Wenn der Analytiker ein Mann und der Analysand auch männlich ist, dann sollte die Behandlung des Patienten in die Hände einer Frau gelegt werden, sobald er auf den direkten Ausdruck zusteuert« (S. 236).

Dennoch trat McCartney nicht für eine Heirat zwischen Patientinnen und ihren therapeutischen Sexualpartnern ein. Mißbilligend erwähnt er den Fall eines »zeitgenössischen Analytikers«, der 1942 mit seiner fünften Frau zusammenlebte, sich seiner Patientin emotional näherte, sich scheiden ließ und die Patientin heiratete. In seinen Arbeiten werden Reich, Bernfeld, Rado und Fenichel, die ihre Patientinnen geheiratet haben (Chesler 1972, S. 139), nicht erwähnt. McCartney ist der Auffassung, daß »der Analytiker zur Freiheit selbstloser Fürsorge für seine Patienten heranwachsen muß . . . Das schließt auch ein freies Verhältnis des Analytikers zu seiner eigenen Sexualität und seinem Geltungsbedürfnis ein . . . Der Zustand der Patientin kann sich in erstaunlich kurzer Zeit bessern, wenn sie bei einem emanzipierten Therapeuten in Behandlung ist« (S. 235-236).

McCartney hat behauptet, während seiner vierzigjährigen Praxis über 1500 Analysen durchgeführt und 75 Prozent seiner Patienten »gut angepaßt« entlassen zu haben. Von seinen erwachsenen weiblichen Analysanden hätten 30 Prozent eine Form von offener Übertragung ausgedrückt: sich auf seinen Schoß gesetzt, seine Hand gehalten, ihn umarmt oder geküßt. Über 10 Prozent zeigten ein extremes Ausagieren: genitale Berührungen oder Koitus. Unklar bleibt, ob McCartney mit 10 Prozent von den gesamten 1500 oder 10 Prozent von den 30 Prozent (45) sexuelle Kontakte hatte. Ebenso, ob die 75 Prozent der Geheilten die 30 Prozent einschließen, die das Bedürfnis nach offener Übertragung äußerten. McCartney macht keine genauen Angaben über die Stunden, die er jedem der

Untersuchungen über heilsame und schädliche Kontakte zwischen Therapeuten und Patienten

Quelle	*Erscheinungsjahr*	*Anzahl der Fälle*
	Heilsam	
McCartney	1966	1.500
Shepard	1971	11
	Schädlich	
Chesler	1972	11
Butler	1975	25
Freeman und Roy	1976	1
D'Addario	1977	4
Stone	1980	46
Burgess	1981	16
Bouhoutsos et al.	1983	559
Feldman-Summers und Jones	1984	30
Vinson	1984	28
Plasil	1985	1
	Gemischt	
Taylor und Wagner	1976	34 (7 positiv, 11 gemischt, 16 negativ)

1500 Fälle gewidmet hat. Doch selbst mit ungefähren Berechnungen kommt man zu interessanten Ergebnissen.

McCartney verweist mit Bestimmtheit auf 1500 *Psychoanalysen.* Im allgemeinen dauert eine vollständige Analyse ungefähr fünf Jahre; die folgende Berechnung jedoch geht nach vorsichtiger Schätzung von nur vier Jahren aus. Gleichfalls nehmen wir zu McCartneys Gunsten nur vier wöchentliche Sitzungen an, obwohl der Regelfall fünf pro Woche ist. Ausgehend von 48 Behandlungswochen pro Jahr (zwei Wochen Ferien seien dem Analytiker und zwei dem Analysanden zugestanden), vier Sitzungen pro Woche für jeden Patienten und vier Jahren für jede Analyse, hat jede der 1500 Analysen 768 Stunden in Anspruch genommen. Das ergibt insgesamt

1 152 000 Stunden für alle 1500 Analysen. Da McCartney behauptet, daß sich diese Behandlungen über eine Zeit von 40 Jahren erstreckt hätten, verbrachte er anscheinend 28 800 Stunden pro Jahr oder (wieder 48 Wochen pro Jahr angenommen) *600 Stunden wöchentlich* mit diesen Psychoanalysen. Und McCartney weist den Leser ausdrücklich darauf hin, daß die Analysen nur 26 Prozent seiner Arbeit mit Patienten ausgemacht hätten (S. 236)!

Marmor (1972) weist McCartneys Anschauungen zurück, betont die dürftige psychoanalytische Ausbildung, auf der diese Theorie gründet, und die Tatsache, daß McCartney aus der *American Psychiatric Association* ausgeschlossen wurde.

Leider sind empirische Untersuchungen, die Nutzen oder Schaden nachweisen können, sehr schwer zu leisten, weil man weder an Therapeuten noch an Patientenbestände herankommt. So haben Studien in kleinem Rahmen mit Hilfe selbst ausgesuchter Individuen, die auf Zeitungsanzeigen antworteten oder denen zu Ohren kam, daß Versuchspersonen gesucht wurden, bislang die meisten Erkenntnisse geliefert.

Ein Versuch, Daten zu erhalten, wurde von Taylor und Wagner (1976) unternommen, die das vorhandene Material durchforsteten und jeden Fall von sexuellen Kontakten zwischen Therapeut und Patient nach positiven, negativen oder gemischten Ergebnissen einschätzten. Sie fanden heraus, daß 47 Prozent ihrer 34 Fälle mit negativem Resultat und 21 Prozent mit positiven Auswirkungen beschrieben wurden. Sie gaben jedoch nicht an, wie viele Fälle auf Berichten von Therapeuten beruhten – was natürlich Zweifel an diesen Ergebnissen aufkommen ließe, da dann die eigene »Methodik« bewertet worden wäre. Schilderungen von Patienten dürften der Wahrheit näher kommen, da diese ihren eigenen Schmerz und Kummer aufgezeichnet haben (Freeman und Roy 1976; Plasil 1985; Walker und Young 1986). Anschauliche Darstellungen bestätigen im Fall dieser Patienten die schädlichen Auswirkungen sexueller Verwicklungen mit ihren Therapeuten. Die Dynamik des Therapeut-Patient-Verhältnisses, die dort beschrieben ist, kommt Psychologen, die mit solchen Patienten gearbeitet haben, sehr vertraut vor.

Shepard (1971) hat elf Patientinnen befragt, die sexuelle Beziehungen zu ihrem Therapeuten gehabt haben. Er gibt zu verstehen, daß acht der elf von emotionaler Weiterentwicklung sprechen und daß der wesentliche therapeutische Nutzen für die Patientinnen die Bestätigung ihrer Attraktivität war (vgl. Kapitel 2, das das Buch von Shepard diskutiert). Die kalifornische Studie (Bouhoutsos et al. 1983) zeigt auf, daß diese Art von Bestätigung am Anfang positiv wirken kann, sich aber in den meisten Fällen durch die manchmal verspätet auftretenden negativen Folgeerscheinungen der sexuellen Begegnung drastisch ins Gegenteil verkehrt.

Noch weitere Untersuchungen mit einer geringen Anzahl von Versuchspersonen haben positive und negative Auswirkungen der sexuellen Therapeut-Patient-Beziehung eingeschätzt. D'Addario (1977; siehe auch Durre 1980) stellt fest, daß die sexuelle Verstrickung für Patienten »abträglich, wenn nicht verheerend« war. Das sexualisierte Verhältnis war für vier Frauen in der Studie nicht befriedigend, und ihre ursprünglichen Schwierigkeiten wurden nicht behoben. Auch bei den Therapeuten waren sexuelle Störungen zu beobachten. Die Beendigung der Beziehung stellte für die Frauen ein Trauma dar. Sie hinterließ Gefühle wie Wut, Schmerz, Einsamkeit und Verlassensein. Alle vier Frauen suchten sich neue Therapeuten, um sich von ihren traumatischen Erlebnissen zu erholen und um sich bei ihren eigentlichen Problemen helfen zu lassen; sie zeigten aber auch ein überraschendes Ausmaß von Verleugnung, Rationalisierung und Verständnis für die Probleme des Therapeuten.

Butler (1975) schreibt, daß 95 Prozent der von ihr untersuchten 25 Therapeuten, die sexuellen Kontakt zu ihren Patienten hatten, über Angst- und Schuldgefühle berichteten. Nur 40 Prozent suchten Hilfe, gewöhnlich bei einem Freund oder Kollegen.

Cheslers (1972) Versuchspersonen erzählten, daß sie sich

von ihrem Therapeuten, zu dem sie sexuellen Kontakt hatten, »verlassen« und »schlecht behandelt« gefühlt hätten. Zwei der Frauen waren stark depressiv, eine versuchte, sich umzubringen, und der Ehemann einer Frau beging Selbstmord, nachdem er von dem sexuellen Kontakt erfahren hatte.

Burgess (1981) hat Frauen interviewt, die intime Beziehungen zu ihrem Gynäkologen hatten; die Ergebnisse ihrer Studie gleichen denen, die auf dem Gebiet des sexuellen Therapeut-Patient-Verhältnisses gewonnen wurden. Alle 16 Frauen fühlten sich durch den sexuellen Kontakt »beschmutzt, erniedrigt, degradiert, verwirrt und angewidert«. Von Wutgefühlen berichteten 25 Prozent, und viele der Frauen gaben sich selbst die Schuld an dem Geschehenen und entwickelten infolgedessen eine Abneigung gegen gynäkologische Untersuchungen (S. 1338).

Feldman-Summers und Jones (1984) haben 30 Frauen befragt, die sie in drei Gruppen einteilen: 20 der Frauen hatten Sex mit ihrem Therapeuten und zehn einer Vergleichsgruppe nicht. Von den 20 berichteten 19 von ausschließlich negativen Folgen. Die Studie kommt zu drei wesentlichen Ergebnissen: (1) Frauen mit sexuellem Kontakt ließen einen Monat nach Ende der Therapie deutlicher Wut und Mißtrauen Männern und Therapeuten gegenüber und stärkere psychosomatische Symptome erkennen als vergleichbare Frauen ohne diese sexuelle Begegnung mit ihrem Therapeuten; (2) die Auswirkungen intimer Kontakte zu Therapeuten sind nicht wesentlich anders als die sexueller Kontakte zu anderen Ärzten; und (3) das Ausmaß der Schädigung durch die sexuelle Beziehung hängt davon ab, ob der Patient eine frühere Verletzlichkeit mitbringt und ob der Arzt oder Therapeut verheiratet ist. Das heißt, daß Patienten, die schon vorher ernstliche Probleme hatten, stärker von einer sexuellen Beziehung zu ihrem Therapeuten betroffen werden als jene, die nicht so anfällig sind. Intimer Kontakt zu einem verheirateten Therapeuten erzeugt anscheinend zusätzliche Belastungen – vielleicht Schuld- und Angstgefühle –, die den anfänglichen Zustand verschlimmern können. Der Patient wird also beträchtlich mehr geschädigt, wenn er schon vorbelastet und der Therapeut verheiratet ist.

Die erste umfangreiche Untersuchung über die Folgen sexueller Patient-Therapeut-Verhältnisse erschien 1983 (Bouhoutsos et al.). Alle in Kalifornien zugelassenen Psychologen (1978: 4385) wurden gebeten, Informationen über Patienten zu geben, die von sexuellen Verwicklungen mit einem früheren Therapeuten berichteten. Die Studie untersucht die Folgen für die Patienten und den Therapieverlauf. Obgleich die Rücklaufquote niedrig war (16 Prozent), ist die Menge an Daten, die diese Untersuchung bereitstellt, von großem Wert. Begrenzt durch ein eingegrenztes Versuchsprogramm (die Patienten, die nicht zur Therapie zurückkehrten, wurden nicht einbezogen), standen schließlich trotzdem Informationen über 559 Patienten zur Verfügung. Über 90 Prozent davon, so berichteten die späteren Therapeuten, litten an negativen Folgeerscheinungen irgendwelcher Art.

In einem Drittel der Fälle sei die Persönlichkeitsentwicklung ungünstig beeinflußt worden, hieß es; die Patienten wurden zum Beispiel mutloser, weniger motiviert, sozial schlechter integriert oder emotional sichtlich verstörter. In manchen Fällen nahm der Drogen- oder Alkoholkonsum zu; 11 Prozent der 559 kamen in eine Klinik. Es gab sogar Fälle von Selbstmord (1 Prozent der beschriebenen Fälle).

Bei einem Viertel der Patienten, die ungünstige Auswirkungen auf sexuelle, eheliche oder enge, persönliche Beziehungen erlebten, nahm das Mißtrauen dem anderen Geschlecht gegenüber zu, Ehe und/oder Familie wurden geschädigt, und sexuelle Beziehungen wurden häufig beeinträchtigt. Die Hälfte der beschriebenen 559 Fälle hatte Probleme, erneut mit einer Therapie zu beginnen: Die Patienten waren argwöhnisch und mißtrauisch, was Therapeuten angeht; sie hatten Schwierigkeiten, ein neues, verändertes Verhältnis herzustellen; sie waren bei der Wahl eines neuen Therapeuten extrem vorsichtig oder kamen »lange Zeit« nicht in die Therapie zurück. Einige wenige jedoch suchten sich umgehend einen neuen Therapieplatz, um die entstandenen Konflikte zu bewältigen. Wie auch in der Studie von Feldman-Summers und Jones berichtet, blieben einige Patienten emotional an den früheren Therapeuten gebunden. Andere verlangten vor dem Wiedereintritt in die Therapie ein ausdrückliches Nein zu sexuellen Kontakten, und wieder andere hatten Angst, daß ihnen ihr neuer Therapeut das Vorgefallene nicht glauben könnte. Je intensiver die sexuelle Verstrickung war, desto größer war die Wahrscheinlichkeit, daß Patienten eher wieder in die Therapie zurückkehrten, als schnell woanders Hilfe zu suchen. Ein hoher Prozentsatz jener, die nur über sexuelle Möglichkeiten gesprochen hatten, suchte sofort Hilfe bei einem anderen Therapeuten.

Die Frage, von wem die sexuelle Beziehung ausgegangen war, wurde in Beziehung gesetzt zu den ungünstigen Auswirkungen auf die emotionale, soziale und sexuelle Anpassung der Patienten und auf die Therapie. War es der Therapeut, der die intimen Kontakte initiierte, wurde der Patient durch sie schlimmer betroffen, und die Therapie endete oder veränderte sich in negativer Weise. Regte der Patient oder die Patientin die sexuellen Kontakte an, wurde er oder sie nur in etwa einem Drittel der Fälle nachteilig beeinflußt, und die Therapie endete oder verlief in drei Vierteln der Fälle ungünstig. Positive Wirkungen konnten, wenn auch selten, entstehen, wenn Patient und Therapeut gemeinsam den sexuellen Kontakt angeregt hatten; dennoch sollte nicht vergessen werden, daß sich diese positiven Wirkungen im nachhinein häufig in ihr Gegenteil verkehrten.

»Wenn der sexuelle Verkehr beginnt, endet die Therapie«, lautet das Fazit der kalifornischen Studie von Bouhoutsos (S. 194). Hatte der sexuelle Kontakt erst einmal begonnen, ging die Therapie bei einem Drittel der Patienten sofort zu Ende; außerdem begann das intime Verhältnis bei einem Drittel der Fälle innerhalb der ersten Sitzungen, bei drei Vierteln im ersten Jahr. »Folglich konnte eine ansehnliche Anzahl von Patienten aus der Psychotherapie keinen Nutzen für ihre eigentlichen Probleme ziehen, zu denen sich noch die Komplikationen einer sexuellen Beziehung gesellten« (S. 194). Der Behandlungsverlauf schien dem Therapeuten aus den Händen zu gleiten, sobald der sexuelle Kontakt einsetzte. Zumindest wurde der Therapeut oder die Therapeutin in seiner oder ihrer Fähigkeit, dem Patienten oder der Patientin zu helfen, eingeschränkt.

Eine interessante Bereicherung dieser Ergebnisse entstand durch eine Studie aus der ersten Hälfte der achtziger Jahre (Vinson 1984), in der 28 Personen befragt wurden, darunter auch sechs männliche Patienten. Man bat die Teilnehmer, auf einer Liste von 20 möglichen Symptomen anzugeben, an welchen sie vor der Therapie, während der Phase der größten Belastung nach Behandlungsende und an welchen sie zur Zeit litten. Die Symptome, an denen alle Untersuchungspersonen zur Zeit der größten Belastung am meisten litten, waren Depressionen, Entfremdung von Freunden und Familie, Hoffnungslosigkeit und emotionale Erstarrung. Die weiblichen Testpersonen erlebten eine um neunmal größere Zunahme an Symptomen als die männlichen. Zur Zeit des Interviews waren die weiblichen Personen zu ihrer früheren Grundbefindlichkeit zurückgekehrt. Die männlichen Befragten hatten zur Zeit des Interviews 13mal geringere Symptome als zu einer spezifischen Periode vor der Therapie. Über die Hälfte der Frauen erlebte das Sich-Auflösen von zwischenmenschlichen Beziehungen, fortdauernde Gefühle wie Schuld, Scham und Hoffnungslosigkeit und Störungen kognitiver Prozesse (zum Beispiel Gedächtnislücken, Konzentrationsschwächen und quälende Gedanken). Während der zwei Jahre nach dem Ende der sexualisierten Therapie nahmen die männlichen Testpersonen ihr Leben nicht als so zerrüttet wahr wie die Frauen. Zwei Drittel der weiblichen Personen berichteten von sexuellen Schwierigkeiten, erkennbarem Rückzug von Freunden, bedeutenden Gewichtszunahmen oder -abnahmen, weniger gesellschaftlichen Aktivitäten oder Freizeitbeschäftigungen und deuteten damit eine schwere Zerrüttung ihres Lebens an.

Ganze 79 Prozent der Personen (im Gegensatz zu den

90 Prozent bei Stone (1980)) suchten sich nach dem Ende der sexualisierten Behandlung eine neue Therapie. Gut drei Viertel von ihnen gab als Hauptgrund für diese Therapie die vorangegangene an; einige allerdings konnten es nicht über sich bringen, dem nachfolgenden Therapeuten von ihrer sexuellen Verwicklung zu erzählen, obwohl sie erkannten, daß ihre Rückkehr in die Therapie vor allem wegen des erlittenen Schadens erfolgt war. Alles in allem fanden 86 Prozent der Befragten, daß die Nachfolgetherapie von der sexuellen Beziehung zu dem vorhergehenden Psychotherapeuten beeinträchtigt wurde.

Die meisten (86 Prozent) der weiblichen Personen bewerteten die sexualisierte Therapie sehr negativ. Positive Urteile bezogen sich auf die Zeit vor dem sexuellen Kontakt (Vinson 1984, S. 116). Anders die männlichen und homosexuellen Befragten, die ihre Erlebnisse als positiv beschrieben. Am häufigsten von allen wurde als Folge der Therapie erwähnt, daß das ursprüngliche Problem, das sie in die Behandlung geführt hatte, entweder ignoriert oder verschlimmert wurde und daß sich sexuelle Hemmungen oder Blockierungen entwickelten. Vier Frauen meinten, daß ihre ernsthaften Selbstmordversuche und späteren Klinikaufenthalte das direkte Ergebnis ihrer Verwirrung, Panik, Schuldgefühle und Wut gewesen seien, die die sexuelle Beziehung zu dem Psychotherapeuten erzeugt habe. Drei Personen nannten es »Vergewaltigung«, zwei eine »Art Inzest«. Als Erklärung nannten diese fünf Frauen sowohl das große Machtgefälle wie auch den Vertrauensmißbrauch, den sie erlebt hatten.

Insgesamt neigt sich die Waagschale der empirischen Ergebnisse deutlich zugunsten der schädlichen Folgen für fast alle Patienten, die sexuelle Beziehungen zu ihrem Therapeuten hatten. Aus den Einschätzungen der Patienten selbst und auch der »Nachsorge-Therapeuten« wird deutlich, daß eine beträchtliche Gruppe von Menschen, die Hilfe suchen, durch sexuelle Verwicklungen mit Therapeuten Schaden nehmen.

Klinische Befunde

Viele Patienten mit sexuellem Kontakt zu ihrem Therapeuten, die später Anzeige erstatten, werden als Borderline-Fälle bezeichnet, und bei manchen wird ein Posttraumatisches Streßsyndrom diagnostiziert (PTSD = Post-Traumatic Stress Disorder). Tatsächlich stellt Vinson (1984) bei 64 Prozent ihrer Testpersonen PTSD im Sinne der Definition des DSM-III (American Psychiatric Association 1980) fest.

Oft wird diese Diagnose von dem Nachfolgetherapeuten gestellt, nachdem solche Patienten erneut eine Therapie aufgenommen haben, oder von bei Gericht zugelassenen Psychologen, die die Patienten im Verlauf eines Verfahrens gegen den früheren Therapeuten begutachten sollen. Eine Begutachtung von Patienten kann auch erfolgen, um die Eignung des einzelnen für eine Selbsthilfegruppe zu belegen. All diesen Gutachten ist gemeinsam, daß sie die extreme Notlage der Patienten und die Abneigung gegen Tests wie z. B. Befragungen bezeugen. Dieser Widerstand beruht häufig auf Mißtrauen, das in diesem Zusammenhang nur allzu verständlich ist. Diese Menschen sind im tiefsten Innern betrogen worden, und ihre Weigerung, den Vorschlägen noch eines anderen Experten zu folgen, ist im Licht ihrer persönlichen Geschichte begreiflich. Tatsächlich kann dieser ausdrückliche Widerstand, dieses Infragestellen - zu der sie vielleicht in ihrer früheren therapeutischen Beziehung nicht in der Lage waren - ein Zeichen von Gesundheit sein.

Mit Hilfe der Persönlichkeitsprofile des *Minnesota Multiphase Personality Inventory* können schwere Not und Störungen aufgedeckt werden. Es kommt häufig vor, daß man Anzeichen erkennt, die eine Zulassung zu einer Gruppentherapie als eher schädlich erscheinen lassen (vgl. Kapitel 6). In solchen Fällen kann eine gültige Auswertung der Ergebnisse des MMPI und anderer psychologischer Tests - Rorschach-Test, Thematischer Apperzeptions-Test (TAT) und *Millon Clinical Multiaxial Inventory* (MCMI) - nur im Licht der Geschichte des Individuums durch einen ausgebildeten und in der Diagnostik und Behandlung erfahrenen Psychologen erfolgen, der sich in der Beurteilung von Patienten mit sexuellen Beziehungen zu ihrem Therapeuten wirklich auskennt.

Zusätzlich zu den diagnostischen Problemen ergaben sich aus den Schilderungen der Nachfolgetherapeuten mehrere klinische Fragestellungen (Sonne et al. 1985; Schoener, Milgrom und Gonsiorek 1983). Für viele Patienten liegen möglicherweise aus offiziellen Tests und Gutachten, die vor der sexuellen Begegnung mit dem Therapeuten erstellt wurden, keine Angaben vor. Ohne solche Basisdaten wird die Beurteilung der Schäden, die durch die sexuelle Begegnung entstanden sind, komplexer und schwieriger.

Das übliche Krankheitsbild umfaßt Vertrauensverlust, gering entwickeltes Selbstverständnis, Probleme, Wut auszudrücken, mangelndes Vertrauen in das eigene Urteilsvermögen, Schuldgefühle, eine ambivalente Einstellung zu dem Sexualkontakt und Schwierigkeiten, eine Beziehung in jeder folgenden Therapie herzustellen.

Möglich scheint, daß die Folgen der sexuellen Beziehung zwischen Therapeuten und Patienten ein klares klinisches Syndrom ergeben, sowohl mit akuten als auch mit chronischen Phasen. Aspekte des Therapeut-Patient-Sexsyndroms (Pope 1985a; 1986b) umfassen: (1) Ambivalenz, (2) Schuldgefühle, (3) Einsamkeit, (4) Leere, (5) kognitive Störungen (besonders was Aufmerksamkeit und Konzentration anbetrifft; oft sind dabei *flash backs,* Alpträume, quälende Gedanken und unerwünschtes Wiedererleben zu beobachten), (6) Identitäts- und Abgrenzungsverschiebungen, (7) Verlust der Fähigkeit zu vertrauen (zentral bei Konflikten aufgrund von Abhängigkeit, Herrschaft und Macht), (8) sexuelle Verwirrung, (9) Stimmungsschwankungen (oft auch schwere Depressionen), (10) unterdrückte Wut und (11) steigende Selbstmordgefahr. Das Syndrom ähnelt dem von *Borderline*-Patienten und (histrionischen) Persönlichkeitsstörungen, posttraumatischen Streßerscheinungen, den Folgen von Vergewaltigung, Inzest und den

Symptomen mißhandelter Kinder und Ehefrauen. Einige Symptome können mit erheblicher zeitlicher Verzögerung auftreten.

Zwei Forschungs- und Hilfsprogramme geben Informationen über diese klinischen Befunde: das *Walk-In Counseling Center of Minneapolis* und die *Post-Therapy Support Group* (PTSG) der University of California, Los Angeles. (Kapitel 6 liefert eine genauere Beschreibung dieser beiden Programme.) Vielleicht ist das grundsätzliche Symptom der *Vertrauensverlust* in bezug auf Therapeuten, die rechtsstaatliche Ordnung und die Ethik-Kommissionen der Berufsverbände, die Arbeit der Zulassungsbehörden und die Ausbildungsinstitutionen, aus denen die Therapeuten hervorgegangen sind. Die meisten Patienten haben nicht nur zuerst einmal das Trauma mit dem Therapeuten erlebt, sondern hatten fortwährenden Ärger durch störrische Verwaltungen, Verzögerungen, fehlerhafte Urteile; sie mußten immer wieder ihre Leidensgeschichte erzählen, die zweifelnde Haltung der Anwälte erleben, das Herumstochern in ihrem Leben und das Grundgefühl ertragen, daß *sie* auf der »Anklagebank« sitzen und nicht der Therapeut, der sie mißbraucht hat.

Viele dieser Patienten zweifeln an der Redlichkeit des Personals aus den Hilfe anbietenden Projekten, besonders wenn dort auch geforscht wird. Sie fühlen sich als »Versuchskaninchen« und hegen den Verdacht, daß es wieder einmal um die Bedürfnisse der Therapeuten gehe und nicht um sie. Andere Vorwürfe lauteten, daß die Therapeuten in den »Nachsorgegruppen« Studenten seien, denen der Kurs »zugute« käme, oder daß sie an den Patienten »üben« würden und keine »wirklichen« Therapeuten seien. (Die Therapeuten, Studenten im Aufbaustudium oder zugelassene Psychologen, machen diese Arbeit honorarfrei und ziehen keinen Vorteil aus diesen Kursen.) Vielen widerstrebte es, Persönlichkeitstests (wie z. B. den MMPI) machen zu müssen, weil sie sie als Durchleuchtungsinstrumente ansahen, und einige Gruppenmitglieder fragten die Leiter des Programms, ob sie sich diesem Test auch selbst unterziehen würden (Sonne et al. 1985). (Alle Therapeuten gaben an, den MMPI viele Male gemacht zu haben.)

Unbehagen herrschte auch in Bereichen wie Gewährleistung von Vertraulichkeit, Preisgabe von Gefühlen, Berührungen und Treffen außerhalb der Gruppe. Peinlich genau wurde darauf geachtet, klare, durchgängige und offene Kommunikation mit den Gruppenmitgliedern innerhalb deutlich festgelegter Grenzen aufrechtzuerhalten.

Auf seiten der Gruppenmitglieder war vielleicht der empfindlichste Punkt das Gefühl, bei der Wahl ihres Therapeuten, der sie sexuell ausgebeutet und danach betrogen hatte, ein schlechtes Urteilsvermögen bewiesen zu haben und ihren eigenen Gefühlen oder Einschätzungen nie wieder trauen zu dürfen. Das war eine ständige Sorge. Wiederholt hinterfragten sie ihre eigenen Motive und zeigten die Tendenz, entweder (1) die Verantwortung für sich und ihre Kinder gar nicht mehr zu übernehmen, alles an eine Autorität zu übergeben, der sie nicht vertrauen konnten, und sich infolgedessen ängstlich zu fühlen oder (2) jede Art von Unterstützung und notwendigem Eingreifen zurückzuweisen und demzufolge an Depression und Hilflosigkeit zu leiden. Beide Haltungen waren destruktiv und schmerzhaft.

Viele dieser Patienten leiden am Posttraumatischen Streßsyndrom. Viele, die ernsthafte traumatische Erfahrungen durchgemacht hatten, haben buchstäblich ihr ganzes Leben damit verbracht, die erlittenen Schädigungen »auszulöschen«. In vielen Fällen wird das Trauma zu einem Kristallisationspunkt ihrer Existenz, und sie durchleben die Szenen der Verführung und Verwicklung wieder und wieder. Im Gegensatz zu den Individuen, die durch Kriegserlebnisse am PTSD erkrankt sind, scheuen sich die Opfer sexueller Kontakte zu Therapeuten, ihre Gefühle von Schuld und Verrat zu enthüllen, können nicht mit Verwandten und Freunden sprechen und auf diesem Wege Hilfe finden. Sie können es nicht ertragen, wenn man sie für dumm und/oder aufreizend hält. Diejenigen, die es schließlich wagten, mit Familie und Freunden zu reden oder sogar mit

Nachfolgetherapeuten, stellen häufig fest, daß man ihnen die Schuld an dem Vorgefallenen gibt, was von neuem einen traumatisierenden Kreislauf in Gang setzt. Folglich ziehen sich Patienten von Freunden und Familienmitgliedern zurück, weil man ihre Depressionen oder Stimmungen nur schlecht hinnehmen kann, wenn man die Ursache nicht versteht. Oft leiden solche Patienten an Schlafstörungen, und im wachen Zustand werden sie von Selbstvorwürfen und bohrenden Fragen verfolgt.

Häufig kreist ihr Leben um den Vorfall, dem alles andere untergeordnet ist. Ehen scheitern, und Kinder werden im Gefolge des Traumas vernachlässigt. Die Patienten wirken geistesabwesend, in sich gekehrt und mißtrauisch. Manchmal schaffen sie es nicht, sich eine neue Therapie zu suchen, weil sie zu Verallgemeinerungen neigen und alle Therapeuten für das Geschehene verantwortlich machen. Die Persönlichkeitsveränderungen rufen bei den engsten Familienangehörigen ängstliche, besorgte oder ärgerliche Reaktionen hervor. Oft verändert sich ihr Lebensstil, wenn sie nicht mehr arbeiten können und daher finanzielle Probleme bekommen. Mit dem Ehepartner gibt es häufig sexuelle Schwierigkeiten, weil das Opfer keine Nähe mehr möchte und manchmal sogar einen Ekel vor sexuellen Kontakten zum Ehemann entwickelt. Furcht und Frustration stehen im Wechsel mit Wut und Reizbarkeit. Ängste gibt es viele, zum Beispiel die, daß sie der Therapeut, mit dem der sexuelle Kontakt bestand, umbringen wird, um ein Gerichtsverfahren zu vermeiden. Das Bedürfnis nach ständiger Bestätigung strapaziert die Toleranz von Familienangehörigen und entzieht somit den Opfern ein Minimum an Unterstützung. An klinischen Beschwerden nennen die Patienten in solchen Situationen vermutlich Spannungen, Befürchtungen, Bewußtseinstrübungen, Müdigkeit, Abgespanntsein, Motivationsprobleme, Depression und/oder Angst. Sie mögen haltlos weinen oder wie erstarrt sein und nicht weinen können. Verzweiflung und Pessimismus können so sehr zunehmen, daß alle vitalen Funktionen stark beeinträchtigt werden. Die Verschlechterung der familiären Beziehungen, die Unfähigkeit zu arbeiten, Selbstvorwürfe und Selbsthaß können sich mit der Zeit zuspitzen, bis eingegriffen wird - geschieht das nicht, sind diese Patienten selbstmordgefährdet.

Auswirkungen auf den Therapeuten

Ebenso wie Patienten ihre Ehepartner und Kinder infolge der Affäre mit ihrem Therapeuten verloren haben, sind auch Therapeuten von ihren Familien verlassen worden. Es folgen einige Beispiele, die - wenn auch fiktiv -, durchaus übliche Situationen darstellen.

1. Beispiel: Ein Therapeutenehepaar. Der Ehemann-Therapeut verließ nach drei Jahrzehnten die Ehefrau und Therapeutin, um eine Beziehung zu einer Patientin einzugehen, die mit ihrem Mann zu einer Eheberatung gekommen war. So wurden zwei Familien, mit insgesamt fünf Kindern, auseinandergerissen und ins Chaos gestürzt. Die Frau des Therapeuten erkannte die wahren Ursachen des Unglücks: Midlife-Crisis auf seiten ihres Mannes und Langeweile der Patientin, die Hausfrau war. Weil sie an der Vernarrtheit ihres Gatten in die Patientin nichts ändern konnte, reichte die Therapeutin und Ehefrau die Scheidung ein. Der Therapeut heiratete seine Patientin. Nach einem zweijährigen »Honeymoon« und dem Verlust seiner Praxis und Familie versuchte er, sich das Leben zu nehmen.

2. Beispiel: In einem Fall sexueller Verstrickung, der vor Gericht landete, behauptete der Therapeut, daß ihn der Patient verführt habe. Er habe diesem Patienten nur helfen wollen, besser mit sich und seinem Leben zurechtzukommen. Statt für diese Anteilnahme und die netten Bemerkungen dankbar zu sein, sei der Patient zunehmend fordernd und feindselig geworden. Auch seine Rechnungen habe er nicht bezahlt. Dies habe ihn, sagte der Therapeut, so wütend gemacht, daß er die ausstehenden Zahlungen an ein Inkassobüro übergeben habe.

In Wahrheit wollte der Therapeut genauso viel Anteilnahme von dem Patienten wie umgekehrt. Als das nicht geschah, mißbrauchte der Therapeut den Patienten, indem er sich weigerte, ihn weiter zu treffen. Dadurch, daß er die Rechnung einem Inkassobüro übergab, das den Patienten bedrängte, provozierte der verärgerte Therapeut den Patienten dazu, ihn zu verklagen - mit dem Ergebnis, daß er vor Gericht landete.

3. Beispiel: Die Therapeutin war extrem machtorientiert und bracht ihre Patientin unter Hypnose dazu, ihrem Behandlungsplan zuzustimmen. Zwanzig Jahre lang beherrschte sie die Patientin mit Hilfe von Drogen, um sich den Genuß wöchentlicher Sexualkontakte zu ermöglichen. Die Therapeutin setzte die Patientin mit der Drohung unter Druck, die Beziehung abzubrechen, sollte diese das Arrangement verraten. Die Patientin war so abhängig, daß sie niemandem etwas erzählen konnte. Die Therapeutin war rachsüchtig, bösartig und wollte der Patientin weh tun. Sie betrachtete die Patientin als Untermenschen und erniedrigte sie, indem sie ihr erzählte, daß sie ihr Leben niemals meistern könne und überhaupt nicht begehrenswert sei. Rettung gab es erst, als das Arrangement an die Öffentlichkeit kam. Der Ehemann der Patientin erfuhr davon und reichte die Scheidung ein. Die Patientin erzählte es einem anderen Arzt, der die Gefährlichkeit der Situation erkannte. Die Patientin ging gerichtlich gegen die Therapeutin vor.

4. Beispiel: Der Therapeut war Alkoholiker. Er überredete einen männlichen Patienten, mit der Ehefrau des Therapeuten zu schlafen, um seine sexuelle Identität zu finden. Wie nicht anders zu erwarten, scheiterte die Therapie aufgrund von Eifersucht und Rollenkonfusion.

5. Beispiel: Die Therapeutin war verwundbar und besaß ein sehr geringes Selbstwertgefühl. Ihr Mann hatte sie verlassen, und ihr Patient war sehr attraktiv und verführerisch. Sie unterbrach die Therapie, traf sich aber mit ihrem Patienten abends in seiner Wohnung. Er schuldete ihr zu dem Zeitpunkt, als die sexuelle Beziehung begann, viel Geld. Nachdem sich das Verhältnis abgekühlt hatte, übergab sie die Rechnung einem Inkassobüro. Er wandte sich an eine Ethik-Kommission und reichte eine Zivilklage ein.

6. Beispiel: Eine Therapeutin, die als Assistentin bei einem Therapeuten arbeitete, um die notwendige Praxis für ihre Zulassung zu bekommen, fühlte sich zu einer Patientin hingezogen. Sie schämte sich, darüber mit ihrem Supervisor zu sprechen, und erwähnte ihm gegenüber nicht, was sich da anbahnte. Allmählich wurde sie mit der Patientin intim. Nach dem Ende der Beziehung erhob die Patientin vor der Zulassungsbehörde Klage gegen die Assistentin. Nicht nur die Assistentin verlor ihre Stellung, auch die Zulassung des Supervisors wurde zeitweilig aufgehoben, weil er für die Arbeit der Assistentin verantwortlich war.

Folgen für die Mitbetroffenen

Eine tragische Folgewirkung der sexuellen Beziehung zwischen Therapeuten und Patienten ist die Zerstörung von Familien, deren Angehörige die »unschuldigen Zuschauer« bei diesen Verhältnissen sind. Oft geht der Mann in eine Beratung, um seine Ehe zu retten, und wird von dem Therapeuten zum Hahnrei gemacht; entweder er läßt sich scheiden, wenn er von der Untreue seiner Frau erfährt, oder sie will die Scheidung, um sich ganz ihrem Therapeuten zu widmen. Die Kinder dieses Paares bleiben oft bei dem Vater – wütend und aufgebracht, um viele Jahre normaler emotionaler Entwicklung betrogen, die unwiederbringlich dahin sind. Eine Variante ist die Mutter-Tochter-Beziehung zu demselben Therapeuten, die zur Entfremdung führt, wenn die eine von der Beziehung der anderen erfährt. Oft vergehen viele Jahre, bevor Familien mit dem Gefühl, versagt zu haben, umgehen können.

Selbst nach Beendigung der sexualisierten Therapie ist der Schaden häufig nicht wiedergutzumachen. Die Aufarbeitung braucht Jahre, und wenn Prozesse bis zum Ende geführt werden, mag das für manche Familien bedeuten, den Großteil ihres Lebens mit den Folgen des sexuellen Verhältnisses verbringen zu müssen. Die Schuldgefühle der Eltern können ein Leben lang währen, ebenso wie die Auswirkungen auf Ehepartner und/oder Kinder. Oft werden noch andere Verwandte hineingezogen - Eltern, Großeltern oder sogar Onkel und Tanten -, die bei dem Zusammenbruch der Familie um finanzielle Unterstützung gebeten und in die heraufziehende Katastrophe verwickelt werden. Gewöhnlich verstehen sie die einzelnen Abläufe des Geschehenen gar nicht und werden ärgerlich und wütend, so daß Familienangehörige einander entfremdet werden.

Arbeitgeber, Lebensgefährten, Freunde, Kollegen, Studienkameraden - das Leben all dieser Menschen kann von einem Patient-Therapeut-Verhältnis betroffen werden. Die Auswirkungen können Familien, Büros, Universitätsinstitute oder Geschäfte erreichen. Sex zwischen Patienten und Therapeuten verursacht nicht nur persönliches Elend, sondern oft auch öffentliches Unglück.

6 HILFE, RECHTSHILFE UND THERAPIE

Wie eine zusätzliche Traumatisierung vermieden werden kann

Patienten, die mit ihrem Therapeuten sexuellen Kontakt hatten, sollten von einem Nachfolgetherapeuten besonders einfühlsam und verantwortungsbewußt behandelt werden. Wenn uns ein Patient von solch einem Vorfall erzählt, haben wir die Möglichkeit, auf unterstützende, therapeutische Art einzugreifen, wenn wir auf diese Probleme sensibel reagieren, oder unsere Patienten erneut zu traumatisieren und die Wunden, die man ihnen zugefügt hat, zu vertiefen. Was bei anderen Patienten eine akzeptable oder sogar wünschenswerte Therapie sein mag, kann für das Opfer einer sexualisierten Therapie eine Schwächung zur Folge haben. Es folgen zwei fiktive Beispiele:

1. Beispiel: Mary wurde im Alter von 8 Jahren von ihrem Bruder sexuell belästigt. Ihre Mutter wollte ihr nicht glauben und ließ sie mehrere Stunden lang in der Kirche knien und dem Priester beichten, sie sei schlecht, weil sie ihren Bruder »vom rechten Wege abgebracht« hätte. Als Erwachsene suchte Mary Hilfe bei einem Therapeuten, der ihr erzählte, sie müsse das Trauma jener frühen Begebenheit durcharbeiten. Er zog sie aus und hatte mit ihr Geschlechtsverkehr, während sie starr vor Angst vor ihm stand. Nach ein paar Monaten war Mary in der Lage, ihrem Hausarzt zu erzählen, was geschehen war; dieser Arzt überwies sie an einen Psychiater. Der Psychiater beschuldigte sie, sich aufreizend zu verhalten, und machte sie für den sexuellen Vorfall verantwortlich. Als sie dann später von einem Psychologen behandelt wurde, war sie so wütend und ärgerlich auf alle Therapeuten, daß es zwei Monate währte, bevor genügend Vertrauen auf- bzw. Wut abgebaut war, so daß die Therapie beginnen konnte. In diesem Fall dauert eine Behandlung wahrscheinlich Jahre; es kann sogar sein, daß sich der Kummer nie ganz besänftigen läßt. Dem Patienten in solchen Fällen die Schuld zu geben ist ganz einfach schlechte Therapie. Diese Menschen sind schon schuldbewußt genug, sie fühlen sich als Versager, schämen sich und zweifeln an sich selbst. Sie mit zusätzlichen Schuldgefühlen zu belasten widerspricht jeder therapeutischen Zielsetzung. In der therapeutischen Beziehung liegt die Verantwortung, sexuelle Kontakte mit Patienten erst gar nicht entstehen zu lassen, immer bei dem behandelnden Psychologen.

2. Beispiel: Joan erzählte ihrem Therapeuten, daß sie mit einem früheren Arzt sexuellen Kontakt gehabt hatte, von dem sie wisse, daß er auch mit anderen Patienten sexuell verkehre. Der Therapeut war sichtlich erschüttert und fragte Joan nach dem Namen des Kollegen. Joan weigerte sich, den Namen zu nennen, und sagte, daß sie ihn nicht in Schwierigkeiten bringen wollte, weil er gerade in Scheidung leben und es ihn zu sehr verletzen würde zu erfahren, daß sie ihn bloßgestellt hätte. Der neue Therapeut meinte, daß Joan für die anderen Frauen, die ebenfalls geschädigt würden, verantwortlich sei und man es sofort melden müßte. Die Schuldgefühle und die ambivalente Haltung gegenüber dem früheren Therapeuten stürzten Joan in eine tiefe Depression, die sie erstarren ließ. Sie sah sich nicht in der Lage, Anzeige zu erstatten, und konnte daher auch nicht mehr zu dem neuen Therapeuten zurückkehren.

Das entschiedene Eintreten des zweiten Therapeuten für die zu Opfern gewordenen Patienten ist oft problematisch (und manchmal nicht unbedingt anzuraten). Wie im folgenden Kapitel dargestellt, sind diese Folgetherapeuten vielleicht empört und meinen, daß ihre Berufskollegen, die Patienten ausgebeutet haben, bestraft werden sollten, wie es das zweite Beispiel zeigt. Sie können Patienten zu übereilten Schritten verleiten. Sie mögen auch frustriert sein, wenn sie den Fall nicht melden können, weil der Patient nichts unternehmen will, besonders da sie wissen, daß auch andere Patienten in Gefahr sind. Nichtsdestoweniger ist das, was der Patient dem Therapeuten mitteilt, vertraulich und darf nicht weitergegeben werden, selbst wenn die Allgemeinheit dadurch gefährdet ist. Wie besorgt der spätere Therapeut auch immer sein mag, er kann nur dann etwas unternehmen, wenn der Patient eine Beschwerde unterschreibt.

Selbsthilfe- und Selbstverteidigungsgruppen

Einer der Gründe, warum Patienten sich nach einem Mißbrauch nicht beschweren oder vor Gericht gehen, ist das Gefühl, daß sie ganz allein betrogen oder mißbraucht worden sind. Die Erkenntnis, daß andere ähnliche Erlebnisse hatten, versetzt sie oft in die Lage, Anzeige zu erstatten. Die Verteidigung der Opfer ist ein erklärtes Ziel der meisten Selbsthilfegruppen. Zur Zeit gibt es mehrere Selbsthilfegruppen in verschiedenen Teilen der USA, die von ehemaligen »Opfern« von Therapeuten gegründet worden sind.

In der Reihe möglicher Hilfsquellen sind Selbsthilfegruppen für diejenigen, die sexuell von ihrem Therapeuten ausgebeutet worden sind, lebenswichtig. Zuerst einmal weiß jeder, der die Anonymen Alkoholiker, Kokainabhängigen, die Anonymen Schuldner, Spieler und ähnliche Zwölfschritte-Programme kennt, daß Selbsthilfegruppen eine einfühlsame, Geborgenheit bietende und »wissende« Umgebung im Verbund mit anderen, die auch »betroffen« sind, darstellen. Jeder Patient oder Ex-Patient, der hier seine ganz persönlichen Erfahrungen aus einer sexuellen Beziehung zu einem Therapeuten schildert, weiß, daß die Zuhörer in irgendeiner Weise Mit-Betroffene sind. Jeder Zuhörer hat selbst ähnliche Schrecken erlebt. Jeder kämpft darum, »Scherben aufzulesen«, vielleicht sogar, einfach nur weiterzuleben. Dieses Netz von Menschen, die eine ähnliche Katastrophe durchlitten haben, kann helfen, das Gefühl der Einsamkeit und Rückzugstendenzen zu überwinden.

Zum zweiten bieten Selbsthilfegruppen die Möglichkeit, Freundschaften zu schließen. Die Teilnehmer können sich zum Essen verabreden, gemeinsam zu Partys und anderen gesellschaftlichen Aktivitäten gehen, eben Dinge unternehmen, die unmoralisch und psychologisch gesehen verheerend sein würden, wenn sie Therapeut und Patient gemeinsam täten.

Drittens sind Zwölfschritte-Programme kostenlos. Eine Präambel, die zu Beginn jeder Sitzung vorgelesen wird, besagt deutlich, daß es für die Mitglieder keine Verpflichtungen oder Gebühren gibt. Denn diejenigen, die bereits einmal für den Mißbrauch durch einen Therapeuten auch noch bezahlt haben, geben vielleicht nicht mehr gern Geld für einen anderen Therapeuten aus.

Viertens können die sexuellen Opfer eines Therapeuten, die Angst haben, auch nur in einem Raum zusammen mit einem Psychologen zu sein, Hilfe von anderen Menschen erhalten. Vertrauen wird sich nie mehr leicht herstellen lassen, aber manch einer kann über sein Leid vielleicht nur in einer Gruppe sprechen und sich helfen lassen, die berufstätige Therapeuten ausschließt.

Mißtrauen gegenüber Vertretern des Geschlechts, das sie mißbraucht hat, und Wut auf Therapeuten im allgemeinen veranlassen Patienten, eher eine Selbsthilfegruppe als eine Psychotherapie aufzusuchen, um Unterstützung und Geborgenheit bei anderen »Opfern« zu finden. Häufig stellen solche Patienten beim Eintritt in die Gruppe eindeutig klar, daß sie keine Psychotherapie, sondern nur Hilfe wollen.

Die Empörung über Therapien und Therapeuten ist verständlich, weil ja die meisten Mitglieder solcher Selbsthilfegruppen von Therapeuten schwer geschädigt worden sind. Auch wenn die Gruppen vor allen Dingen gegründet wurden, um persönliche Hilfestellung zu leisten, geben die meisten auch juristischen Beistand oder informieren die Öffentlichkeit über die Ausbeutung von Klienten durch die Angehörigen verschiedener therapeutischer Disziplinen. Es kommt nicht selten vor, daß Gruppenmitglieder generell Unterstützung von Therapeuten, die ihre Anteilnahme und Hilfsbereitschaft ausdrücken, zurückweisen. Dieses Mißtrauen wird aber häufig von der Bitte um Hilfe und der Ambivalenz begleitet, die die Gefühle der Selbsthilfegruppenmitglieder für ihre früheren Therapeuten charakterisierte. Wichtig ist, daß die Psychologen, die mit diesen Ex-Klienten arbeiten, für ihre eigene Gegenübertragung sensibel sind und damit umgehen können. Die professionellen Psychologen sind oft auf diese Patientenselbsthilfegruppen nicht gut zu sprechen, weil sie es Therapeuten und Laien erschweren, für ein gemeinsames Ziel zusammenzuarbeiten.

Das *Walk-In Counseling Center* (ambulantes Beratungszentrum) in Minneapolis scheint diese Kluft erfolgreich überbrückt zu haben. Es stellt Rechtsbeistand und psychologische Beratung gleichermaßen zur Verfügung. Gegründet 1974, hat die Klinik Einzel- und Gruppenberatung angeboten, ebenso wie Hilfe bei Klagen gegen Therapeuten. In den zehn Jahren bis 1984 sind dort etwa 300 Patienten betreut worden, von denen über die Hälfte Beschwerde oder Klage vor Ethik-Kommissionen, Zulassungsbehörden oder Zivilgerichten eingereicht hat.

Eine andere Organisation, die Patienten hilft, sind die *Patients' Rights Advocates,* deren vornehmliche Aufgabe der Schutz von Patienten in staatlichen Kliniken ist. In manchen Gegenden sind die *Advocates* auch bereit, den Opfern sexueller Übergriffe von Therapeuten beizustehen. Das zu wissen kann lebenswichtig sein, wie der Fall einer Patientin zeigt, der von Ermittlungsbeamten von *Medicaid* in einem Krankenhaus im Mittleren Westen aufgedeckt wurde. Die Patientin wurde dort mit Hilfe von Drogen festgehalten, um ihrem Therapeuten sexuell zur Verfügung zu stehen. In Kalifornien wurden z. B.

1983 Handbücher, die an alle Klinikpatienten ausgegeben wurden, mit dem unzweideutigen Zusatz versehen, daß Patienten nicht von anderen Patienten, dem Personal oder den Therapeuten der Einrichtungen sexuell mißbraucht werden dürfen. Das scheint selbstverständlich, und doch ist es wesentlich, diesen Grundsatz sowohl für Personal als auch für Patienten aufzustellen. Allzu oft geschieht es, daß das Personal, das von solcher Ausbeutung erfährt, zögert, den Fall zu melden. In Minnesota ist die Meldung inzwischen Pflicht. Dort wurde im Jahre 1980 der *Vulnerable Adults Act,* ein »Gesetz für verletzliche Erwachsene« erlassen, das die fehlerhafte Behandlung von Patienten (darunter fallen auch sexuelle Kontakte), die als »verwundbar« eingestuft wurden, unter Strafe stellt. Diese umstrittene Rechtssprechung schreibt die Meldepflicht solch illegaler Handlungen auch gegen den Willen des Patienten vor. Der Gesetzgeber stellte in der Folge klar, daß dieses Gesetz nicht für die Behandlung von Patienten außerhalb von Anstalten gilt. Gegen eine derartige Meldepflicht sind viele Einwände erhoben worden.

Am problematischsten scheint der Bruch der Schweigepflicht, der durch diesen Meldezwang notwendig wird. In den meisten Staaten verlangt man inzwischen von den Vertretern psychologischer Berufe, den Mißbrauch von Kindern und Jugendlichen sowie ernsthafte Gewaltandrohung zu melden. Somit wäre ausgerechnet die Patientengruppe, die schon das Vertrauen in diesen Berufsstand verloren hat, einem erneuten Verrat am Privileg der Geheimhaltung ausgesetzt. Ein weiterer Einwand gegen das Gesetz zum Schutze »verwundbarer Erwachsener« kam von Frauenverbänden, denen es widerstrebte, Patienten als »verwundbar« oder »verletzlich« zu definieren. Da die meisten Patienten, die sexuelle Kontakte ihrem Therapeuten unterhalten, Frauen sind, schreibe dieses Gesetz das Stereotyp der Frau als hilfloses, abhängiges und schwaches Wesen fort. Ein Gegenargument ist, daß sich ohne Meldepflicht für die Berufsgruppen, denen ihre Klienten von Verwicklungen mit früheren Therapeuten erzählen, an der gegenwärtigen Situation nichts ändern wird; 4 Prozent der Geschädigten erheben Anklage, von denen 2 Prozent ihren Fall zu Ende verfolgen (Bouhoutsos et al. 1983). Das dürfte Therapeuten kaum abschrecken, sexuelle Beziehungen zu ihren Patienten einzugehen, wenn sie das vorhaben.

Es hat starke Argumente für die Meldepflicht gegeben (George 1985, S. 454): »Das Grundrecht auf eine Privatsphäre, das jedes Individuum besitzt, muß manchmal einem zwingenden Staatsinteresse weichen.« George betont, daß die Berufsverbände Sex zwischen Therapeuten und Patienten nicht ausreichend kontrollieren können und daß die gesetzliche Abschrekkung unwirksam sei. Er fordert eine gesetzliche Bestimmung über die Meldepflicht für »nachbehandelnde Therapeuten«, die bei Nichtbefolgen mit der zeitweiligen Suspendierung von oder dem Widerruf der Zulassung und/oder strafrechtlicher Verfolgung durch die örtliche Staatsanwaltschaft droht. So würde das »Risiko für arglose Bürger, die zukünftig psychologische Dienste in Anspruch nehmen, verringert« (S. 454). George betont, daß diese Patienten (d. i. die Opfer) nicht deshalb gefährdet seien, weil sie seelisch krank oder per se verletzlich sind, sondern daß »ihre Verwundbarkeit aus der Einzigartigkeit der psychotherapeutischen Beziehung herrührt und der kindgleichen, abhängigen Stellung, die sie annehmen, wenn sie sich einer psychologischen Behandlung unterwerfen« (S. 456). Trotz seines entschiedenen Eintretens für die Meldepflicht erkennt George die Risiken, die für den Nachfolgetherapeuten, der den Namen des Patienten preisgeben muß, entstehen können. Daher erlaubt der Gesetzesvorschlag auch, die Namen vorzuenthalten, wenn »die Meldung eine außergewöhnliche Schädigung für die Patienten bedeuten würde« (S. 456). Dieser Vorschlag bildet unter Fachleuten immer noch einen Gegenstand erhitzter Debatten.

Ein anderes umstrittenes Vorhaben sind die Bemühungen, sexuelle Beziehungen zwischen Therapeuten und Patienten zu Straftatbeständen zu erklären. Zur Zeit gibt es nur in den Staaten Minnesota und Wisconsin Gesetze in dieser Richtung, in Kalifornien haben in den letzten drei Jahren ein paar Gruppen versucht, ihr Anliegen mit Hilfe eines ehemaligen Schulpsychologen und jetzigen Senators des Staates durchzubringen. Die Gesetzesvorlage wurde immer wieder zu Fall gebracht. Zumindest eine Selbsthilfegruppe hat diesen Antrag aktiv unterstützt, und einige Mitglieder dieser Gruppe haben angedeutet, daß das Engagement für sie auch therapeutischen Wert besaß, da sie auf diesem Weg ihrer Wut direkten Ausdruck verleihen konnten, und zwar ihrer Wut nicht nur über die ausbeuterischen Therapeuten, sondern das System, das ihnen erlaubt, straflos weiterzumachen.

Kann man sich für etwas entschieden engagieren und zugleich therapeutisch arbeiten? Dieses heikle Thema muß noch näher erforscht werden. Es ist schwierig, unparteiisch und unbeteiligt zu bleiben, wenn man es mit Patienten zu tun hat, die Opfer ärztlicher Kunstfehler sind. Doch wenn wir empört sind und auf Strafe sinnen, bedrängen wir Patienten, die nicht bereit sind, etwas zu unternehmen, unter Umständen zu sehr, so daß sie das Gefühl entwickeln, versagt oder uns enttäuscht zu haben (vgl. Kapitel 7). Es ist hinlänglich bekannt, daß das Durcharbeiten des Traumas Jahre schmerzlicher Mühen bedeutet. Oft schützen die Patienten die Therapeuten, die sie verletzt haben, wollen sie nicht preisgeben und nehmen die Verantwortung - ungeachtet aller Tatsachen - für die sexuelle Beziehung auf sich. Viele hoffen immer noch, daß die Beziehung wiederhergestellt werden kann, wenn sie nur lernen könnten, weniger fordernd, verständnisvoller oder hingebungsvoller zu sein. Manche glauben, niemals offen über das Geschehene sprechen zu können, so sehr schämen sie sich ihrer vermeintlichen Beteiligung an dem Vorgefallenen. Das sind die Patienten, die keine Befragung vor einer Ethik-Kommission oder staatlichen Behörde durchstehen würden, ganz abgesehen von den Härten eines Zivilprozesses. Für diese Patienten sind weder Rechtshilfe- noch Selbsthilfegruppen das richtige.

Vermittlung zwischen Täter und Opfer

Ein Alternativmodell wurde entwickelt, bei dem sich Patienten entscheiden können, ob sie dem Therapeuten, mit dem sie sexuell Kontakt hatten, in »Vermittlungssitzungen« gegenübertreten wollen. Dieses Modell, das vom *Walk-In Counseling Center* in Minneapolis begründet wurde (Schoener, Milgrom und Gonsiorek 1983), wird jetzt in Kalifornien erprobt (Bouhoutsos und Brodsky 1985). Den Schlichtungsverhandlungen in Scheidungsprozessen nachgebildet, wird die Sitzung auf Ersuchen des Patienten anberaumt. Der zur Zeit tätige Therapeut beurteilt die Bereitschaft des Patienten, sich dieser Konfrontation zu stellen, setzt sich, wenn eine solche Begegnung klinisch sinnvoll ist, mit dem früheren Therapeuten in Verbindung und legt die Art der vorgeschlagenen Begegnung im einzelnen fest. Der ehemalige Therapeut kann eine zweite Person hinzuziehen: einen Kollegen, aber keinen Anwalt. Der Nachfolgetherapeut ist anwesend, um dem Patienten zu helfen. Die fünfte Person ist der Vermittler, der die Rollen der Teilnehmer verdeutlicht und die Sitzungen leitet. Das Treffen dient dazu, Gefühle aus den beiden Perspektiven zur Sprache zu bringen und den Parteien zu erleichtern, mit ihrem Leben fortzufahren. Alle Dinge, die hier besprochen werden, sind inoffiziell, das Material steht jedoch nicht unter Geheimhaltung und kann in Prozessen verwandt werden. Die Vermittlung beginnt damit, daß der Zweck des Treffens und die Grundregeln klargestellt werden. Dann wird der Patient aufgefordert, die Geschichte aus seiner Perspektive zu erzählen. Danach trägt der sexuell beteiligte Therapeut oder die Therapeutin seine oder ihre Version vor. Im Gegensatz zu Hearings vor Ethik-Kommissionen hat die Erfahrung gezeigt, daß in dieser Art von Sitzungen die Fakten kaum strittig sind. Die Vermittlungssitzung dient im allgemeinen dazu, Gefühle wie Wut, Verletztsein, Enttäuschung, Reue, Anteilnahme und Bedauern auszudrücken. Nachdem sich alle Beteiligten aussprechen konnten, verdeutlicht und vertieft der Vermittler das Gespräch und faßt es zusammen.

Kann die Vermittlung Patienten davon abhalten, Klage oder Beschwerde zu erheben, weil sie ihren Ärger loswerden konnten, so daß der sexuell ausbeuterische Therapeut weiter andere Klienten schädigen kann? Oder könnte die Vermittlung dazu benutzt werden, um Beweise für einen Prozeß zu sammeln, oder als Vortäuschung von Reue dienen (Bouhoutsos und Brodsky 1985)? Das alles ist möglich. Auf der anderen Seite bietet eine solche Konfrontation im Gegensatz zu dem manchmal jahrelangen Warten vor Gericht den Vorteil, daß sie schnell herbeigeführt werden kann und so die Beteiligten vielleicht in die Lage versetzt, ihr Leben konfliktfreier fortzusetzen. Eine erfolgreich verlaufende Konfrontation kann dem Patienten oder der Patientin helfen, die Beziehung abzuklären und aufzulösen, die sonst sein oder ihr Leben maßgeblich beeinträchtigen könnte. Manchmal hilft die Vermittlung auch Patienten, gesetzliche Schritte zu unternehmen, zu denen sie vorher nicht in der Lage waren. Ab und zu haben solche Sitzungen auch einen therapeutischen Sinn.

Gruppentherapie

In den meisten Fällen suchen Patienten, die sexuell mit ihrem Therapeuten zu tun hatten, nach dem erlittenen Schaden irgendeine Form von Hilfe. Offensichtlich wechseln sie dabei weniger die Disziplin als das Geschlecht der Therapeuten (Bouhoutsos et al. 1983). Es kann nicht oft genug betont werden, daß der Nachfolgetherapeut über die spezifischen therapeutischen Probleme und die besonderen Bedürfnisse dieser Menschen Bescheid wissen muß. Die Unbeständigkeit, Überempfindlichkeit, emotinale Belastung und Zerbrechlichkeit dieser Patienten stellen hohe Forderungen an die emotionalen Ressourcen, die Zeit und das therapeutische Können des nachfolgenden Psychologen. Entscheidet sich der Patient für eine Gruppentherapie, entstehen zusätzliche Por-Probleme.

Die *Post-Therapy Support Group* an der University of California in Los Angeles (UCLA) wurde 1982 von den Verfassern des vorliegenden Buches gegründet. Im Planungsstadium wurde entschieden, daß an dieser Stelle keine Rechtshilfe beabsichtigt sei. Untergebracht in der Klinik des psychologischen Instituts, begann das Programm mit einem Colloquim, das die Autoren für eine Gruppe von Psychologiestudenten im Aufbaustudium veranstalteten, die der Einladung, an dem Programm teilzunehmen, begeistert folgten. Der Schwerpunkt lag auf der Hilfe, die das Projekt den Opfern geben sollte. Eine zugelassene Psychologin, Janet L. Sonne, ein Mitglied der klinischen Fakultät der UCLA, und fünf Aufbaustudenten begannen mit der Ausbildung und widmeten ihre Zeit einem Programm, das ihnen keine finanziellen oder beruflichen Vorteile einbrachte. In der Folge stießen die Psychologen Laurie Astor-Dubin, Allison Parelman und vier weitere Studenten zu dem Projekt. Monate der Ausbildung und Planung folgten. Dreistündige wöchentliche Treffen wurden abgehalten, mit einer Reihe von Gästen, die sich mit den Aspekten von sexuellen Beziehungen zwischen Therapeuten und Patienten und den Einrichtungen, die die Folgeerscheinungen behandelten, befaßten. Ein höherer Ermittlungsbeamter des *Board of Medical Quality Assurance* (Gremium zur Überprüfung ärztlicher Kunstfehler) erklärte den Beschwerdegang und die einleitenden Gespräche mit Klagenden und Beklagten. Der stellvertretende Justizminister erklärte die Rechtsmittel genauer, die verschiedenen Zulassungsorgane, ihre Struktur und Funktion. Eine anonyme Patientin, die sexuellen Kontakt mit ihrem Therapeuten gehabt hatte, sprach über die emotionalen und anderen Folgen ihrer sexuellen Verstrickung. Ein ehemaliger Vorsitzender der Ethik-Kommission der *American Psychological Association* widmete sich moralischen Aspekten und dem Verlauf der Beschwerden, die von Patienten an Ethik-Kommissionen herangetragen werden. Der Gründer einer Selbsthilfegruppe bewertete Selbsthilfe- oder Therapiegruppen. Mehrere Diplompsychologen informierten über Therapieformen für Opfer sexuell ausbeuterischer Therapeuten. Nach ungefähr sechs Monaten Anfangsausbildung bemühten wir uns um Patienten und verschickten Broschüren, die die Ziele des Programms beschrieben, an Stadtverwaltungen und örtliche Therapeuten. Ein Artikel in der *Los Angeles Times* brachte viele Anfragen und mehrere Fernsehinterviews über das Programm. Die potentiellen Gruppenmitglieder, die sich daraufhin meldeten, wurden von den Studenten der PTSG interviewt. Psychologische Tests wie das MMPI wurden in Einzelsitzungen erstellt. Die Ergebnisse wurden von den Projektteilnehmern diskutiert und nachher mit den Patienten besprochen.

In probatorischen Sitzungen versuchten wir, die Patienten herauszufinden, die in der Lage waren, von einer Gruppentherapie außerhalb der Klinik zu profitieren, und die, die besser für andere Wege geeignet waren (für die eine Gruppentherapie kontraindiziert sein könnte). Wir unternahmen alle Anstrengungen sicherzustellen, daß diejenigen, für die die Gruppentherapie nicht in Frage kam, Zugang zu angemesseneren Hilfsquellen erhielten. Darunter befand sich Einzeltherapie entweder innerhalb der Klinik oder bei einem Therapeuten, der sich in diesem Bereich auskannte und eine Praxis in erreichbarer Nähe des Patienten unterhielt.

Wir befürchteten sehr, daß sich jene Patienten, die nicht in die Gruppe aufgenommen wurden, zurückgesetzt fühlen könnten. In der Tat hatten manche das Gefühl, sie würden getestet werden, um festzustellen, ob sie dieser Gruppe »würdig« seien. Über diesen kritischen Punkt sollten sich alle Therapeuten im klaren sein.

Im Fortgang des Projekts jedoch stellten wir fest, daß die Kriterien für die Gruppenzulassung nicht so streng, wie wir anfangs gedacht hatten, gehandhabt werden mußten. Einige Patienten, die unter großer Verzweifelung und schweren Störungen litten, für die die Gruppentherapie außerhalb der Klinik nicht geeignet schien, schafften es, mitzuarbeiten und von dieser Möglichkeit beträchtlich zu profitieren.

Bis zum Start der dritten Therapiegruppe waren alle Teilnehmer weiblichen Geschlechts. Dann bewarb sich ein männlicher Klient, und die Mitglieder des Projekts fragten sich mit einiger Sorge, wie er aufgenommen und sich als einziger Mann in der Gruppe fühlen würde. Auch für einige Patientinnen war die Vorstellung, einen Mann zum Gruppenmitglied zu haben, unangenehm, doch nach reiflicher Überlegung entschieden sie, daß er »auch ein Opfer« war, und beschlossen, ihn aufzunehmen. Ob das nun an diesem besonderen Fall, der Vorbereitung oder dem Charakter der Gruppe selbst lag, die Erfahrung war für alle Beteiligten sehr positiv. Bis jetzt haben wir keins der männlichen Projektmitglieder zum Gruppenleiter gemacht, ziehen aber diese Möglichkeit ernsthaft in Erwägung. Wir stehen jetzt am Beginn des vierten Jahres des Programms und der vierten Gruppe.

Die Mitarbeiter der PTSG stellten fest, daß es auch der therapeutischen Versorgung in der Gemeinde diente, wenn sie Therapeuten nach Patienten, die sexuelle Beziehungen zu einem früheren Therapeuten gehabt hatten, befragten. In zwei Fällen hatten die jetzigen Therapeuten keine Erfahrung mit solchen Klienten und ließen sich von Gruppenmitgliedern beraten. Sie wurden mit aktuellem Forschungsmaterial über sexuelle Verstrickung zwischen Therapeuten und Patienten bekannt gemacht, und wir diskutierten mit ihnen über die besonderen Bedürfnisse dieser Patientengruppe.

In einem Fall fragte uns eine junge, unerfahrene Therapeutin, ob sie die Klientin an einen Supervisor überweisen sollte, und wir konnten ihr versichern, daß die positive Beziehung, die sie zu der Patientin aufgebaut hatte, für die Gesundung entscheidend war. Es war wichtig, der gegenwärtigen Therapeutin zu helfen, die Schwierigkeiten zu verstehen, eine Übertragungsbeziehung aufzubauen und die Gegenübertragung zu erkennen, die in so vielen dieser Fälle entsteht. Das Mißtrauen der Patienten den eigenen Gefühlen gegenüber und der Argwohn in bezug auf die Motive des neuen Therapeuten sind eine doppelte Konfliktsituation, die für den behandelnden Arzt frustrierend sein kann. Da die Patienten sich nicht auf ihr eigenes Urteilsvermögen verlassen (und das können sie auch nicht, da sie am eigenen Leib verspürt haben, daß ihre erste Wahl eines Therapeuten zur Katastrophe geführt hat), müssen sie sich an jemanden wenden, dem sie vertrauen können. Ihre Familien haben das Problem in der Regel nicht verstanden und es entweder verleugnet oder dem Opfer die Schuld zugeschoben. Männer (in der Regel waren die Therapeuten männlich) und Therapeuten im allgemeinen scheinen den Opfern nicht mehr vertrauenswürdig, und das beständige »Erproben« erzeugt Wut, Vorwürfe, Drohungen, Forderungen und Depressionen. Fortschritte entwickeln sich oft dramatisch und werden von Phasen der Regression unterbrochen. Häufig hilft es, sich mit jemandem zu beraten und sich die Telefonbereitschaft für mögliche Selbstmorddrohungen und lange unterstützende Gespräche zu teilen. Abhängigkeit ist ein weiteres zweischneidiges Schwert. Diese Patienten sind sehr bedürftig und strekken immer die Hand aus, gleichzeitig aber mögen sie diese Abhängigkeit nicht und beschuldigen den Therapeuten, sie darin zu bestärken. Entzieht man sie ihnen, fühlen sie sich total verunsichert und sind suizidgefährdet. Diese qualvollen Konflikte fordern die ganze Kraft von Patienten und Nachfolgetherapeuten (vgl. Kapitel 8).

Ein Problem, das wiederholt in der PTSG auftauchte, war die andauernde Ambivalenz gegenüber dem früheren Therapeuten. Gleich einem mißbrauchten Kinde, das den Übeltäter liebt und verteidigt, waren diese Patienten empfindlich, wenn man über ihre früheren Therapeuten abfällig sprach.

Fast alle hatten ihre Schwierigkeiten damit, Grenzen zu ziehen - verständlich angesichts ihrer Geschichte, in der der Therapierahmen überschritten wurde. Die Gruppenmitglieder taten sich schwer, ihre Beziehungen zueinander und zu ihren neuen Therapeuten angemessen abzustecken. Zum Beispiel fürchtete eine Teilnehmerin, daß sie in der Gruppe auf Kosten ihrer eigenen Bedürfnisse in eine Betreuerrolle hineingeraten könnte (Sonne et al. 1985). Viele telefonierten miteinander, um sich zu helfen, achteten aber ängstlich darauf, die jeweilige Beziehung nicht übermäßig zu beanspruchen. Andere fühlten sich schuldig, wenn sie aus Rücksicht auf Ehepartner und/oder Kinder die Telefonzeit begrenzten, die sie Gruppenmitgliedern zur »Verfügung stellten«. Einige erklärten, daß sie immer noch Schwierigkeiten mit den Grenzziehungen hätten und sich gerade mit einem neuen Therapeuten, einem Lehrer oder Supervisor eingelassen hätten. Häufig kam es auch vor, daß die Grenzen, die von den Gruppenleitern gesetzt worden waren, ausprobiert wurden. Einladungen zum Essen, Bitten um längere Sitzungen und endlose Telefongespräche mußten nicht nur im Kontext der Bedürftigkeit und Selbstmordgefahr, sondern auch mit Bezug auf wünschenswerte Grenzsetzungen eingeschätzt werden. Fachlicher Rat half auch in diesem Bereich, in dem viele vielschichtige Entscheidungen zu treffen waren.

Ganz wesentlich war die extreme Verwundbarkeit und Zerbrechlichkeit dieser Patienten, die sie selbst erlebten. Sie erkannten ihre Hilfsbedürftigkeit, wiesen aber entsprechende Angebote zurück. Mit der Therapiesprache bestens vertraut, weil sie so lange diesem Verfahren ausgesetzt waren, erkannten sie die typischen therapeutischen Muster und forderten die Gruppenleiter heraus. Abgewogene Antworten, Kommentare über das Verfahren oder irgendeine Art von Konfrontation riefen Wutausbrüche hervor. Doch die Gruppenmitglieder erkannten die Schwierigkeiten und Widersprüche und waren gelegentlich sogar fähig, Verständnis für die Gruppenleiter aufzubringen, doch im Grunde lehnten sie die Form der »Therapie« ab. Sie fühlten sich am wohlsten, wenn sie sich äußern konnten und die Therapeuten nur hilfreiche Bemerkungen machten. Oft unterhielten sie sich noch Stunden nach den Sitzungen auf den Fluren oder Parkplätzen.

Innerhalb und außerhalb der Gruppe überlegten sie angesichts der Folgen ihres früheren grenzenlosen Vertrauens, wie weit man sich auf jemand verlassen sollte. Da ihnen klar war, daß sie irgend jemandem vertrauen müssen, kämpften sie mit der Frage, wie man Vertrauenswürdigkeit überhaupt einschätzen könnte. In verschiedenen Phasen setzte die Erkenntnis ein, daß sie (die Gruppenmitglieder) für ihre Entwicklung selbst verantwortlich waren, daß sie sich öffnen und über ihre Gefühle sprechen sollten, um gesund zu werden. Aber es mußte ihre Entscheidung sein, so zu handeln.

Folgender Verlauf der Gruppenarbeit kristallisierte sich heraus:

(1) In den Anfangssitzungen wurde zumeist über den traumatischen Vorfall gesprochen. Die Mitglieder der Gruppe tauschten begierig ihre Erfahrungen aus, und es gab viel zusätzliche Unterstützung, wenn der Erzählende in Tränen ausbrach. Gefühlsmäßig fühlten sich die meisten Gruppenmitglieder schuldig an dem Geschehenen und ihrer Rolle in der sexuellen Beziehung. Selbsterniedrigung und -beschimpfung waren nicht ungewöhnlich.

(2) Als sich das Bewußtsein für gemeinsame Geschicke entwickelte, ließen die Selbstvorwürfe nach, und die Erkenntnis wuchs, daß der Therapeut verantwortlich für die sexuelle Beziehung war.

(3) Ärger und Wut kamen an die Oberfläche, auch wenn es immer noch Gefühle für den Therapeuten gab, die viele emotionale Ausbrüche verursachten. Einige formulierten zu diesem Zeitpunkt Beschwerden an Institute oder Behörden. Nicht alle Gruppenmitglieder erreichten dieses Stadium zur selben Zeit; diejenigen, die positive Gefühle für ihren Therapeuten hegten, wurden von denen, die wütend waren, angegriffen. Immer war es notwendig, die individuellen Unterschiede zu betonen und das Recht darauf, selbst zu entscheiden, ob man aktiv werden will oder nicht.

(4) Ängste und Depressionen tauchten auf. Diejenigen, die gegen ihre Therapeuten geklagt hatten, entwickelten Phantasien, der frühere Therapeut könnte sie verfolgen, belästigen, ja sogar töten (solche Phantasien sind besonders verständlich angesichts der Gewaltdrohungen von seiten vieler sexuell ausbeuterischer Therapeuten). Einige stellten sich vor, ihren Therapeuten zu töten, und bekamen Angst vor ihrer eigenen Wut. Einige setzten sich auf die Spur des Therapeuten, beobachte-

ten die Fenster seiner Praxis und machten sich Gedanken, ob der Therapeut mit den Patienten, die sein Büro betraten, sexuelle Kontakte hatte. Sie fürchteten das Ausmaß des eigenen Zorns und der Möglichkeit, daß sie in einem Ausagieren die Kontrolle über sich verlieren könnten. In diesem Punkt herrschte viel Selbstzweifel, ein Gefühl, daß man das Trauma niemals überwinden würde.

(5) Die Mitgleider gewannen zunehmend an Einsicht. Sie lehnten den früheren Therapeuten ab, erkannten die sexuelle Beziehung als Folge der persönlichen Probleme des Therapeuten. Doch der Vertrauensverlust wurde fühlbarer; Gefühle wie Skepsis, Erniedrigung, Verwirrtheit, Verlust von Würde, andauernde Selbstvorwürfe, weil man so leicht hinters Licht zu führen war und so weiter, nahmen zu, aber auch das Wissen, daß sie vorübergehen würden.

(6) Zaghaft kündigte sich erwachendes Vertrauen an, die Bereitschaft, sich auf das eigene Urteilsvermögen zu verlassen, die Erkenntnis der eigenen Stärke und wachsender Unabhängigkeit. Wählen zu können zwischen dem Kampf für gesetzliche Veränderungen auf dem Gebiet sexueller Verstrickung zwischen Therapeuten und Patienten oder das nicht zu tun und trotzdem mit seinem Leben ohne Schuldgefühle fortzufahren. Gruppenmitglieder baten um Hilfe und waren dankbar dafür, wenn man sie ihnen zu ihren Bedingungen gewährte. Sensibilisiert für ihre Gruppenleiter und füreinander, wurden sie letztendlich fähig, Vertrauen aufzubauen, positive und negative Gefühle auszudrücken und ihr Leben fortzusetzen. Die Projektmitglieder stimmen darin überein, daß diese Art spezialisierter klinischer Arbeit sehr schwierig, aber auch sehr befriedigend ist - die Langlebigkeit des Projekts spricht dafür.

Zusätzlich zu ihrer Arbeit in der PTSG wurden die Projektmitglieder oft gebeten, an Weiterbildungsmaßnahmen von Behörden teilzunehmen, und führten ihre Workshops bei den Tagungen der verschiedenen Disziplinen weiter. Anfänglich wurde überlegt, empirische Forschungen anzustellen, doch die besonderen Empfindlichkeiten der Gruppenmitglieder, Furcht vor Ausbeutung und Ausnutzung für die Zwecke des Therapeuten, schlossen diese Möglichkeit fürs erste aus.

Nachdem wir diesen kurzen Überblick über verschiedene Behandlungsformen beendet haben, wenden wir uns nun Fragen zu, vor denen alle Nachfolgetherapeuten stehen (Kapitel 7), und besonderen Behandlungsproblemen und -techniken, die für eine Einzeltherapie bedeutsam sind (Kapitel 8).

7 GRUNDSTRUKTUR, EINSCHÄTZUNG UND DIE ERSTE BEHANDLUNGSPHASE DER »FOLGE-THERAPIE«

Wenn sich Patienten öffnen und von ihren sexuellen Erlebnissen mit einem früheren Therapeuten erzählen, ist das fast immer ein Augenblick tiefer Krise und zugleich eine große Chance. Sie werden in diesem Moment wahrscheinlich von einer verwirrenden Mischung scheinbar widerstreitender Gefühle bewegt. Erinnerungsfetzen können blitzartig bewußt werden und weiteres Wiedererleben auslösen. Gedanken und Gefühle, die lange unterdrückt und verdrängt worden sind, können hochgespült werden und überströmen.

Der Folge-Therapeut, der diesen Öffnungsprozeß miterlebt, wird sich vermutlich seiner besonderen Verantwortung bewußt sein, den Patienten in dieser Zeit der Wirrnis und Bedrängnis zu helfen. Das unantastbare Vertrauen, das Patienten Therapeuten entgegenbringen, ist von einem früheren Therapeuten mißbraucht worden. Die Angst vor weiterem Verrat ist groß. Inmitten dieser schwierigen Situation muß der Nachsorge-Therapeut dem Patienten helfen - oft über lange Zeit hinweg -, drei Hauptfragen zu bewältigen:

(1) Was genau geschah in der Beziehung des Patienten zu dem früheren Therapeuten? (2) Was sind die Auswirkungen und was bedeuten diese für das Leben des Patienten? (3) Was will der Patient, wenn überhaupt, unternehmen?

Es gibt keine eindeutigen Regeln, denen alle »Nachsorge-Therapeuten« zu jeder Zeit bei allen Patienten folgen könnten. Jeder Patient ist ein Individuum - wie auch jeder Therapeut. Dennoch sind bestimmte Aufgaben für den Prozeß der diagnostischen Bewertung und Gesundung entscheidend. Die folgenden 15 Gesichtspunkte scheinen für eine sinnvolle und erfolgreiche Arbeit mit Patienten, die sexuellen Kontakt zu einem früheren Therapeuten hatten, ausschlaggebend zu sein:

1. Die Fähigkeit des Therapeuten, uneingeschränkt zuzuhören;
2. das Bedürfnis des Patienten/der Patientin, seine/ihre Schritte selbst zu bestimmen;
3. der gesetzliche Rahmen der Therapie;
4. Aufzeichnungen;
5. Gebührensätze ;
6. Voreingenommenheit, Konflikte und Gegenübertragung des Therapeuten;
7. Vertrauen;
8. die Rekonstruktion der Ereignisse durch den Patienten;
9. Selbstmordgefahr;
10. Gesamteinschätzung;
11. Vermeidung des Versuchs, das Gesetz zu vertreten (von seiten des Therapeuten);
12. Ausbildung in bezug auf sexuelle Beziehungen zwischen Therapeuten und Patienten;
13. die Autonomie des Patienten;
14. der Behandlungsplan;
15. Eindeutigkeit der Rollendefinition und der Kommunikation.

In den folgenden Abschnitten werden die einzelnen Punkte genauer behandelt.

Hören Sie dem Patienten aufmerksam zu

Klagen über einen Kollgen zu hören ruft leicht unangenehme Gefühle wie Entsetzen, Angst, Abscheu oder Ungläubigkeit hervor. Solche Empfindungen mögen einen »Nachsorge-Therapeuten« davon abhalten, weiter nachzuforschen. Der Patient kann den Fragen, Kommentaren, der Mimik oder Körpersprache entnehmen, daß dieses Thema tabu ist. Vergleichbare

Reaktionen kennen wir von Eltern, die abwehren, wenn ihre Kinder von sexuellen Annäherungsversuchen eines lieben Onkels erzählen. Ähnliches geht auch in manchen Therapeuten vor, die unempfänglich für die leisen Andeutungen von Selbstmordabsichten zu sein scheinen. Therapeuten müssen allem, was der Patient zu sagen hat, ihre ungeteilte Aufmerksamkeit schenken.

Bedrängen Sie den Patienten nicht

Auch wenn Patienten verzweifelt nach Anerkennung und Unterstützung suchen, müssen sie die Gangart selbst bestimmen. Das Material, das hier emporkommt, ist oft erschreckend, überwältigend. Patienten können das Gefühl entwickeln, die Kontrolle über sich zu verlieren. Vom Therapeuten gedrängt oder angetrieben zu werden ist fast immer ein negatives Erlebnis. Die Abwehr zu »durchbrechen« kann schädliche Folgen haben. Wenn Patienten den Eindruck erhalten, daß der Therapeut vorschreibt, wann etwas und wieviel davon behandelt wird, bleibt ihnen nichts anderes übrig, als die Therapie abzubrechen. Sie benötigen das Gefühl, daß sie nicht über das Thema sprechen müssen, wenn sie sich dem Erlebnis nicht gewachsen fühlen. Die neue therapeutische Situation muß eine sein, in der die Patienten sich vor allem sicher und aufgehoben fühlen. Ihre Entscheidungen, was sie behandeln wollen und in welchem Rhythmus es ihnen am angenehmsten und förderlichsten erscheint, müssen respektiert werden.

Überprüfen Sie den gesetzlichen Rahmen sehr genau

Nicht nur Patienten, auch Fachleute sind oft verwirrt durch die Vielfalt von Einschränkungen und Verantwortlichkeiten in bezug auf den Gehalt der Therapie. Patienten besitzen in ihrer

Eigenschaft als Staatsbürger gewisse Rechte in bezug auf den Schutz der Privatsphäre, wie im Verfassungs- und Zivilrecht niedergelegt. Therapeuten sind als Angehörige eines Berufsstandes an ethische Standards, die zu angemessener Geheimhaltung verpflichten, gebunden. Die Schweigepflicht, ein eigenständiger, aber verwandter Begriff, bezeichnet das Recht des Patienten, die Weitergabe von Informationen zu verhindern. In fast allen Fällen kommt die Schweigeverpflichtung dem Klienten zu. Das ist eine Tatsache, die manche Therapeuten nicht genügend berücksichtigen. Die Schweigepflicht geht vom Patienten aus und nicht vom Therapeuten. In bestimmten Fällen ist der Therapeut gesetzlich und moralisch dazu verpflichtet, eine Schweigepflicht im Namen von Klienten geltend zu machen.

Als wäre all dies nicht schon kompliziert genug, haben Rechtsprechung und Gerichte in manchen Fällen die Therapeuten dazu ausersehen, im Endeffekt als Arm des Staates oder der gesamten Gesellschaft zu fungieren. Dann müssen sie entsprechenden dritten Parteien Informationen über ihre Patienten zugänglich machen. Zum Beispiel können Therapeuten, die zu dem Schluß kommen, daß ein Patient oder eine Patientin für eine andere Person eine ernsthafte Bedrohung darstellt, gesetzlich oder durch bestimmte Gerichtsentscheidungen dazu aufgefordert sein (ohne Zustimmung des/der Patienten/in), die Polizei und/oder das beabsichtigte Opfer von der Gefahr zu informieren.

Eine ähnliche Meldepflicht gibt es in den meisten Staaten bei Kindesmißbrauch. Folglich ist ein Therapeut, der zur Erkenntnis kommt, daß ein Klient ein Kind mißbraucht, verpflichtet, es der entsprechenden Regierungsbehörde zu melden.

Es ist wichtig, solche eventuell bestehenden Verpflichtungen mit Patienten zu besprechen, um sicherzugehen, daß sie die Grundregeln einer Therapie in vollem Umfang verstehen. Viele Patienten, die sexuelle Beziehungen zu einem früheren Therapeuten hatten, könnten annehmen, daß eine Meldung in diesem Fall vorgeschrieben ist oder nach eigenem Gutdünken erfolgen kann. Das ist in den meisten US-Staaten nicht der Fall. Mit anderen Worten: Die Informationen, die über sexuelle Kontakte zu einem früheren Therapeuten gegeben werden, unterliegen den gewohnten Grundsätzen, daß sie privat und vertraulich sind und durch die Schweigepflicht geschützt werden. Ausnahmen von diesem Grundsatz müssen klar und deutlich niedergelegt sein. Kurz und bündig: Ein »Nachsorge-Therapeut« kann in den meisten Staaten den Bericht eines Patienten über sexuelle Kontakte zu einem früheren Therapeuten nicht an Dritte weitergeben, ohne daß der Patient freiwillig und unter Kenntnis aller Informationen zustimmt.

Hat ein Klient eine Klage eingereicht, ist die Schweigepflicht im allgemeinen damit aufgehoben. So kann im Fall eines Kunstfehlerprozesses gegen den früheren Psychologen der spätere Therapeut als Zeuge vorgeladen werden und hat keine rechtliche Handhabe, Informationen über den Patienten und die Therapie zurückzuhalten. Diese Tatsache muß Patienten und Therapeuten zu Beginn der Behandlung in ihrer ganzen Reichweite bewußt sein. Schließlich sollte der Patient oder die Patientin nicht dadurch überrascht werden, wenn er oder sie einmal Klage erhoben hat.

Fertigen Sie angemessene schriftliche Unterlagen an

Wenn sich Patienten entscheiden, einen Zivilprozeß anzustrengen oder eine offizielle Beschwerde vor einer Zulassungsstelle, einem Ehrengericht oder einer Ethik-Kommission einzureichen, können die Aufzeichnungen des Therapeuten wichtiges Beweismaterial darstellen. Daher müssen Therapeuten in diesen Mißbrauchsfällen sorgfältige und gutüberlegte Notizen anlegen und sich darüber im klaren sein, daß diese Aufzeichnungen Dritten zugänglich gemacht werden, von denen viele weder die Ausbildung noch Erfahrungen im psychologischen Bereich haben. Zusätzlich kann der Inhalt der Protokolle in Anbetracht der öffentlichen Aufmerksamkeit, die viele Kunstfehlerprozesse und Zulassungsverfahren begleitet, in die Gerichtsakten kommen. Sowohl Therapeuten als auch Patienten sollten den Charakter solcher Aufzeichnungen kennen und wissen, wer zu ihnen Zugang hat.

Treffen Sie klare Zahlungsvereinbarungen

Dieses Prinzip gilt für jede Therapie, ist aber in den Fällen ärztlichen Mißbrauchs besonders wichtig. Wenn der Therapeut auf Erfolgsbasis arbeitet, kann sich Befangenheit einschleichen. Das wird dann ein kritischer Punkt, wenn der Therapeut als Sachverständiger vor Gericht aussagen soll.

Ergründen Sie persönliche Vorurteile, Konflikte und die Gegenübertragung

Sexuelle Beziehungen zwischen Therapeuten und Patienten sind ein solch gefühlsbeladenes Thema, daß nachfolgende Therapeuten bei sich Voreingenommenheiten und Einstellungen entdecken können, die dem therapeutischen Prozeß nicht zuträglich sind. Manche mögen Patienten eigentlich nie das Recht auf eine Anzeige zugestehen. Sie sehen in allen Beschwerden lediglich den Ausdruck von Übertragung oder einer Pathologie des Patienten, oder sie spielen die schädlichen Folgen des Mißbrauchs herunter. Andere können derartig empört werden, wenn sie die Klagen ihrer Patienten vernehmen, daß sie unmittelbaren Druck ausüben, den offiziellen Gerichtsweg zu beschreiten. Wieder andere fürchten vielleicht, daß es dem Ansehen des Berufsstandes schaden könnte, wenn solche Beschwerden an die Öffentlichkeit geraten, daß Prozesse wegen ärztlicher Kunstfehler weiter zunehmen werden. Noch andere versuchen, den Patienten zu beruhigen, weil sie langwierige und unangenehme Verwicklungen in Gerichtsverfahren scheuen. Es ist entscheidend, daß sich die »Nachsorge-Therapeuten« solche Voreingenommenheiten, Konflikte und Gegenübertragungen bewußt machen und dafür sorgen, daß sie nicht auf die Therapie einwirken.

Vertrauen ist ausschlaggebend

In gewissem Sinne ist es fast ein Wunder, daß Patienten, die von einem Therapeuten so massiv mißbraucht wurden, den Mut und das Vertrauen finden können, einen neuen Therapeuten aufzusuchen, um den Schaden wiedergutzumachen. Manchmal entspringt dieser Schritt der Verzweiflung; vielleicht am Rande des Selbstmords, wendet sich der Patient an einen neuen Therapeuten, um zu überleben. Fast in jedem Fall aber wird das Vertrauen des Klienten in den neuen Therapeuten aufgrund der früheren Erfahrungen auf irgendeiner Ebene von Mißtrauen und ambivalenten Gefühlen begleitet sein.

Die Patienten werden oft den Verdacht nicht los - der im Licht ihres früheren Erlebnisses nur allzu verständlich ist -, daß auch diese neue Therapie irgendeine Form von sexueller Ausbeutung beinhalten wird. Therapeuten sollten diesen Punkt offen mit ihren Patienten besprechen und ihnen versichern, daß es keine sexuellen Kontakte geben wird. Körperliche Berührungen können für manche Patienten Anlaß zur Beunruhigung sein. Therapeuten und ihre Klienten sollten sich auf bestimmte Regeln für nichterotische Berührungen - zum Beispiel das Händeschütteln - einigen, die für beide Seiten angenehm sind und in vollem Einklang mit klinischen und ethischen Standards stehen. Besteht ein Patient oder eine Patientin darauf, daß der Therapeut oder die Therapeutin ihn oder sie nie berührt, sollte das respektiert werden. Patienten sollten sich aus guten und einleuchtenden Gründen im Rahmen der Therapie sicher und geborgen fühlen können.

Lassen Sie den Patienten schildern, was geschehen ist

Patienten können ihre Erlebnisse oft nur schwer in Worte fassen. Besonders in den Anfangssitzungen sprechen sie häufiger abgehackt, zögernd und lediglich in Andeutungen. Bedeutende Anteile des traumatischen Ereignisses können immer noch außerhalb der Wahrnehmung des Patienten verborgen sein. Diese begrabenen Erinnerungen werden letztendlich wieder ins Bewußtsein dringen, doch im Augenblick bewirken sie größere Lücken. Für den Therapeuten liegt es nah, »die Leerstellen zu füllen« oder, wissenschaftlicher ausgedrückt, auf die verschwommenen und dunklen Umrisse des Patienten die eigenen Vorstellungen von dem zu projizieren, was »wirklich« geschah oder was geschehen »sein muß«. Es ist aber wichtig, daß sich Therapeuten nicht in die Bemühungen der Patienten einmischen, das Erlebnis zu rekonstruieren, so gut es ihnen momentan möglich ist.

Von Zeit zu Zeit können sich Patienten gewisser Dinge erinnern, sie aber aufgrund starker Gefühle von Scham, Schuld oder Verwirrung nicht offen aussprechen. Therapeuten müssen den Rekonstruktionsprozeß der Ereignisse durch ihre Patienten besonders aufmerksam verfolgen.

Schätzen Sie die Selbstmordgefährdung ein, und begegnen Sie ihr

Patienten, die mit einem Therapeuten sexuelle Kontakte hatten, befinden sich oft in großer Not und demzufolge in erhöhter Selbstmordgefahr. Vergewissern Sie sich, daß Ihre Patienten wissen, daß dieses Thema kein Tabu ist, und sprechen sie offen darüber. Die folgenden Faktoren (Pope 1986a) können bei einigen Patienten auf größere oder geringere Selbstmordgefahr hindeuten: direkte Aussagen (jede Selbstmorddrohung oder -andeutung muß ernstgenommen werden), ein ausgear beiteter Plan (je genauer, tödlicher und machbarer, desto höher das Risiko), vorangegangene Suizidversuche, Depressionen, andere klinische Syndrome wie hirnorganische Störungen und Schizophrenie, Hoffnungslosigkeit, Geschlechtszugehörigkeit, Alkoholismus, Alter, Einsamkeit, Verlusterfahrungen, Rasse, Religion, Arbeitslosigkeit und/oder finanzielle Probleme, Gesundheitszustand, Impulsivität, starres Denken, belastende Ereignisse im Leben (nicht nur die schon erwähnten), kürzliche Entlassung aus Kliniken (auch wenn man nur für kurze Zeit den Boden unter den Füßen verloren hat) und indirekte Aussagen und Verhaltenssignale.

Krisenintervention kann notwendig sein, besonders während der Anfangsphase der Therapie. Sehen Sie für den Notfall adäquate Maßnahmen vor! Machen Sie Ihren Patienten klar, daß Sie für sie da sind. Kann man Sie immer telefonisch erreichen? An wen können sie sich im Notfall wenden, wenn Sie nicht zur Verfügung stehen? Beachten Sie die Zeiten Ihrer Abwesenheit sorgfältig - sowohl geplante (Ferien) wie auch ungeplante (Krankheit).

Arbeiten Sie auf eine Gesamteinschätzung hin

Die Folgen der sexuellen Begegnung für den Patienten müssen auf jeder Stufe der Therapie so umfassend wie möglich eingeschätzt werden. Das ganze Ausmaß kann trotz langer und schwieriger Perioden, in denen sich Therapeut und Patient alle nur denkbare Mühe geben, jahrelang verborgen bleiben. Wie schon oft betont, müssen die Patienten das Tempo selbst bestimmen können, in dem sie sich durch dieses oft traumatische und erschreckende Gebiet bewegen.

Auch wenn die Folgen sexueller Beziehungen zwischen Therapeut und Patient den Mittelpunkt der Not und Störungen der Patienten bilden können, gibt es auch noch andere Faktoren, die berücksichtigt werden müssen und sofortiger Aufmerksamkeit bedürfen. Nicht vergessen sollte man momentane äußere Belastungen und langfristig wirkende Persönlichkeitsmerkmale.

Ist ein Patient in der letzten Zeit nicht gründlich ärztlich untersucht worden, sollte der Therapeut das veranlassen, um mögliche organische Probleme auszuschließen, die vielleicht umgehender medizinischer Behandlung bedürfen. Zum Beispiel klagt der Patient vielleicht über »Spannungskopfschmerzen«, die sich auf den Streß durch das Trauma der sexuellen Beziehung zurückführen lassen, aber auch organische Ursachen haben können - zum Beispiel einen Gehirntumor. Eine genaue Diagnose sollte auf bestmöglichen und umfassendsten Daten beruhen.

In vielen Fällen wird eine umfassende psychologische und neuropsychologische Untersuchung die Voraussetzung bilden, um zu einer richtigen Diagnose und einem wirksamen Behandlungsplan zu gelangen. Der Psychologe, der die Untersuchung durchführt, muß sich darüber im klaren sein, daß die Testprotokolle und schriftlichen Berichte vor Gericht oder Behörden verwandt werden können.

Schlüpfen Sie nicht in die Rolle des Anwalts

Es gibt zwei ausschlaggebende Gründe für dieses Gebot. Zum ersten haben Patienten, die sexuell mit früheren Therapeuten zu tun hatten, einen gesetzlichen Anspruch auf Heilung. Mit anderen Worten, das Gesetz erkennt das Recht an, soweit wie möglich wieder »heil« gemacht zu werden, wenn sie »beschädigt« worden sind. Der Versuch, dieses Recht in Anspruch zu nehmen, und die Wechselbeziehung zu zahlreichen anderen Rechten und Pflichten ist außerordentlich kompliziert. Zum Beispiel können Rechte auf Unversehrtheit der Privatsphäre und andere Privilegien durch eine Klageeinreichung aufgehoben werden. Häufig gibt es Verjährungsfristen, die das Recht auf Gesundung in Frage stellen können. Die Einreichung von Beschwerden vor Zulassungsbehörden oder Ethik-Kommissionen - gleichzeitig oder nacheinander - kann somit einen erfolgreichen Kunstfehlerprozeß gefährden. Patienten haben das Recht, ihre Entscheidungen auf Grundlage des Rats eines Sachverständigen zu fällen. In unserem Regierungssystem sind es die Anwälte, die ausgebildet und autorisiert sind, in diesem Zusammenhang zu beraten. Therapeuten, die sich als Anwälte versuchen, können den von dem früheren Therapeuten angerichteten Schaden vergrößern. Ebenso wie Therapeuten verpflichtet sind, die körperlichen Krankheiten ihrer Patienten durch qualifizierte und zugelassene Mediziner behandeln zu lassen, müssen sie die rechtlichen Nöte ihrer Patienten durch einen qualifizierten und autorisierten Anwalt beurteilen lassen (der die entsprechenden Maßnahmen empfiehlt). Besonders im Licht der Verjährungsfristen ist eine verspätete Beratung oft gar keine Beratung.

Der zweite Grund für dieses Gebot ist, daß ein Therapeut, der von der Ausbildung her zugleich Anwalt ist, eine Zweifachbeziehung als Therapeut und Anwalt herstellt und damit eine Rollenkonfusion erzeugt, die dem Patienten wahrscheinlich mehr schadet als nützt.

Verschaffen Sie sich Zugang zu Informationen über sexuelle Beziehungen zwischen Therapeuten und Patienten

Patienten haben oft viele Lügen über sexuelle Kontakte zwischen Therapeuten und Patienten gehört. Ihnen ist vielleicht gar nicht bekannt, daß dieses Verhalten in den offiziellen Moralkodizes aller größeren Fachverbände der psychologischen Disziplinen untersagt ist. Ihnen mag auch nicht bekannt sein, daß Zulassungsorgane Maßnahmen gegen Therapeuten ergreifen können, die sich sexuell mit Patienten einlassen. Sie kennen auch die wissenschaftliche Literatur auf diesem Gebiet nicht.

Informationen über dieses Thema können entscheidend

dazu beitragen, daß Patienten mit einem Erlebnis in ihrer Vergangenheit zu Rande kommen, das sie bis dahin verdrängt haben, weil es zu schmerzhaft und überwältigend ist. In diesem Sinn können Informationen Patienten einen Rahmen geben, innerhalb dessen sie ihre Erfahrung annehmen, sichten und begreifen können.

Viele Patienten sind überrascht, wenn sie erfahren, daß sie nicht allein sind, daß andere ähnliches erlebt haben. So hilft ihnen diese Literatur und die Diskussion darüber mit Fachleuten, Gefühle der Einsamkeit, Scham, Schuld und Verwirrung zu bekämpfen.

Manchen Therapeuten scheint es vielleicht sinnvoll, wenn ihre Patienten bei anderen Fachleuten Rat und Hilfe suchen, die mit ihnen als Lehrer oder Rechtsbeistand arbeiten. Gut koordiniert, kann solch ein Verfahren manch einen Vorteil besitzen, zum Beispiel den, daß der Patient eine Reihe von »Beziehungen« aufbaut und den Therapeuten nicht mehr als seine einzige »Rettungsleine« im Leben betrachtet. Unter Umständen fällt es Patienten auch schwer, die eindringlichen Beteuerungen des früheren Therapeuten, daß Sex zwischen Arzt und Patient ein legitimes Verfahren und sogar integraler Bestandteil des Behandlungsplans sei, in Zweifel zu ziehen. Wenn sie aber mit einer Reihe unabhängiger Fachleute sprechen und auch die einschlägige wissenschaftliche Literatur lesen, begreifen sie vielleicht, daß sexuelle Beziehungen zwischen Therapeut und Patient, therapeutisch gesehen, verheerend, gesetzlich verboten und moralisch verwerflich sind.

Respektieren Sie die Autonomie des Patienten

Therapeuten können überzeugt davon sein, daß ein Patient entweder Maßnahmen gegen den früheren Therapeuten ergreifen »sollte« oder nicht. Manch ein Psychologe meint vielleicht, daß es für den Klienten am besten ist, das unangenehme Erlebnis in der Vergangenheit ruhen zu lassen und mit dem

Leben fortzufahren. Er will langwierige Verfahren, das Erscheinen vor Gericht, den Zorn und vielleicht sogar Drohungen des früheren Therapeuten vermeiden, so daß er den Patienten beeinflußt, die ganze Angelegenheit auf sich beruhen zu lassen. Ein anderer will sichergehen, daß nicht noch mehr Klienten durch den früheren Therapeuten geschädigt werden (hier muß noch einmal erwähnt werden, daß viele Therapeuten mehr als einmal sexuellen Kontakt zu Patienten aufnehmen). So veranlaßt er Patienten, ein Problem anzugehen, mit dem der ganze Berufsstand nicht fertig geworden ist. Und manche Therapeuten wiederum empören sich dermaßen über den ausbeuterischen Kollegen, daß sie ihn nicht so einfach »davonkommen lassen« wollen.

All diese Gefühlsregungen und Einstellungen sind verbreitet und verständlich. Der Therapeut muß sich ihrer bewußt sein, mit ihnen verantwortungsvoll umgehen und sicherstellen, daß sie nicht die Autonomie des Patienten oder den Therapieverlauf beeinträchtigen. In allen Fällen haben die Klienten das Recht zu entscheiden, ob sie einen Prozeß gegen den früheren Therapeuten anstrengen wollen - im Idealfall im vollen Bewußtsein ihrer Rechte und mit dem Rat eines Anwalts. Wie bereits bemerkt, müssen Therapeuten vermeiden, den Anwalt zu spielen und Rechtsberatung zu erteilen. Was sie sinnvollerweise tun können, ist, Patienten zu helfen, die Bedeutung der sexuellen Begegnung zu ergründen und abzuklären, was die Entscheidung für oder gegen eine Zivilklage für ihre Gesundung und ihr weiteres Leben bedeuten könnte. Die Antworten auf diese Fragen sind weder einfach noch liegen sie auf der Hand. Die Einstellung des Patienten kann sich im Verlauf der Therapie ändern. Was sich nicht ändert, ist die Tatsache, daß die Entscheidung ausschließlich beim Patienten und nicht beim Therapeuten liegt. Wie auch immer sie ausfällt, sie verdient den Respekt des Therapeuten.

Entwerfen Sie einen Behandlungsplan, der den Bedürfnissen des einzelnen Patienten entspricht

Es gibt unterschiedliche Behandlungsmethoden, die für diejenigen, die Sex mit einem ehemaligen Therapeuten hatten, wirksam sein können. Wir werden diese Herangehensweisen im 8. Kapitel diskutieren. In manchen Fällen können sich Therapeuten und Patienten auf eine spezielle Behandlungsart einigen. In anderen Fällen scheint der Einsatz verschiedener Verfahren, die miteinander in Verbindung stehen, angemessen.

Therapeuten und Patienten können gemeinsam Vor- und Nachteile verschiedener Therapieansätze und ihre Kombination zu einer erfolgversprechenden Behandlung besprechen. Beide Seiten müssen dem Behandlungsplan zustimmen und darauf vertrauen. Patienten haben ein anerkanntes Recht, eine Behandlung sachlich begründet anzunehmen oder abzulehnen. Um dieses Recht voll ausüben zu können, müssen die Therapeuten dafür sorgen, daß ihre Patienten über die möglichen Nachteile und zu erwartenden Vorteile der vorgeschlagenen Behandlung und alternative Ansätze zur Genüge informiert werden.

Klare Rollenverteilung und Kommunikation

Patienten, die sexuelle Kontakte zu früheren Therapeuten hatten, arbeiten in der Folgezeit vielleicht mit einer Vielzahl von Fachleuten, die ihre Dienste anbieten. Zum Beispiel kann ein solcher Patient zu einem Sozialarbeiter gehen. Der Sozialarbeiter vermittelt ihm wöchentliche Sitzungen in einer Einzeltherapie. Zur umfassenden medizinischen Untersuchung überweist er den Klienten an einen Arzt, zur psychologischen und neuropsychologischen Beurteilung an einen Psychologen und an einen Rechtsanwalt zur Beratung und Vertretung bei Gericht. Patient und Sozialarbeiter beschließen, daß die Einzeltherapie von einer Gruppentherapie begleitet wird, wie zum Beispiel der *UCLA Post-Therapy Support Group*, die jenen hilft, die sexuelle Beziehungen zu einem früheren Therapeuten hatten. Die Gruppe wird von einem Psychiater und einem Psychologen geleitet. Zu diesem Zeitpunkt arbeitet der Patient mit sechs Fachleuten zusammen.

Unübersehbar ist hier die Notwendigkeit klarer Rollenverteilung und wirkungsvoller Kommunikation unter allen Beteiligten. Beachtet werden muß, daß die Aufgaben, Hintergründe und Perspektiven der beteiligten Fachleute zu verschiedenen Plänen führen können. Obendrein hört man immer wieder von Konkurrenz und Eifersüchteleien unter den verschiedenen Berufsgruppen; Mißverständnisse und »Revierprobleme« scheinen an der Tagesordnung. Solche Faktoren dürfen nicht schädlich oder verstörend auf Patienten einwirken, dafür müssen die beteiligten Fachleute sorgen. Sie müssen dazu beitragen, eine Gesamtstruktur zu schaffen, die jedem ermöglicht, seinen Job zu tun und sich mit dem anderen in wichtigen Fragen angemessen abzusprechen.

8 GRUNDSÄTZE UND VERFAHRENSWEISEN DER »FOLGE-THERAPIE«

Es ist schwierig, für alle Fälle eine Antwort auf die Frage zu geben: Wie unterscheidet sich die Behandlung von Patienten, die sexuellen Kontakt zu ihrem früheren Therapeuten hatten, von der Behandlung anderer Patienten? Zum einen hatten die ersteren vielleicht klinische oder organische Syndrome oder Entwicklungsstörungen, die sie ursprünglich in die Therapie geführt haben. Diese Syndrome, die das DSM-III (American Psychiatric Association 1980) beschreibt, können jeden Patienten betreffen, gleichgültig ob er mit einem Therapeuten sexuell zusammen war oder nicht. Doch im ersten Fall mögen diese Syndrome unbehandelt geblieben sein, sich dadurch und durch die sexuellen Intimitäten verschärft haben. Zum anderen haben sich die Erwartungen an eine Therapie und die Fähigkeit, eine Vertrauensbeziehung aufzubauen, durch das Trauma der sexualisierten Beziehung zu dem früheren Therapeuten oft drastisch verändert. So ist zum Beispiel die Übertragung, die sich in der nachfolgenden Therapie herausbildet, oft sehr ausgeprägt, ambivalent und verwirrend.

Dieses Bild wird noch dadurch verkompliziert, daß die therapeutischen Ansätze sowohl dem individuellen Therapeuten als auch dem Patienten gerecht werden müssen. Keine Methode paßt in allen Fällen, an jedem Ort, für alle Menschen. Und doch haben wir in unserer eigenen Arbeit und unseren Forschungen auf diesem Gebiet wichtige und nützliche Ansätze für die Behandlung der folgenden sieben Probleme herausgefunden:

1. Ambivalenz
2. Wut
3. Schuldgefühle
4. Depressionen und Selbstmordgefährdung
5. Isolation
6. Sexuelle Störungen
7. Bewußtseinsstörungen

Die folgenden Abschnitte beschreiben die methodischen Ansätze zur Behandlung dieser Probleme.

Ambivalenz

Wie schon in einem vorangehenden Kapitel dargestellt, haben J. Marmor und andere die sexuelle Verstrickung zwischen Therapeut und Patient mit Inzest verglichen. Beide Ereignisse erzeugen oft starke Ambivalenzgefühle gegenüber der Autoritätsfigur, die auf der einen Seite als mächtig, beschützend und sogar liebend erlebt wird und auf der anderen Seite als brutal und ausbeuterisch. In unserer Gesellschaft bringt man Therapeuten sehr viel Vertrauen entgegen, weil sie denen helfen, die besonders leidend, bedürftig, verwundbar und bereit zur Offenheit sind. Der Staat verleiht Therapeuten einen besonderen Status und schützt den Kontakt zwischen ihnen und den Patienten durch die Schweigepflicht (das heißt, schützt sie vor den Fragen der Gerichte). Ihre Aussagen als Sachverständige in Prozessen haben großes Gewicht, wenn es um das Sorgerecht für Kinder geht, um die Verantwortlichkeit eines Täters für schwere Verbrechen (zum Beispiel im Fall eines Plädoyers auf Unzurechnungsfähigkeit) und um die Einschränkung von Grundrechten (wenn man zum Beispiel Menschen gegen ihren Willen entmündigt). Da ist es denn kaum verwunderlich, daß Patienten zu Therapeuten aufblicken und ihnen große Macht und hohes Ansehen zuschreiben.

Doch Patienten werden nicht nur durch den gesellschaftlichen Status und das Prestige des Therapeuten beeinflußt. Da es ihnen schlecht geht, projizieren sie leicht recht archaische Vorstellungen von mächtiger, helfender Autorität auf diesen Seelenarzt. Manchmal sehen sie im Therapeuten so etwas wie einen rettenden Gott. Die Übertragung solcher Gefühle (die viele von uns als Kinder ihren Eltern gegenüber erlebt haben) auf die therapeutische Situation ist nichts Ungewöhnliches. Die meisten Therapeuten helfen ihren Patienten, diese Übertragung zu erkennen und mit ihr nutzbringend umzugehen. In der Tat bildet die Analyse der Übertragung einen Eckpfeiler der Psychoanalyse und vieler psychodynamisch ausgerichteter Therapien.

Der ausbeuterische Therapeut neigt dazu, das natürliche Phänomen der Übertragung zu fördern und auszunutzen. Er sonnt sich in der Aufmerksamkeit und Bewunderung seiner Klienten. Indirekt - manchmal aber auch ausdrücklich - verheißt der ausbeuterische Therapeut die Erfüllung der Hoffnungen, die sich in der Übertragung verkörpern. Sehnsüchte sollen wahr werden. Um den Patienten kümmert sich für immer eine kluge und allmächtige Autorität. Wenn Macht, wie Henry Kissinger einst bemerkte, das stärkste Aphrodisiakum ist, dann befinden sich ausbeuterische Therapeuten, die ihre Patienten verführen wollen, in einer sehr guten Position.

Für viele Patienten ist die Begegnung mit dem ausbeuterischen Therapeuten das am nachhaltigsten wirkende Erlebnis ihres Lebens. »Als hätte ich mit einem Gott geschlafen« - so ist diese Erfahrung einmal benannt worden. Kein Wunder, daß Patienten, die mit einem früheren Therapeuten intime Beziehungen hatten, unter starken und anhaltenden Gefühlsschwankungen leiden. Sie haben alle Fäden ihres Lebens zu einem Seil geknüpft und es um den ausbeuterischen Therapeuten geschlungen. Die Protagonisten in *Betrayal* (Verrat) (Freeman und Roy 1976) und *Therapist* (Plaisil 1985) stellen anschaulich dar, wie tiefgreifend dieser Prozeß der Selbstaufgabe sein kann.

Ein Teil der ambivalenten Gefühle mag in der Energie und Kraft begründet sein, mit der sich solche Patienten den Therapeuten widmeten. Bei solchem Einsatz können sie kaum einschätzen, was es bedeutet, wenn sie betrogen werden. Für viele ist der Sinn ihres Lebens so sehr in der Beziehung zu dem ausbeuterischen Therapeuten verwurzelt, daß sie sich buchstäblich nicht vorstellen können, ohne diese Verbindung weiterzuleben. Ein anderer Teil der Ambivalenz läßt sich auf eine besondere Art von Übertragung zurückführen. Für viele Patienten nimmt der Therapeut die Merkmale und in gewissem Sinn die Identität einer ganz besonderen Person aus ihrer Vergangenheit an, zum Beispiel des Vaters oder der Mutter. Die Erkenntnis, daß die Beziehung zu dem Therapeuten ausbeuterisch war, hat auch zur Folge, daß man den früheren besonderen Menschen verliert oder sich von ihm trennen muß. Der Verlust schmerzt noch mehr, wenn man das Gefühl hat, hereingelegt und benutzt worden zu sein.

Ambivalente Gefühle können sich allerdings auch aus der unauslöschlichen Hoffnung speisen, die Beziehung zu dem früheren Therapeuten könnte sich, wenn der Patient nur treu dazu steht, wie durch Zauber in etwas verwandeln, was man immer erhofft und der Therapeut - zumindest indirekt - auch versprochen hatte. Folglich wird die Ambivalenz von einem enormen Druck begleitet: Der Patient hat Angst, einen falschen Schritt zu tun. Er fürchtet sich entsetzlich davor, der Realität ins Auge zu sehen und die eine große Chance auf ewige Liebe, immerwährende Geborgenheit und Glück für immer verspielt zu haben.

Diese Ambivalenz kann verstörend, ja manchmal sogar erschreckend sein - für Patienten und »Nachsorge-Therapeuten« gleichermaßen. In einem bestimmten Augenblick erkennt der Klient den ausbeuterischen Charakter der früheren Beziehung und beschließt, sich diesem Problem in der Nachfolge-Therapie zu stellen; im nächsten Moment ist er überzeugt davon, daß alles nur der eigenen Dummheit und dem eigenen fehlenden Vertrauen zuzuschreiben sei, und beschließt, zu dem ausbeuterischen Therapeuten zurückzukehren und um Verzeihung und Wiederaufnahme der Behandlung zu bitten. Diese

Schwankungen können unerwartet, plötzlich und sehr entschieden auftreten.

Unserer Erfahrung nach löst sich diese ambivalente Haltung nur relativ selten bereits frühzeitig in der »Nachsorge-Therapie« auf. Meistens braucht es viel Zeit, große Mühe und Beharrlichkeit, diese sehr tiefreichenden, widerstrebenden Gefühle durchzuarbeiten. Ihr Auftauchen in der mittleren Phase und gegen Ende der Nachfolge-Therapie kann die Gesundung des Patienten sehr in Frage stellen, weil Enttäuschung und manchmal Verzweiflung entstehen. Der Patient sagt sich: »Nun habe ich so lang und hart an mir gearbeitet und dachte, alles bewältigt zu haben, und dann stehe ich da und denke, daß es vielleicht der falsche Weg war, ihn zu verlassen.«

Angesichts dieser intensiv erlebten Gedanken und Gefühle sind Geduld, Anteilnahme und Vertrauen (zum Patienten und Behandlungsverlauf) des »Nachsorge-Therapeuten« gefordert. Wenn der Nachfolge-Therapeut auf die Ambivalenzen des Patienten - entweder direkt oder indirekt - mit Furcht, Widerwillen oder anderen negativen Regungen antwortet, wird der Patient leicht das Gefühl bekommen, daß dieses Thema tabu ist. Er wird diese Empfindungen verschweigen und sich so verhalten, als ob die Ambivalenzen nicht existierten. Und damit sind sie nicht mehr zu erforschen und therapeutisch aufzulösen. Der Patient schämt sich wahrscheinlich dieser »schändlichen Gedanken«. Ein Therapieabbruch kann das Ergebnis sein, wenn man sich dem Problem der Ambivalenz nicht stellt. Die Hartnäckigkeit solch tabuisierter Gefühle kann in extremen Fällen dermaßen quälend werden, daß Patienten nur noch einen Ausweg sehen, sich davon zu befreien: Selbstmord.

Ist die Ambivalenz tief verwurzelt, werden Patienten sie vermutlich als Teil der Übertragung auf den Nachfolge-Therapeuten erleben. Nehmen wir an, daß eine Patientin ambivalente Gefühle für den ausbeuterischen Therapeuten hegt. Zeitweise wünscht sie, von diesem Therapeuten und der schmerzhaften und destruktiven Erfahrung, die diese Beziehung begleitete, befreit zu werden. Dann wieder wünscht sie verzweifelt, die mit ihm erlebte Nähe wiederherzustellen. Um jeden Preis möchte sie zu ihm zurück und die impliziten Versprechungen, die er ihr gemacht hat, einlösen. Während der nachfolgenden Therapie erlebt sie von Zeit zu Zeit eine plötzliche Sehnsucht, den »Nachsorge-Therapeuten« zu verlassen, ihn um jeden Preis loszuwerden. Dann wieder wünscht sie vielleicht, zu ihm die gleiche Art von Beziehung wie zu dem früheren Therapeuten aufzubauen. Folglich kann ein Bedürfnis nach psychischer und physischer Verschmelzung, nach sexuellem Kontakt, entstehen.

Wenn Patienten diese Art von Ambivalenz als Teil der Übertragung auf ihren späteren Therapeuten erleben, kann man auf zweifache Weise beruhigend einwirken. Zum ersten kann der nachfolgende Therapeut versichern, daß solche Gefühle angesichts der früheren Ereignisse ganz natürlich sind. Damit nimmt er sie an und respektiert sie. Der Therapeut kann betonen, daß er dem Patienten helfen wird, diese Gefühle zu ergründen. Zum zweiten kann er klarstellen, daß die Sehnsucht nach sexuellem Kontakt unter keinen Umständen innerhalb der Therapie ausgelebt wird. Es ist entscheidend, daß das so geschieht, daß sich Patienten nicht schuldig fühlen oder schämen, diese Gefühle erlebt oder geäußert zu haben.

Weil die frühere Therapie unter Umständen viele indirekte Kommunikationsformen und implizite Versprechungen beinhaltet hat, ist es um so wesentlicher, daß sich der »Nachsorge-Therapeut« genügend Zeit nimmt, auf solche Fragen offen und deutlich einzugehen. Wenn eine Patientin zum Beispiel andeutet, auch mit dem späteren Therapeuten manchmal schlafen zu wollen und der Therapeut nicht ausdrücklich versichert, daß dies unter keinen Umständen stattfinden wird, kann die Patientin Phantasien nachhängen, daß sich die sexuelle Vereinigung irgendwann einmal, wie in der früheren Therapie, ergeben wird. Solch eine unausgesprochene Phantasie kann für Patienten so bedrohlich werden, daß sie ähnliche Themen nicht mehr in der Therapie diskutieren und als verständliche Schutzmaßnahme zum Therapieabbruch Zuflucht nehmen.

Wut

Oft empfinden Patienten flammenden Zorn auf einen früheren Therapeuten, zu dem sie sexuelle Beziehungen hatten. So groß ist die Wut, daß sie den Patienten zu überwältigen droht und, in manchen Fällen, auch den nachfolgenden Therapeuten.

Diese Empörung ist verständlich. Der Patient, krank und verletzlich, hat bei dem früheren Therapeuten um Hilfe nachgesucht und statt dessen eine massiv schädigende »Behandlung« erhalten. Er fühlt sich betrogen, als Opfer einer abscheulich arglistigen Täuschung. Statt dem Patienten, wie erwartet, zu helfen, hat ihn der Therapeut als Mittel zur Befriedigung seiner eigenen Bedürfnisse mißbraucht. Folglich bekam der Patient nicht, was normalerweise in einer Therapie angeboten wird - eine angemessene Behandlung. Dieses Vergehen kann den Patienten angesichts der Tatsache, daß er (oder seine Versicherungsgesellschaft, der Ehepartner oder die Eltern) den ausbeuterischen Therapeuten für sexuelle Begegnungen bezahlt hat, besonders tief treffen.

Aber das ist noch nicht alles. Nicht nur, daß der ausbeuterische Therapeut die üblichen klinischen Dienstleistungen nicht erbracht hat, er hat auch noch die impliziten Versprechungen, Wunder zu bewirken - die in der Übertragung angelegt waren -, nicht eingehalten. Der Patient hat vielleicht, mit Einverständnis mit dem Therapeuten, bei sich die Vorstellungen genährt, daß dieser alle möglichen Wunder und Segnungen vollbringen könnte, von denen am Ende dann nichts realisiert worden ist. Je ursprünglicher die Bedürfnisse und Wünsche des Patienten sind, die der Therapeut zur Verführung ausnutzt, desto destruktiver ist der Prozeß und die Wut, die später hochkommt.

So fühlen sich die Klienten auf zwei Ebenen betrogen: der realen und einer zutiefst subjektiven. Die bisweilen langsam auftauchende Erkenntnis, daß die Erfüllung rationaler oder irrationaler Erwartungen, die der frühere Therapeut in Aussicht gestellt hat, nicht eingetroffen ist, kann heftigen Zorn auslösen.

Dieser Unwille kann sich steigern, wenn der Patient begreift, daß der ausbeuterische Therapeut nicht nur seine Versprechen nicht halten wird, sondern auch nie die Absicht hatte, sie einzulösen. Die frühere »Therapie« erscheint dem Patienten mehr und mehr als eine Farce, in deren Verlauf er ausgetrickst, belogen und ausgenutzt wurde.

Häufig wird die Wut unterdrückt oder verdrängt und nicht selten gegen sich selbst gerichtet. Dann können Schuldgefühle, Depressionen und manchmal auch Selbstmordgedanken entstehen.

Es kommt vor, daß Therapeuten ihren Patienten beibringen, solche Wutgefühle zu unterdrücken oder in andere Bahnen zu lenken. Wenige ausbeuterische Therapeuten dulden es, wenn Patienten gegen sie aufbegehren. Manchmal beeinflussen sie ihre Klienten dahingehend, ihre zornigen Gefühle anders zu definieren oder zu bezeichnen. Daher finden sich Patienten, die sexuelle Beziehungen zu einem früheren Therapeuten hatten, vielleicht in ihrem eigenen Wirrwarr von Empfindungen nicht mehr zurecht. Denn sie haben gelernt, sie auszublenden oder für etwas anderes auszugeben. Manchmal erzählen ausbeuterische Therapeuten ihren Patienten, daß der Unwille gegen den Therapeuten ein Zeichen ist, daß etwas mit ihnen nicht stimmt. Plasil (1985) zeichnet ein anschauliches Bild eines Therapeuten, der weder Unwillen noch Zorn noch Widerspruch zuläßt und erklärt, daß bei einem Patienten, der sich über einen netten und guten Therapeuten ärgere, etwas nicht in Ordnung sei.

»Nachsorge-Therapeuten« müssen ihren Patienten deshalb nachdrücklich versichern, daß das Erleben und Ausdrücken zorniger Gefühle natürliche Vorkommnisse und wichtige Teile des therapeutischen Prozesses sind. Die Wut aus der vergangenen Therapie kann sich auf den späteren Therapeuten übertragen - was verständlich ist und gleichfalls zum Behandlungsverlauf gehört. Trotz aller Versicherungen mögen Patienten befürchten, daß ihre Wut, einmal losgelassen, entweder so übermächtig wird, daß sie den Therapeuten vernichtet, oder so beleidigt, daß sie der Nachfolge-Therapeut bestrafen wird (vielleicht durch Beendigung der Therapie oder das Etikett, »verrückt« zu sein).

Die Tatsache, daß Patienten im Zuge der Übertragung zornig auf den nachfolgenden Therapeuten werden, heißt nicht, daß sie nicht auch rational begründete Wut auf diesen Therapeuten verspüren können. Wir sind alle nur Menschen, machen von Zeit zu Zeit Fehler und liefern damit unseren Patienten Gründe, wütend zu werden. Das Eingeständnis solcher Fehler und der Verletzungen und Empörung, die sie hervorrufen, ist ein wichtiger Bestandteil einer wahrhaftigen Therapie. Da die Patienten, mit denen sich dieses Buch beschäftigt, oft zu Selbstzweifel neigen, ihren eigenen Gefühlen und Wahrnehmungen nicht trauen, oft Schwierigkeiten haben, ihre Wut auszudrücken, ist es entscheidend, daß der spätere Therapeut einen Wutausbruch zum Anlaß offener Nachforschungen nimmt.

So kann also der Zorn eines Patienten auf einen späteren Therapeuten eine Übertragung aus der früheren Therapie darstellen (oder aus einem noch weiter zurückliegenden Erlebnis), er kann aber auch eine unverzerrte Reaktion auf Geschehnisse in der laufenden Therapie sein. Oder auch beides. Wie der Patient das Wesen solcher Wutgefühle auch immer einschätzen mag, der Prozeß der Erforschung besitzt therapeutischen Wert.

Wenn der Ärger des Patienten eine klare, unverstellte Antwort auf Ereignisse innerhalb der Sitzung darstellt, auf Fehler des Therapeuten zum Beispiel, kann ein Wutausbruch des Klienten und das offene Eingeständnis eines Fehlers von seiten des Therapeuten zusätzlichen Nutzen bringen. Durch diese konkrete Form der Realitätsprüfung erlebt der Patient aus erster Hand, daß Therapeuten schließlich auch nur Menschen sind. Sie sind nicht vollkommen. Selbst wenn sie ihre Arbeit ernstnehmen und die besten Absichten haben, machen sie Fehler. Diese Erkenntnis kann Patienten helfen, mit der Idealisierung des früheren Therapeuten und einer allgemeinen Tendenz, Autoritätsfiguren zu überhöhen, besser umzugehen.

Ist die Therapie einmal zu einem Ort der Geborgenheit geworden, wo man Zorn und Empörung eingestehen kann, wird der Patient solche Gefühle nicht mehr so stark verdrängen oder unterdrücken müssen. Er wird sie nicht länger nur durch Ausagieren artikulieren und damit verhindern, daß sie ins Bewußtsein dringen. Auch werden sich die negativen Gefühle weniger ausschließlich gegen ihn selbst richten.

Schuldgefühle

Schuldgefühle, die oft mit Scham verknüpft sind, können für Patienten, die zu einem Therapeuten sexuelle Kontakte hatten, eine quälende Erfahrung sein. Bei einigen beherrschen die Schuldgefühle hauptsächlich den Bereich der Sexualität. Viele berichten von seit langem bestehenden sexuellen Problemen und Sorgen, die sie in erster Linie in die Therapie führten. Für diese Patienten ist die verheerende sexuelle Erfahrung mit einem Therapeuten die erschütterndste und bleibendste Bestätigung, daß etwas mit ihrem Sexualleben nicht stimmt. Sie kommen zu uns und sagen: »Seht ihr, ich wußte, daß mich meine Sexualität in Schwierigkeiten bringen würde!«

Bei anderen kreist das Schuldgefühl um die wiederholte Behauptung des ausbeuterischen Therapeuten: »Alles ging vom Patienten aus!« Solche Therapeuten drücken sich vor jeder Verantwortung für ihr Versagen, ärztliche, moralische und rechtlich vorgeschriebene Standards einzuhalten, indem sie sich als das hilflose Opfer der großen Wünsche oder heimlichen Ränke der Patienten darstellen. Das erinnert einen an die »Begründungen« des Vergewaltigers, der die aufreizende Kleidung des Opfers ins Feld führt, oder den Vater, der den Inzest verübt und von der unwiderstehlichen Verlockung durch ein Kind spricht. Patienten, die mit ihrem Therapeuten geschlafen haben, sind oft übermäßig selbstkritisch und daher sehr anfällig für solche unglaublichen Behauptungen.

Leider besteht in unserer Gesellschaft die Tendenz, »das

Opfer schuldig zu sprechen« und damit unglücklicherweise die Schuldzuweisungen des ausbeuterischen Therapeuten an den Klienten zu unterstützen. Die meisten Leser dieses Buches werden sich ohne Schwierigkeiten an Gerichtsverfahren erinnern können, bei denen die Anklage auf Vergewaltigung unter Hinweis auf solche Faktoren wie die Kleidung des Opfers fallengelassen wurde. Am 9. Juli 1985 entschied ein erfahrener Richter, »daß ein achtjähriges Mädchen den sexuellen Handlungen zugestimmt hätte, und setzte das Strafmaß gegen die beiden Männer (ihren Onkel und den Freund ihrer Mutter) herab, die der Vergewaltigung angeklagt waren« (L.A. *Times*, 1985, S. A-6). Doch das gesellschaftliche Klima hat sich zwar allmählich, aber doch stetig verändert. Die Neigung, das Opfer einer sexuellen, gewaltsamen oder ausbeuterischen Handlung zu beschuldigen, hat nachgelassen, zuerst im Hinblick auf solche Vergehen wie Vergewaltigung, Inzest und Mißhandlung der Ehefrau, später auch bei der Bewertung von sexuellen Kontakten zwischen Therapeut und Patient.

Wieder andere verspüren Schuldgefühle primär im Zusammenhang mit der Beziehung zu dem früheren Therapeuten, weil sie mit jemand anderem darüber gesprochen (zum Beispiel dem »Nachsorge-Therapeuten«) oder Anzeige erstattet haben. Die Patienten haben die Therapeuten, zu denen sie sexuelle Kontakte hatten, mit solchen Eigenschaften und Kräften ausgestattet, daß Ungehorsam gegenüber den Wünschen des Therapeuten als Ketzerei erscheint, als ob man sich gegen Gott erhebt. Das Schuldgefühl ist enorm. Es kann verglichen werden mit dem eines Kindes, das jemandem von dem inzestuösen »Geheimnis« erzählt.

Ausbeuterische Therapeuten geben sich große Mühe, solche Schuldgefühle zu nähren, um das Geheimnis ihrer unerlaubten Handlungen zu bewahren. In den Therapiesitzungen betonen sie, wie hilflos und bedürftig der Klient ist und wie kunstvoll und großzügig der Therapeut hilft. Der ausbeuterische Therapeut fühlt sich sicherer, wenn der Patient das bedrückende Gefühl hat, ihm verpflichtet zu sein.

Droht der Patient, aus der psychologischen Schlinge des ausbeuterischen Therapeuten zu schlüpfen, werden neue Maßnahmen ergriffen. Der Therapeut, der die empfindlichen, »schwachen« Stellen des einzelnen Patienten kennt, schildert die schrecklichen Folgen (für den Therapeuten), wenn der Patient das Vergehen anzeigen sollte. Der Therapeut wird seine Zulassung und damit sein Einkommen verlieren. Die Frau des Therapeuten wird die Scheidung einreichen. Kollegen und Freunde werden ihn meiden. Er wird von den Medien verunglimpft werden, die »diese besondere Beziehung nicht verstehen«. Die schon angegriffene Gesundheit des Therapeuten wird einen vernichtenden Schlag erhalten. Der Therapeut wird Selbstmord begehen. Kann der Patient mit der Schuld leben, dies jemandem anzutun, mit dem er geschlafen hat?

Wie in so vielen Bereichen der Kommunikation zwischen Therapeuten und Patienten, die sexuelle Beziehungen unterhalten, sind die Botschaften des Therapeuten oft widersprüchlich und verwirrend. Das Ausmalen der schrecklichen Folgen wechselt sich ab mit Behauptungen, daß (1) der Patient verrückt ist und sich das Ganze nur eingebildet hat, (2) niemand ihm glauben oder sich um das Geschehene kümmern oder etwas tun wird, (3) der Therapeut den Patienten in eine Klinik einweisen oder unter Drogen setzen oder am Gehirn operieren lassen kann oder (4) der Therapeut dafür sorgen kann, daß dem Patienten (oder einem Familienangehörigen) »ein Unfall zustößt«. Da der Patient soviel Macht und Autorität auf den Therapeuten übertragen hat, können solche Drohungen großes Gewicht haben. Paradoxerweise sind so verstörende Aussagen besonders wirksam, denn sie lassen dem Patienten kaum Spielraum, ihre Gültigkeit zu überdenken.

Das Schuldgefühl, das Patienten aus ihrer Beziehung zu einem ausbeuterischen Therapeuten mit sich tragen, kann bedrückend und lähmend sein. Wichtig ist, daß der Nachfolge-Therapeut dem Patienten zuhört, wenn er solche Gefühle äußert. Auch noch so gut gemeinte Versuche, Schuldgefühle des Patienten entlastend abzutun, rufen ein »Echo« der früheren

Therapie hervor (in der die Empfindungen des Patienten nicht respektiert wurden). Patienten und »Nachsorge-Therapeuten« können sich gemeinsam bemühen, solchen Gefühlen nachzugehen und sie durchzuarbeiten. In manchen Fällen können sachliche Informationen helfen (zum Beispiel, daß Therapeuten keine Macht haben, neurologische Operationen an Patienten vornehmen zu lassen). In anderen Fällen wird es für den Patienten nützlich sein, die Methoden zu ergründen, mit denen alte Schuldgefühle - vielleicht sogar aus der frühen Kindheit - von dem mißbrauchenden Therapeuten verstärkt, manipuliert und verzerrt wurden. Vielleicht waren Schuldgefühle ein Grund, warum der Patient eine Therapie aufsuchte. Mit solchen Empfindungen kann man sich offen und therapeutisch sinnvoll beschäftigen, wenn der Schaden aus der Beziehung zu dem früheren Therapeuten ausreichend verringert worden ist.

Depressionen und Selbstmordgefährdung

Unserer Erfahrung nach leiden die meisten Patienten, die sexuelle Beziehungen zu einem Therapeuten gehabt haben, an Depressionen. Den Kern dieser Depressionen bildet vermutlich ein schmerzhaftes Verlustgefühl. In fast allen Fällen ist die Übertragung auf den früheren Therapeuten erheblich gewesen. Der Patient hatte ein extrem idealisiertes Bild des Therapeuten und eine starke Bindung an ihn entwickelt. Wie schon früher erwähnt, wird der Therapeut, der sich sexuell mit Patienten einläßt, zu einem Gott, einem Vater (durch die Augen eines ganz kleinen Kindes gesehen), einer allwissenden und fast allmächtigen Autoritätsfigur. Der Patient oder die Patientin beginnt, sein oder ihr ganzes Leben auf diese Person zu konzentrieren, und entwickelt eine starke Abhängigkeit.

Dann gehen diese idealisierte Person und Beziehung verloren und damit auch alle Erwartungen des Patienten - die insgeheim oder ausgesprochen vom Therapeuten genährt worden sind.

Am Anfang ging der Patient zum Therapeuten, um sich behandeln zu lassen. Wie Freud betont und spätere Erfahrungen und Forschungen zeigen, endet die Behandlung, wenn der sexuelle Kontakt beginnt. Folglich verliert der Patient die Hilfe, die er zu Beginn erwartet hat.

Überdies hat der Patient die idealisierte Person und Beziehung verloren, zusammen mit all den Erwartungen, die ein Teil dieser Verbindung waren. Und weil die Bindung an den Therapeuten so tief und intensiv war, sehen manche Patienten im Leben nun keinen Sinn mehr.

Die Erfahrung dieses Verlusts - sowohl der anfänglichen Hoffnung auf heilende Behandlung als auch der idealisierten Gestalt und Beziehung - kann eine verheerende Depression auslösen. Es ist für den Patienten besonders schwer, damit fertig zu werden, weil der frühere Versuch, ein seelisches Problem behandeln zu lassen, sich als extremer Fehlschlag erwiesen hat. Folglich ist der Patient kaum gewillt, sich weiter um Hilfe zu bemühen.

Berücksichtigt man die Intensität der Depression, so ist das erhöhte Suizidrisiko verständlich. Die Ambivalenz (die es Patienten schwer macht, ihre Situation und die Ursachen der Depression klar zu überdenken), das Schuldgefühl (das ihnen ihre elende Situation als eigene Schuld erscheinen läßt) und die Wut (die sich so oft gegen einen selbst richtet) - all dies wirkt so zusammen, daß Selbstmord oft als bester - einziger - Ausweg erscheint.

Der ausbeuterische Therapeut erkennt unter Umständen die beginnende Depression und Selbstmordgefahr und verstärkt sie absichtlich. Es gibt Therapeuten, die ihren Patienten ausdrücklich angeraten oder befohlen haben, Selbstmord zu begehen, um zu verhindern, daß Dritte von den sexuellen Kontakten erfahren könnten.

In manchen Fällen kann sich die Depression maskieren oder nicht deutlich erkennbar sein. Um ein Leben fortsetzen zu können, das im Grunde zur Tortur geworden ist, benutzen viele Patienten sehr ausgeprägt solche Abwehrmaßnahmen wie Verleugnung und Reaktionsbildung. »Lächelnde Willfährigkeit« und »lächelnde Depression« sind daher nicht ungewöhnlich.

Ob Depressionen nun offensichtlich sind, wenn der Patient bei einem »Nachsorge-Therapeuten« erscheint oder nicht - sie tauchen häufig während des Behandlungsverlaufs auf und erfordern große therapeutische Anstrengungen.

Die Depression kann sich während der Therapie verschlimmern, da der Patient mehr und mehr in die Lage versetzt wird, die Beziehung zu dem früheren Therapeuten anzuerkennen und zu erforschen. Es ist - wie bereits erwähnt - für den Patienten wichtig, über den Fortgang der therapeutischen Arbeit selbst zu bestimmen. Mit anderen Worten: Es ist im allgemeinen wenig hilfreich (und manchmal direkt antitherapeutisch), wenn der Therapeut den Patienten antreibt, sich auf Gebiete zu wagen, für die er noch nicht bereit ist.

Ein gutes und wirksames Arbeitsverhältnis zu diesen Patienten herzustellen wird recht schwierig sein. In der früheren Therapie hatten sie vielleicht nie das Gefühl, die Fäden in der Hand zu haben. Daher fällt es ihnen nicht leicht, dem neuen Therapeuten und den eigenen Impulsen in den Therapiesitzungen zu vertrauen. Eine offene Diskussion zwischen Therapeut und Patient über die Schwierigkeiten, ein effektives Arbeitsverhältnis aufzubauen, und andere Fragen des Behandlungsverlaufs kann hier weiterhelfen.

Daß man Patienten ermöglicht, stärkeren Einfluß auf den Inhalt und das Tempo der Behandlung zu nehmen, heißt natürlich nicht, den Therapeuten zur Passivität zu verdammen. Nur sollte er Patienten weder davon abhalten, bestimmten Erlebnissen nachzugehen, und seien sie noch so schmerzhaft, noch sie zwingen, Themen zu behandeln, die sie noch nicht bewältigen können. Der Therapeut muß die Verfassung des Patienten, besonders im Hinblick auf ernsthafte Depressionen und Selbstmordrisiken stets im Auge behalten. Droht eine Depression den Patienten zu überwältigen, so daß Selbstmord möglich scheint, muß der Therapeut angemessene Maßnahmen ergreifen, um die Sicherheit und das Wohlbefinden des Patienten zu gewährleisten. Therapeuten sollten Patienten direkt fragen, ob Depressionen zu stark werden, außer Kontrolle geraten oder destruktives Verhalten hervorrufen.

Isolation

Haben Patienten den früheren Therapeuten als eine allwissende und allmächtige Gestalt erlebt und ist diese Beziehung nun verlorengegangen, kann es nicht überraschen, daß sie sich jetzt ganz allein auf der Welt fühlen. Viele hatten zumindest am Anfang den Eindruck, daß ihre Beziehung zu dem früheren Therapeuten einzigartig war und niemand sonst ihr Erlebnis überhaupt verstehen könnte. Nun fühlen sie sich auf zwei Ebenen isoliert.

Zum ersten sind sie von der Person getrennt, die ihrem Leben einen Sinn gab. Zum zweiten fühlen sie sich in ihrem persönlichen Erlebnis und in ihrer Situation unverstanden: Es fällt ihnen schwer zu glauben, daß der Nachfolge-Therapeut oder sonst jemand echtes Verständnis und Einfühlungsvermögen aufbringen könnte.

Daher ist es für den »Nachsorge-Therapeuten« entscheidend, eine Verbindung zu dem Patienten herzustellen und spürbare Anteilnahme zu vermitteln. Die Schwierigkeit dieser Aufgabe und unvermeidliche Rückschläge können Therapeuten aus der Fassung bringen und eine Reihe von Gegenübertragungen erzeugen. Oft mißtraut der Patient der Anteilnahme und Besorgtheit des Therapeuten und entwickelt erheblichen Widerstand. Die Gefahr besteht, daß sich der Therapeut, der keine Aufnahme oder wenigstens Anerkennung seiner Bemühungen erfährt, zurückzieht und das Einsamkeitsgefühl des Patienten verstärkt. Solche Rückzugstendenzen können auch entstehen, wenn die heftige Sehnsucht des Patienten nach »Verbindung« (um den Gefühlen der Isolation zu entrinnen) als überwältigend, erstickend oder erschreckend erscheint.

Gute Therapeuten achten auf die vielfältigen Symptome, die ihnen den Rückzug von ihren Patienten signalisieren. Sie stellen vielleicht fest, daß sie ohne zureichenden Grund Sitzungen »vergessen«, absagen oder die Häufigkeit der Therapiesitzungen reduzieren (ohne daß diese Verringerung therapeutisch begründet wäre). In der Zwischenzeit graut es ihnen vielleicht schon vor dem nächsten Treffen. Während der Sitzungen langweilen sie sich unter Umständen, hängen Tagträumen nach, die nichts mit der Therapie zu tun haben, sondern vielleicht damit, den Patienten an einen anderen Therapeuten zu überweisen, oder können das Ende der Stunde kaum abwarten. Derartige Gegenübertragungen sind natürlich von Bedeutung für die Therapie. Wesentlich ist, daß sich Therapeuten solcher Reaktionen bewußt werden und die Wirkungen auf die Arbeit mit den Patienten richtig einschätzen.

Einige ausbeuterische Therapeuten versuchen, ihre Patienten zu isolieren. Sie überweisen sie nicht zu medizinischen Untersuchungen (selbst wenn die Patienten über körperliche Beschwerden klagen), zu psychologischen Tests (selbst wenn das ärztlich sinnvoll wäre), an einen zweiten Fachmann, an Vertreter ergänzender Therapieansätze und so weiter. Darüber hinaus kommt es vor, daß solche Therapeuten den Patienten nahelegen oder befehlen, Kontakte zu Freunden und Verwandten, besonders auch zu Ehepartnern abzubrechen. Diese Strategie der Isolierung verfolgt zwei Ziele. Zum einen verringert sich dadurch die Gefahr, daß das Geheimnis der sexuellen Beziehung zwischen Therapeut und Patient gelüftet wird. Zum anderen wird der Therapeut so im Leben des Patienten zu einer noch wichtigeren, vielleicht der entscheidenden Rettungsleine.

Wichtig ist, dieser Isolation, die so viele Patienten, die sexuellen Kontakt zu ihrem früheren Therapeuten hatten, erleben, wirksam zu begegnen. Eine unabhängige medizinische Untersuchung, eine psychologische und neuropsychologische Beurteilung, ein Gespräch mit einem Kollegen, der den Patienten mit einer »zweiten Meinung« konfrontiert, und ähnliche

Maßnahmen erfüllen in diesem Fall nicht nur ihre medizinische Funktion, sondern helfen dem Patienten auch direkt, im Nachfolge-Therapeuten weniger ausgeprägt den einzigen Rettungsanker zu sehen. Solche Schritte sind besonders dann hilfreich, wenn - wie es oft geschieht - die Übertragung auf den späteren Therapeuten intensiv ist.

Sexuelle Störungen

Häufig tangiert das Trauma der sexuellen Beziehung zu einem Therapeuten das Verständnis des Patienten von Sexualität, sein Selbstverständnis als sexuelles Wesen und sein Sexualverhalten.

Manche Opfer vermeiden fast angstvoll jegliche sexuellen Beziehungen und Aktivitäten. Diese Seite ihres Lebens ist mit einem verwirrenden Gefühl des Schreckens, der Schuld, des Verrats und der Traurigkeit verbunden. Bei vielen, die posttraumatische Streßerscheinungen entwickelt haben, ruft jede Erinnerung an Sexualtität oder sexuelles Verhalten traumatische Rückblenden, Alpträume, quälende Gedanken oder erschrekkende Bilder hervor.

Andere Patienten entwickeln ein zwanghaft sexuelles Verhalten. In manchen Fällen kann das ein Versuch sein, die Nähe, die mit dem früheren Therapeuten erlebt wurde, wiederherzustellen. In anderen Fällen ein Ergebnis des Drängens oder der Befehle des früheren Therapeuten, daß sich der Klient der Promiskuität oder Sexualpraktiken der Art hingibt, die der Therapeut bevorzugte. Patienten haben solche Aufforderungen oder Befehle im allgemeinen unkritisch befolgt - selbst noch lange nach der Behandlung bei dem früheren Therapeuten. Im nachhinein ruft solch zwanghaftes Verhalten bei den Patienten oft tiefe Depressionen sowie Scham- und Schuldgefühle hervor. Selbstmord kann dann als einziger Ausweg erscheinen, diesem zwanghaften Verhalten ein Ende zu setzen. Schaden nehmen kann der Klient auch durch sexuell übertragene Krankheiten, unerwünschte Schwangerschaften und gefährliche Situationen (zum Beispiel, wenn der Therapeut behauptet hat, daß Sex auch Gewalt beinhalten oder mit Fremden stattfinden muß).

Manche Patienten gingen vordringlich wegen sexueller Schwierigkeiten in die erste Therapie, darunter zum Beispiel Erregungsstörungen, Orgasmusunfähigkeit, vorzeitige Ejakulation, Vaginismus oder Dyspareunie. Solche Zustände werden fast immer durch die sexuelle Beziehung zu dem Therapeuten verschlimmert.

Oft ist das daraus hervorgehende Trauma so tiefgreifend, daß der Patient Schwierigkeiten hat, zwischen sexuellen Gefühlen oder Regungen und anderen Affekten oder Erlebnissen zu unterscheiden. So bezeichnet ein Patient, der extrem wütend oder ängstlich ist, dieses Erleben vielleicht als »sexuelle Erregung«. Situative Bedingungen, die nichts mit Sex zu tun haben, können sexuelle Phantasien, Impulse, Erregungen oder Verhaltensweisen hervorrufen. Solche Reaktionen können Teil des allgemeinen Gefühls des Patienten sein, sich nicht mehr »unter Kontrolle« zu haben.

Den sexuellen Problemen in der Nachfolge-Therapie auf den Grund zu gehen kann dem Patienten sehr schwerfallen (und somit Widerstand erzeugen) - besonders auch aufgrund der begleitenden Angst-, Scham-, Schuld- und Ekelgefühle. Überdies können sexuelle Gefühle einen bedeutenden Teil der Übertragung auf den späteren Therapeuten ausmachen und die Situation noch weiter komplizieren.

Vielleicht sollte man als ersten wichtigen Schritt ein therapeutisches Umfeld herstellen, das der Lösung dieser Probleme dienlich ist, indem man dem Patienten zu verstehen gibt, daß der Schauplatz der Therapie Sicherheit bietet. Der Therapeut sollte sich nicht scheuen, deutlich zu machen, daß er keine sexuellen Kontakte zu Klienten aufnimmt. Diese Art von Versicherung muß im Verlauf der Therapie vielleicht wiederholt ausgesprochen werden. Wie schon früher erwähnt, ist es wichtig, das so zu formulieren, daß der Patient keine Scham- oder

Schuldgefühle bekommt. Hat sich der Klient in der früheren Therapie nicht als Herr der Lage gefühlt und empfindet gegenwärtig noch genauso, kann ihm das klare Bekenntnis des Therapeuten, daß Sexualität an dieser Stelle nichts zu suchen hat, helfen, offener und weniger abwehrend mit sexuellen Gedanken, Gefühlen, Phantasien und Impulsen umzugehen.

Als zweiten Schritt könnte man den Patienten fragen, wodurch er sich in der therapeutischen Umgebung sicherer fühlen würde. Manche Patienten zum Beispiel empfinden jeden noch so gut gemeinten physischen Kontakt zu dem »Nachsorge-Therapeuten« als sexuell erregend oder bedrohlich. Daher kann auch ausdrücklich vereinbart werden, daß sich Therapeut und Patient nicht berühren. Solche Grundregeln können eine Reihe von Vorteilen haben. Sie können ein Umfeld schaffen, in dem Patient und Therapeut bestmöglich zusammenarbeiten. Sie vermitteln Respekt vor den Wünschen und Bedürfnissen des Patienten, was in der früheren Therapie nicht gegeben war. Sie zeigen, daß man über Fragen der Sexualität offen sprechen kann. Wie auch der Behandlungsplan können solche Grundregeln im Verlauf der Therapie erweitert und revidiert werden.

Drittens sollte man klarstellen, daß ein Verbot sexueller Beziehungen zwischen Therapeut und Patient keineswegs bedeutet, sexuelle Gefühle, Phantasien, Impulse etc. zu unterdrücken. Besonders auf sexuellem Gebiet schämen sich Patienten oft sehr und mißtrauen ihren eigenen Erkenntnissen und Affekten, als wäre es ein Tabubezirk. Gewisse Gedanken scheinen zu entsetzlich, Phantasien zu peinlich, Impulse zu schmutzig, um sie selbst in dem anscheinend sicheren Kontext der Therapie zuzugeben und zu ergründen. Angesichts der unangemessenen und destruktiven Behandlung sexueller Probleme in der vorangegangenen Therapie ist dieser Mangel an Vertrauen in die therapeutische Situation nur allzu verständlich. So fürchten viele Patienten, daß der spätere Therapeut die offene Erörterung sexueller Probleme, ohne Beschönigung oder Umschreibung, zum Anlaß nehmen könnte, sie entweder zu verführen oder auf ihre »dreckigen Reden« wütend, verurteilend oder kritisch zu reagieren. Besonders wenn die Übertragung auch sexuelle Aspekte enthält, fürchten sich Patienten vielleicht davor, daß sie der Nachfolge-Therapeut als aufreizend empfindet und ihnen die Geschehnisse in der früheren Therapie direkt zur Last legt.

Wenn der Patient den späteren Therapeuten als zornigen und kritischen Richter erlebt, kann das ein bedeutender Bestandteil der Übertragung sein. Der frühere Therapeut (und vielleicht ein Elternteil des Patienten, wenn Inzest zu vermuten ist) kann den Patienten sexuell ausgebeutet haben. Doch der sexuelle Kontakt wurde vielleicht von Scham-, Schuld- und Ekelgefühlen des früheren Therapeuten begleitet (vielleicht im Zusammenhang einer sexuellen Dysfunktion des Therapeuten), von sexuell gefärbtem Haß auf Menschen eines bestimmten Geschlechts, einer Rasse oder sexuellen Veranlagung oder noch komplizierteren sexuellen Konflikten. Somit hat der frühere Therapeut unter Umständen Verachtung gegenüber der Sexualität des Patienten und seinem sexuellen Verhalten vermittelt, während er die intime Beziehung unterhielt.

Wenn die Übertragung beinhaltet, daß der Patient den »Nachsorge-Therapeuten« als eine kalte, zornige, abweisende Autorität in Fragen der Sexualität begreift, kann einige Zeit vergehen, bevor er bereit ist, diese Tatsache zuzugeben. Die Therapie kann schon weit fortgeschritten sein, bevor Patienten darüber reden, wie sie sich, um dem Therapeuten zu gefallen, anständig anzogen, kaum schminkten, verspannt dasaßen, eine geschraubte und abstrakte Redeweise annahmen, Ansichten ausdrückten, die das Wohlgefallen des Therapeuten finden sollten, und jede Erwähnung von Sexualität vermieden. Die Übertragung kann ziemlich intensiv sein. Manche Patienten fürchten, man könnte sie als Huren oder Nutten bezeichnen, wenn sie Kleider (statt locker sitzender Hosen) tragen oder nicht verkrampft auf der Ecke des Stuhls oder der Couch (»wie eine Dame«) sitzen. Selbst wenn der Therapeut oft betont, daß es hier keine »Kleiderordnung« oder »korrekte Sitzweise« gibt, argwöhnen Patienten doch vielleicht, daß man sie insgeheim verurteilt.

In solchen Situationen hat der Nachfolge-Therapeut - durch die Übertragung - die Rolle eines mächtigen Erwachsenen oder sogar Gottes angenommen. Wichtig ist dann, offen und - wenn nötig - häufig darüber zu sprechen, daß der Therapeut nicht hier ist, um dem Patienten seine Gedanken, Gefühle, Sitzhaltung und Redeweise vorzuschreiben. Patienten müssen sich vielleicht erst mit Mühe daran gewöhnen, daß sie sich in einer Arbeitsbeziehung befinden, in der nicht der Therapeut ihr Leben beherrscht, sondern sie selbst - ein Verhältnis, das grundverschieden ist von dem, in das sie in ihrer früheren Therapie hineingezwungen wurden.

Viertens sollte der Therapeut dem Patienten klarmachen, daß er hier nicht gezwungen wird, bestimmte Lebensbereiche zu diskutieren, aber alles ohne Einschränkung sagen kann. Für die meisten Patienten stellt eine Therapie ein stufenweises Fortschreiten dar. Wochen-, monate- oder vielleicht jahrelang sind sie nicht bereit, gewisse Gedanken oder Gefühle - auf sexuellem oder anderen Gebieten - auszusprechen. Eine vorzeitige Diskussion über sexuelle Probleme zu erzwingen, für die der Klient noch nicht bereit ist, kann den Schaden der früheren Therapie ernsthaft vergrößern. Während jeder Sitzung sollten Patienten zuversichtlich sein können, daß sie über ein Thema in allen Einzelheiten offen sprechen können oder auch nicht. Die Entscheidung liegt ganz bei ihnen.

Zusammenfassend wollen wir festhalten, daß der Therapeut echte Anteilnahme und Respekt vor den Gedanken, Gefühlen, Impulsen, Phantasien, dem Verhalten und den Entscheidungen des Patienten vermitteln muß. Dies ist keine passive Haltung, bedeutet aber auch nicht, daß der Therapeut den Patienten zu dirigieren versucht, sei es dadurch, daß er ihn drängt, über etwas zu sprechen, über das der Patient zumindest jetzt noch nicht reden will, oder daß er Tabuzonen errichtet, in denen sich der Patient nicht zu seinem eigenen, therapeutischen Wohle bewegen darf.

Bewußtseinsstörungen

Patienten, die intimen Kontakt zu einem früheren Therapeuten hatten, leiden oft an kognitiver Dysfunktion. Aufmerksamkeit und Konzentration sind manchmal beeinträchtigt. Dazu kommen häufig spezifische Erkenntnis- und Wahrnehmungsvorgänge, extrem zerrüttende Prozesse, die der Patient nicht unter Kontrolle zu haben glaubt. Am verbreitetsten sind *Flashbacks*, Rückblenden (in Verbindung mit dem früheren Therapeuten), Alpträume, unerwünschte Gedanken und sich aufdrängende Bilder. Solche Phänomene sind typisch für posttraumatische Streßerscheinungen.

Die Zerrüttung, die durch diese Zustände verursacht wird, kann beträchtlich und vernichtend sein. Die Beeinträchtigung solch fundamentaler Prozesse wie Konzentration, Wahrnehmung und Erkenntnis kann einen Patienten unfähig machen, einen Job aufrechtzuerhalten oder den Alltag zu bewältigen. Doch die anderen Erscheinungen sind ebenso destruktiv. Den Rückblenden, Alpträumen und ähnlichen »unkontrollierbaren« Phänomenen hilflos ausgesetzt, erleben die Patienten allmählich ihre innere Welt (das heißt ihre persönliche Welt) als schmerzhaft, bedrohlich und unvorhersagbar. Es muß hier erwähnt werden, daß posttraumatische Streßerscheinungen im allgemeinen schwerer und langwieriger verlaufen, wenn sie durch Handlungen von Menschen ausgelöst worden sind (Horowitz 1984, S. 373), was natürlich bei Sex zwischen Therapeuten und Patienten der Fall ist.

Oftmals ist der erste Schritt, solchen Patienten zu helfen, die erschreckenden und unbeherrschbaren kognitiven Vorgänge etwas in den Griff zu bekommen und so eine gewisse Erleichterung zu erfahren. Methoden, die auf Erkenntisvorgänge und Verhalten einwirken, sind da oft hilfreich. Cautela und McCullough (1978) zum Beispiel zeigen Verfahren auf, Gedanken »abzustellen«. Beck (1970) beschreibt, wie ein Patient, der von zwanghaft sich aufdrängenden Bildern geplagt wird, gelernt hat, sie durch Händeklatschen zu vertreiben.

Zweitens sollten sich Therapeut und Patient gemeinsam auf einen Gesamtrahmen der Therapie einigen. In Fällen zerrüttender kognitiver Prozesse sollte die Diagnose auf Posttraumatisches Streßsyndrom ernsthaft in Betracht gezogen werden. Horowitz (1984, S. 374–375) skizziert einen umfassenden Behandlungsplan für PTSD:

»Die Psychotherapie sollte mit einer Rekonstruktion und Überprüfung der Vergangenheit beginnen, zu den aktuellen Schwierigkeiten fortschreiten und erst dann beendet sein, wenn adaptive Verhaltensweisen für die Zukunft angemessen herausgebildet sind ... Posttraumatische Streßerscheinungen können die Persönlichkeit verändern, so daß es bei chronischen Fällen noch viel zu tun gibt, nachdem man sich mit Reaktionen auf das belastende Ereignis beschäftigt hat.«

Wie schon im letzten Abschnitt erwähnt, sollte der Patient niemals gezwungen werden, sich mit Ereignissen und Gefühlen zu befassen, für die er noch nicht bereit ist. Dort Zwang auszuüben kann zu einem psychotischen Zusammenbruch führen, zum Auftauchen unkontrollierbarer Selbstmordimpulse oder anderen verheerenden Folgen. Besonders während der frühen und mittleren Stadien der Therapie muß sich der Patient auch von dem Trauma erholen können, selbst während er versucht, es zu bewältigen. Horowitz (1984, S. 374) betont, daß es therapeutisch vorrangig ist, »die Anspannung zu lösen und dem Opfer so lange wie nötig und mit allen zur Verfügung stehenden Mitteln Ruhepausen zu gönnen. Während der Schonzeiten kann das Opfer allmählich Aspekte des bis dahin verleugneten Erlebnisses anerkennen und ertragen. Beim chronischen Posttraumatischen Streßsyndrom steht dieses Hilfsmittel normalerweise nicht zur Verfügung. Verleugnung ist manchmal ein normaler Regulationsmechanismus, der die Massivität der unangenehmen Erfahrungen auf ein erträgliches Maß reduziert. Dieser notwendige Prozeß der Verleugnung muß respektiert werden, während er therapeutisch aufgearbeitet wird.«

Drittens müssen die Aspekte des Traumas, die früher durch

unerwünschte Gedanken, suggestiv-unabwendbare Bilder, Rückblenden, Alpträume und so weiter erlebt wurden, allmählich angenommen und durchgearbeitet werden. Diese Aspekte sind für das normale Bewußtsein des Patienten zu schmerzlich und überwältigend gewesen. So wurden sie verdrängt, verleugnet und/oder unterdrückt. Dennoch sind sie so mächtig, daß sie bruchstückhaft in furchterregender Form ins Bewußtsein drängen. Weil nun aber diese Vorgänge nicht in das Bewußtsein des Patienten eingefügt und integriert worden sind, bleiben sie Fremdkörper und außer Kontrolle. Sie sind wie ein Kratzer in einer Schallplatte, an dem die Nadel hängenbleibt und die immer wieder dieselbe Passage spielt.

Ähnliches kann - weniger intensiv - uns allen zustoßen. Wir sitzen vielleicht im Auto vor einer Verkehrsampel und träumen, während sie umschaltet. Plötzlich quietschen Reifen, Metall stößt auf Metall, und wir fühlen den Aufprall. Unter Umständen ist niemand verletzt und der Wagen nur leicht beschädigt. Nichtsdestoweniger würden das die meisten Menschen als kleineres Trauma erleben. Während der nächsten Tage zucken wir bei dem kleinsten Geräusch zusammen. Wir erleben das Unglück in unseren Alpträumen wieder. Unerwünschte Bilder des Unfalls dringen vielleicht in unser Bewußtsein und bewirken, daß wir das Ereignis noch einmal erleben, als würde es in der Gegenwart geschehen.

Solche Vorgänge werden von Menschen, die an kognitiven Dysfunktionen als Resultat sexueller Beziehungen zu einem Therapeuten leiden, viel tiefer, viel komplexer und destruktiver erlebt. Der Begriff des Wiedererlebens des Ereignisses, als würde es gerade jetzt geschehen, ist von zentraler Bedeutung. In der Diskussion über posttraumatische Streßerscheinungen bemerkt Horowitz (1984, S. 374):

»Das Opfer muß seine geistigen Lebensbewältigungsstrategien erweitern, um das traumatische Ereignis unterbringen zu können. Bis diese Berichtigung geschehen ist, hält das ›Gedächtnis‹ des Opfers den traumatischen Vorfall in der Gegenwart fest, selbst nachdem die unmittelbare Belastung vorüber ist. Das Wiedererleben des Ereignisses hält den Vorrat an anstürmenden Ideen und Gefühlen aufrecht, ganz gleich, ob das Opfer wach ist oder schläft. Das Bemühen, solch schmerzhafte Erlebnisse zu vermeiden, führt zu einer Einengung der Interessen, zur Verschlechterung der Lebensqualität und zur Herausbildung anderer Symptome wie zum Beispiel der Erstarrung in der Verleugnung. Phasen von Verleugnung können sich mit Perioden eindringender Erinnerungen abwechseln, während der Patient das Streßerlebnis durcharbeitet und schließlich den Streßzyklus abschließt.«

So schreibt auch Scrignar (1984, S. 24), daß »die verborgenen Denkvorgänge, die verschiedene Elemente des traumatischen Ereignisses visualisieren und bearbeiten, das Trauma frisch und lebendig halten und damit beim Fortwirken und Verstärken des Posttraumatischen Streßsyndroms eine bedeutende Rolle spielen.« Das überdauernde Material aus der Vergangenheit kann Erkenntnis und Wahrnehmung des Patienten stark verändern. Horowitz (1984, S. 374) beschreibt dissoziative Zustände, die »Minuten, Stunden oder sogar Tage andauern können. Während der dissoziativen Phasen verhalten sich die Opfer oft so, als würden sie das Geschehene von neuem erleben.«

In der therapeutischen Phase der »Rekonstruktion und Überprüfung der Vergangenheit« können kognitiv-behavioristische Verfahren nützlich sein, die unmittelbar auf die unerwünschten Gedanken, insistenten Bilder, Rückblenden, Alpträume und verwandte Erkenntisvorgänge einwirken (Horowitz 1976, 1978a, 1978b; Pope 1982, 1985a, 1985b; Levenson und Pope 1984). Diese Methoden geben Patienten einen sicheren und hilfreichen Rahmen, um sich den Bildern zuzuwenden, sie in aller Ruhe im einzelnen zu erforschen und in den allgemeinen Erfahrungs- und Erkenntnishorizont einzufügen.

Diese Arbeit verlangt vom Therapeuten Geduld. Ein einziges Bild – eine erschreckende Rückblende auf einen Vorfall mit dem früheren Therapeuten vielleicht – kann für den Patienten so überwältigend sein, daß mehrere Sitzungen nötig sind, um es zu ergründen. Selbst wenn es anscheinend in die Erfahrungswelt des Patienten integriert worden ist, kann es in späteren Stadien der Therapie unerwartet wieder auftauchen und damit signalisieren, daß es immer noch ungelöste Fragen gibt, mit denen man sich beschäftigen muß.

Diese Rekonstruktion und Überprüfung kann nur dann stattfinden, wenn sich der Patient erst einmal etwas erholt hat und die mentalen Prozesse nicht mehr so bedrohlich und damit handhabbarer erscheinen. Hier bedeuten die verschiedenen Techniken, Gedanken zu stoppen, eher eine »erste Hilfe« als eine endgültige Behandlung. Sie verschaffen dem Patienten erst einmal Entlastung von den Ängsten und den mit den kognitiven Vorgängen verbundenen Schmerzen und helfen ihm, ein Gefühl der Kontrolle über diese Prozesse zu entwickeln. Nur so wird er fähig, sich der Arbeit der Rekonstruktion und Überprüfung zu widmen.

Einige schwer gestörte Patienten können besonders während der anfänglichen und mittleren Phasen der Behandlung die Zeiten zwischen den Sitzungen nur schwer ertragen. Sie wissen noch nicht, wie sie mit den unerwünschten Bildern, Rückblenden und qäulenden Gedanken richtig umgehen sollen. Hier bieten sich während ihrer Behandlung besondere Verfahren an, die das Leiden und die Angst vor diesen Zwischenperioden erträglicher machen.

Zum Beispiel hilft es manchen Patienten (Pope 1985a), etwa eine Stunde am Tag damit zuzubringen, diese kognitiven Prozesse mit Hilfe eines Tonbandes oder Notizbuchs zu überprüfen und durchzuarbeiten. Sie können die Bänder oder Bücher in die Therapiesitzung zur Durchsicht oder Diskussion mitbringen. Solch eine Methode hat mehrere Vorteile:

1. Der Patient, der sich den negativen Bildern hilflos ausgesetzt fühlt und dem (vom früheren Therapeuten) eine passive Haltung gegenüber der Therapie aufgezwungen wurde, wird in eine aktive Rolle versetzt, die seinem Heilungsprozeß nur förderlich sein kann.
2. Sie hilft dem Patienten, seine Zeit und Aktivitäten zu struk-

turieren. Denn Menschen, die nicht arbeitsfähig sind oder ihr Alltagsleben nicht bewältigen können, sind oft in einer Spirale aus Depression und Angst gefangen, die sie hinabzieht. Nun können sie eine tägliche Handlung einplanen, die von offenkundiger Bedeutung ist und die sie selbständig durchführen. Die unbeherrschten kognitiven Vorgänge können oft sehr hartnäckig sein. Sie zerren den Patienten in Tagträume, obsessives Denken oder dissoziative Zustände hinein. Gesund an ihnen ist, daß sie darauf hinweisen, daß es wichtiges Material gibt, das nicht genügend behandelt und in das Leben der Patienten integriert wurde. Versuche, diese mentalen Abläufe zwischen den Sitzungen standhaft zu ignorieren, sind oft vergeblich. Wenn der Patient jedoch weiß, daß er seine Aufmerksamkeit zu einer bestimmten Zeit an jedem Tag ausschließlich diesen kognitiven Vorgängen widmen darf, kann er den Rest des Tages mit anderen Dingen verbringen, ohne das Gefühl zu haben, daß er sich eigentlich mit diesen ihn bedrängenden Gedanken beschäftigen müßte.

3. Der Patient verinnerlicht den Prozeß der Therapie. Das Tonband oder das Notizbuch kann extrem bedürftigen Patienten als Übergangsobjekt dienen und ihnen helfen, die Abwesenheit des Therapeuten besser zu ertragen. Es kann die wachsende Unabhängigkeit des Patienten vom Therapeuten symbolisieren und festigen.
4. Der Patient lernt, die Bilder langsam in Worte zu fassen, was den Verständnisprozeß und die Integration erleichtert (Horowitz 1976, 1978a, 1978b; Meichenbaum 1978; Singer und Pope 1978).

Therapeuten, die vor allem psychoanalytisch oder psychodynamisch ausgerichtet sind, mögen Bedenken haben, ob sich solche kognitiv-behavioristischen Methoden sinnvoll in ihren Ansatz integrieren lassen. Es gibt jedoch Belege, daß man diese beiden Verfahren sinnvoll miteinander verbinden kann (Levenson und Pope 1984).

Es ist erwiesen, daß Probleme und methodische Ansätze,

die in diesem Kapitel vorgestellt wurden, Patienten helfen können, die sexuelle Beziehungen zu einem früheren Therapeuten gehabt haben. Erwähnt werden muß jedoch, daß sich die psychologischen Disziplinen erst in den letzten zwei Jahrzehnten ernsthaft und systematisch mit dem Problem sexueller Kontakte zwischen Patient und Therapeut befaßt haben, mit den schädlichen Folgen und der Behandlung der geschädigten Personen. Wir stehen erst am Anfang der Entwicklung wirksamer und sinnvoller Behandlungsmethoden.

9 WENN PATIENTEN BESCHWERDE EINLEGEN ODER ANZEIGE ERSTATTEN

Dieses Kapitel befaßt sich aus der Perspektive des Patienten mit den offiziellen Klageverfahren.*

Es wendet sich besonders an Patienten, wenngleich es auch für Therapeuten, Anwälte, Berater, Gutachter, Verteidiger und alle, die Patienten helfen wollen, Klage gegen einen Therapeuten einzureichen, von Nutzen sein kann.

Unserer Meinung nach, die sich auf klinische Erfahrungen und die Sichtung der wissenschaftlichen Literatur auf diesem Gebiet gründet, kann eine Klage vor einem Zivilgericht, einer Zulassungsbehörde oder einer Ethik-Kommission der Berufsverbände den Genesungsprozeß von Patienten, die sexuellen Kontakt zu ihrem Therapeuten hatten, fördern. Diese Wahrnehmung der eigenen Rechte kann den Gefühlen, zum passiven Opfer geworden zu sein, entgegenarbeiten. Sie kann eine Anerkennung des wirklich Vorgefallenen bedeuten, ein Teil des notwendigen Prozesses sein, das Trauma durchzuarbeiten. Sie kann dazu beitragen, wieder in die Gemeinschaft der Familie und Freunde zurückzukehren und die Mauern des Schweigens und der Geheimhaltung zu durchbrechen, die der Therapeut aufgerichtet hat. Sie kann ein Mittel sein, mit dem der Verbraucher den professionellen Anbieter für die Verletzung professioneller Standards zur Verantwortung zieht. Sie kann aus altruistischen Motiven erfolgen und verhindern wollen, daß der Therapeut noch weitere Klienten schädigt. Und obendrein kann die Wahrnehmung der eigenen Rechte einen Akt

* Siehe dazu »Nachwort zur deutschen Ausgabe«, S. 217 ff.

von Mut und Selbstbehauptung darstellen, eine Weigerung, sich durch die expliziten und impliziten Drohungen des ausbeuterischen Therapeuten lähmen und einschüchtern zu lassen.

Auch wenn wir an die positiven Motive dieses Schrittes glauben, halten wir die Entscheidung, nicht offiziell Anklage zu erheben, im Fall einiger Patienten für richtig. Manche glauben vielleicht, zu zerbrechlich und verletzlich zu sein, zu zerstört und zu sehr damit beschäftigt, einfach »durchzuhalten«, als daß sie die Härten eines Klageverfahrens auf sich nehmen könnten. Andere schätzen die Wahrung ihrer Privatsphäre höher ein als mögliche Vorteile aus dem Klageverfahren. Wieder andere beschließen unter Umständen, daß man den rechtlichen Möglichkeiten, die in ihrem persönlichen Fall zur Verfügung stehen, einfach nicht so weit trauen kann, daß sie ein annehmbares Ergebnis ermöglichen könnten. An dieser Stelle muß darauf hingewiesen werden, daß der Aufwand an Zeit und Energie für ein Verfahren vor Gericht, Zulassungsbehörden oder auch den meisten Ethik-Kommissionen der Fachverbände beträchtlich ist und oft Jahre in Anspruch nimmt. Das müssen Patienten immer berücksichtigen, wenn sie sich für oder gegen den offiziellen Klageweg entscheiden.

Wichtig ist, daß Patienten immer ihre ganz persönliche Entscheidung treffen. Die Menschen um sie herum mögen sie bewußt oder unbewußt bedrängen, zu klagen oder auch nicht, die Wahl jedoch ist ganz allein und zu Recht die des Klienten.

Am besten fällt man solche Entscheidungen nicht übereilt, sondern wohlüberlegt. Man sollte sich möglichst vollständig und genau informieren und sich die eigenen Wünsche, Bedürfnisse, Werte und Kräfte voll bewußt machen. Von entscheidender Bedeutung ist auch, eine Reihe vertrauenswürdiger Menschen um Rat zu fragen.

Die Entscheidung für oder gegen eine Klage ist eine zutiefst persönliche Angelegenheit. Die Wege, die dahin führen, sind so verschieden wie die Individuen, die vor diesem Dilemma stehen. Dennoch kann die Behandlung dieses Problems in den folgenden Abschnitten jenen helfen, die vor der Frage offizieller Anklageerhebung stehen.

Lernen Sie Ihre eigenen Reaktionen kennen

Erkennen Sie die tiefen und oft widersprüchliche Regungen in bezug auf die Beziehung zu dem ausbeuterischen Therapeuten. Besonders Kapitel 5 und 8 beschäftigen sich mit diesen Reaktionen, die Menschen mit sexuellen Kontakten zu ihren Therapeuten häufig zeigen.

Diese Gefühlsreaktionen können sehr verstörend sein und die Bewältigung des Alltags erschweren - wie schwierig wird dann erst die Entscheidung für oder gegen eine Klage sein. Um zu verhindern, daß diese Gefühle einen schädlichen Einfluß auf den richtigen Entschluß nehmen, muß man sie erkennen und sich ihnen stellen, - vielleicht mit Hilfe von Selbsthilfegruppen, Einzel- oder Gruppentherapie (die bereits erwähnt worden sind). In der Tat können solche Reaktionen auch eine Quelle wertvoller Informationen und für eine Entscheidungsfindung sehr hilfreich sein.

Machen Sie sich sachkundig über die Rechtslage und ethische Normen

Verschaffen Sie sich das nötige Wissen über Gesetze, moralische Grundsätze und professionelle Standards im Hinblick auf Sex zwischen Therapeut und Patient. Die Fachverbände untersagen Therapeuten in ihren Grundregeln entschieden, sexuelle Beziehungen zu Patienten einzugehen. Vielleicht waren Ihnen solche Verbote zu der Zeit, als sie den sexuellen Kontakt zu Ihrem Therapeuten hatten, nicht bekannt. In Vinsons Untersuchung (1984) besaß nicht einer der Patienten, die intime Beziehungen mit einem Therapeuten hatten, Kenntnis von diesen Geboten oder den entsprechenden Beschwerdeverfahren. Weiterhin hat Ihr Therapeut vielleicht versucht, Ihnen Lügen über die »heilsame Kraft« und Zulässigkeit sexueller Beziehungen aufzutischen.

Andere Therapeuten, Anwälte und Berater können Ihnen bei dieser Sammlung von Informationen helfen. Nach unserer Erfahrung ist es sehr nützlich, sich vielleicht mit Hilfe dieser Leute Kopien von wichtigen Dokumenten zu beschaffen, zum Beispiel von Moralkodizes, Verfahrensbestimmungen der Zulassungsbehörden und so weiter. Diese Dokumente sind bei den Sekretariaten der Berufsverbände oder den entsprechenden Zulassungsbehörden erhältlich. Danach ist man weniger auf Informationen aus zweiter Hand und die Aussagen von »Experten« angewiesen.

Dieser Vorgang, sich selbst sachkundig zu machen, kann eine Reihe von positiven Auswirkungen haben. Selbstachtung und Selbstvertrauen können steigen. Das Gefühl wächst, die Sache »im Griff« zu haben. Die eigenen Entscheidungen können sachlich fundiert gefällt werden. Verschiedene und neue Möglichkeiten werden bewußt.

Stellen Sie Kontakte zu anderen Betroffenen her

Bemühen Sie sich, Kontakte zu Menschen mit ähnlichen Erlebnissen herzustellen. Von ihnen können Sie etwas lernen und Mitgefühl und Hilfe von einem Betroffenen erhalten. Das wird Ihnen vermutlich helfen, sich nicht mehr so allein und isoliert zu fühlen, als wären Sie in einer schrecklichen Situation gelandet. Wenn Sie im Moment niemanden wissen, der seine sexuelle Beziehung zu einem Therapeuten bekannt gemacht hat, wenden Sie sich an eine Selbsthilfe- oder Rechtshilfe-Gruppe. (Ab einem bestimmten Punkt kann man auch in Erwägung ziehen, eine eigene Selbsthilfegruppe oder Organisation für Patientenrechte zu gründen.)

Zusätzlich zu diesen Kontakten zu Betroffenen kann man

auch die Berichte jener lesen, die von ihrem Therapeuten sexuell ausgebeutet worden sind. *Betrayal* (Freeman und Roy 1976) schildert anschaulich, wie eine Frau mit ihrem Therapeuten intim wurde und ihn später mit Erfolg verfklagte. Die Beschreibung des Prozesses ist faszinierend. Der Zivilprozeß *Roy gegen Hartogs* stellte einen gewaltigen Fortschritt in diesem Bereich dar. Leider ist das Buch nur noch in öffentlichen Bibliotheken oder Antiquariaten erhältlich. *Therapist* (Plasil 1985) ist ein weiterer Erlebnisbericht einer Frau, die sexuellen Kontakt zu ihrem Therapeuten hatte und später einen Kunstfehlerprozeß anstrengte.* Man mache sich klar, daß Unterhaltungsfilme wie *Still of the Night* (Lautlos wie die Nacht) und *Lovesick* (Liebeskrank) sehr unrealistische Bilder solcher Verstrickungen und viele unheilvolle Mythen präsentieren. Man kann sie mit *Onkel Tom's Hütte* und dem monumentalen Stummfilm *Birth of a Nation* vergleichen, die gleichfalls schädliche und gänzlich unwahre Stereotypen verkörpern.

Fragen Sie Fachleute um Rat

Wenden Sie sich an Fachleute, die sich auf diesem Gebiet auskennen, und fragen Sie sie um Rat: Haben Sie Erfahrung mit der Klageerhebung? Können Sie mir andere Fachleute nennen, die Sie beraten? Kennen Sie Gerichtsentscheide oder Maßnahmen von Zulassungsbehörden, die erst jüngst öffentlich bekannt geworden sind? Kennen Sie laufende Forschungsprojekte oder neu erschienene Literatur auf diesem Gebiet? Zusammengefaßt gesagt: Was für Informationen, Fragen oder Ratschläge können Sie anbieten?

Seien Sie sich bewußt, daß der einzelne Therapeut, an den Sie sich wenden, von Vorurteilen beeinflußt sein kann. Einige Therapeuten zum Beispiel kennen sich vielleicht auf diesem

* In deutscher Sprache erschien der eindrucksvolle Bericht »Verführung auf der Couch« (Anonyma; Freiburg 1988)

Gebiet überhaupt nicht aus. Manche können über das Verhalten Ihres früheren Therapeuten so empört sein, daß sie sich die allergrößte Mühe geben, damit Sie sofort Klage vor Gericht, Zulassungsbehörden oder Ethik-Kommissionen erheben. Andere sorgen sich vielleicht so sehr um das öffentliche Ansehen der Therapeuten (ganz zu schweigen von den Schadenssummen bei ärztlichem Versagen), daß sie Sie stark bedrängen, nicht zu klagen. Wieder andere scheinen sich so sehr mit ihren Berufskollegen zu identifizieren (und alle Patientenklagen als erfunden oder Ausdruck ungelöster Übertragungsvorgänge zu betrachten), daß sie versuchen, Ihre Erzählungen als Phantasie oder zumindest als unbedeutend und folgenlos abzutun. Solche Therapeuten können auch versuchen, Ihnen die Schuld an den sexuellen Vorkommnissen zu geben. Denken Sie daran, daß eine herunterspielende oder schuldzuschreibende Haltung auf seiten eines Therapeuten-Beraters extrem schädliche Folgen für Ihre Gesundung haben kann. Je mehr professionelle Berater Sie aufsuchen, desto eher können Sie solche Vorurteile wahrnehmen und sie berücksichtigen, wenn Sie die Informationen aller Berater gegeneinander abwägen.

Vielleicht wollen Sie auch mehrere Anwälte aufsuchen, um zusätzliche Informationen und Beratung zu erhalten. Anwälte sind vor persönlichen Vorurteilen nicht stärker gefeit als die Berufsgruppe der Psychologen und Psychiater; auch neigen sie nicht weniger dazu, jemanden, den sie als verwundbar einschätzen, sexuell auszubeuten.

Einige psychologische und juristische Fachleute sind zur »kostenlosen« Beratung bereit – sei es aus menschlichen Gründen oder weil sie sich dem Berufsethos verpflichtet fühlen. Dieses Prinzip der Dienstleistungen *pro bono* (für die Rechtschaffenen) ist Bestandteil vieler offizieller ethischer Rahmenbedingungen. In den Bestimmungen für Mitglieder der *American Psychological Association* heißt es zum Beispiel 1981: »Sie widmen einen Teil ihrer Zeit Arbeiten, für die sie wenig oder keine finanzielle Gegenleistung erhalten.« Natürlich gibt es auch andere, die nur dann mit Ihnen sprechen, wenn Sie das volle Honorar bezahlen - bei denen läuft die Uhr vom ersten Augenblick an. Denken Sie an diese Unterschiede und klären Sie die grundlegenden Bedingungen, bevor Sie eine finanzielle Verpflichtung eingehen.

Seien Sie sich auch im klaren, daß manche Therapeuten oder Anwälte versuchen können, Sie als Klient zu gewinnen. Der Therapeut überredet Sie vielleicht zu wöchentlichen Sitzungen, der Anwalt möchte Sie vertreten. In jedem Fall sollten Sie Ihre Absichten ganz deutlich machen und auf solch plumpes Drängen nicht eingehen.

Bewahren Sie Unterlagen auf

Machen Sie sich Notizen, und bewahren Sie die Unterlagen auf. Denken Sie darüber nach, die Geschichte mit dem früheren Therapeuten aufzuschreiben, aus der Erinnerung heraus und mit Hilfe aller möglichen Unterlagen (wie Scheckbucheintragungen über Honorarzahlungen, Briefe und ähnliches). Was hat Sie in die Therapie geführt? Wie gerieten Sie an diesen besonderen Therapeuten? Was geschah während und zwischen den Sitzungen? Wie ging es Ihnen nach dem Ende der Therapie? Wenn Sie sich zu einer Klage entschließen, müssen Sie die Chronologie der Ereignisse als Teil des Verfahrens rekonstruieren können. Selbst wenn Sie keine rechtlichen Schritte einleiten wollen, kann diese systematische Überprüfung Ihrer Erfahrungen ein wichtiger Teil des Gesundungsprozesses sein.

Machen Sie sich bei allen Beratungen Notizen. Fakten, die während einer Diskussion mit einem einfühlsamen Partner lebendig erscheinen, können mit der Zeit verblassen. Erhält man widersprüchliche Informationen von verschiedenen Seiten, werden diese Aufzeichnungen helfen, das Durcheinander zu erkennen und weitere Klärung zu suchen.

Sie können auch Ihre Eindrücke von all diesen Fachleuten niederschreiben. Wenn Sie sich später entscheiden, erneut eine Therapie zu beginnen, können Sie nachlesen, was Sie über jeden dieser Experten festgehalten haben, um zu sehen, ob einer von ihnen ein guter Therapeut für Sie sein könnte. Ebenso, wenn Sie einen Anwalt suchen, um sich von ihm im Prozeß vertreten zu lassen.

Wenden Sie sich an Fachverbände oder Zulassungsbehörden

Nachdem Sie sich mit den moralischen Normen vertraut gemacht haben, die sexuelle Beziehungen zwischen Therapeut und Patient untersagen, sollten Sie die Organe, die Beschwerden nachgehen, kontaktieren. Es gibt große Unterschiede zwischen diesen Organisationen: hinsichtlich der Struktur, der Ziele, der Zuständigkeit, der Macht und der Mittel, zu denen sie greifen können.

Sie haben die Möglichkeit, eine Beschwerde bei einem Berufsverband einzureichen.* Damit eine Ethik-Kommission einer Beschwerde gegen den früheren Therapeuten nachgehen kann, muß dieser Therapeut Mitglied des entsprechenden Verbandes sein. Wenn Sie keinen leichten Zugang zu einem Mitgliederverzeichnis haben, können Sie die Organisationen anrufen (wie zum Beispiel die *American Psychiatric Association* oder die *American Psychological Association*), den Namen Ihres Therapeuten durchgeben (ohne zu sagen, daß Sie eine Beschwerde ins Auge fassen) und sich danach erkundigen, ob der Therapeut dort Mitglied ist.

Einige Therapeuten können Mitglieder mehrerer Berufsverbände sein. Man denke zum Beispiel an einen Therapeuten, der Psychologe ist und sich auf psychoanalytische Ansätze in der Familientherapie spezialisiert hat. Es kann einige telefonische Nachforschungen erfordern, bis man herausfindet, zu welchem Berufsverband der frühere Therapeut gehört. Berufs-

* Siehe Adressen, S. 261 f.

verbände, die Schritte über ihre Ethik-Kommissionen einleiten, haben keine Befugnis, dem Therapeuten die Zulassung zu entziehen, ihn daran zu hindern, weiter zu praktizieren oder finanzielle Entschädigungen zu gewähren. Wir betonen dies hier, weil sich Patienten, die Beschwerden bei den Verbänden eingereicht haben, bei uns so oft beklagt haben, daß sie darüber nicht genügend informiert worden seien. In den meisten Fällen kann die Ethik-Kommission, die die Verletzung moralischer Grundsätze feststellt, folgende Maßnahmen ergreifen: (1) den Therapeuten aus dem Verband ausschließen und den Mitgliedern davon Mitteilung machen, (2) den Therapeuten für eine bestimmte Zeit ausschließen, (3) von dem Therapeuten verlangen, sich offizieller Supervision zu unterstellen, (4) ihn zu längeren Weiterbildungsmaßnahmen verpflichten und (5) von ihm verlangen, sich eine Zeitlang einer Therapie zu unterziehen.

Haben Sie festgestellt, zu welchem Berufsverband Ihr früherer Therapeut gehört, empfiehlt es sich, die Ethik-Kommission um Informationsmaterial zu Ihrem Beschwerdeverfahren zu bitten. Haben Sie das Material gründlich studiert, sind Sie in der Lage, anzurufen und weitere Fragen abzuklären. Solche Fragen (falls nicht eindeutig in der Literatur, die man Ihnen zugesandt hat, beantwortet) können zum Beispiel die folgenden sein:

- Wie lange dauert es durchschnittlich, bis eine Beschwerde bearbeitet ist?
- Aufgrund welcher Beweise wird die Kommission ihr Urteil fällen? Können Sie zum Beispiel persönlich vor der Kommission erscheinen? Wird Ihr früherer Therapeut vor die Kommission geladen werden, oder darf er überhaupt persönlich erscheinen? Wenn ja, dürfen Sie auch anwesend sein? Dürfen Sie Fragen stellen?
- Wird dem früheren Therapeuten erlaubt, die Unterlagen, die Sie einreichen, einzusehen? (Vermutlich ist das so, um dem Therapeuten die Möglichkeit zu geben, umfassend und detailliert auf die gegen ihn erhobenen Vorwürfe zu antwor-

ten.) Dürfen Sie im Gegenzug die Materialien einsehen, die Ihr Therapeut zur Verteidigung beibringt, damit Sie bestimmte Behauptungen widerlegen können?

- Wie viele Klagen dieser Art sind ungefähr in den letzten paar Jahren eingereicht worden, wie viele davon gingen zugunsten des Klägers oder des Beklagten aus? Was für Maßnahmen hat die Kommission von den Therapeuten verlangt, die gegen das Verbot sexueller Kontakte verstoßen haben?
  Ethik-Kommissionen werden den individuellen Fall nach reiflicher Überlegung vertraulich behandeln, sollten aber allgemeine Statistiken anlegen – für viele Zwecke nützlich – über die Art der Beschwerden und die jeweiligen Entscheidungen (die keine persönlichen Daten enthalten). Wenn eine Kommission solche Statistiken nicht aufzuweisen hat, ihre Arbeit nicht systematisch bewertet und kontrolliert, kann das ein Anzeichen davon sein, wie wenig ernst sie ihre Aufgaben nimmt.
- Werden Sie von dem Ergebnis der Beschwerde schriftlich benachrichtigt?
  Klären Sie genau ab, ob und wie Sie benachrichtigt werden. Manche Kommissionen antworten auf diese Fragen vielleicht positiv, doch Jahre später erhalten Sie dann einen Formbrief dieser Art: »Wir sind Ihrer Beschwerde nachgegangen und haben angemessene Schritte unternommen. Vielen Dank, daß Sie sich an uns gewandt haben.« Nun fühlen Sie sich hintergangen, wo Sie doch die Mühe und das Risiko auf sich genommen, »die Öffentlichkeit« gesucht zu haben, erst Jahre auf eine Entscheidung warten durften und dann mit solch einer Antwort abgespeist wurden. Ob man Sie von dem Resultat Ihrer Klage benachrichtigt oder nicht, muß nicht darüber entscheiden, ob Sie klagen oder nicht, aber eine ehrliche und nicht irreführende Auskunft kann Ihren Entschluß beeinflussen.
- Wer wird noch von der Kommission unterrichtet? Wird die Kommission zum Beispiel all ihre Mitglieder benachrichti-

gen, wenn ein Therapeut für schuldig befunden wurde, moralische Grundsätze verletzt zu haben? Wird die Kommission die zuständige Zulassungsbehörde verständigen?

Merken Sie sich bei einem Informationsanruf, mit wem Sie es zu tun haben. In diesem Stadium der Überlegungen möchte man vielleicht noch anonym bleiben. Am besten leitet man die Unterredung mit dem Vertreter des Fachverbandes etwa wie folgt ein: »Mein ehemaliger Therapeut, der Mitglied Ihres Verbandes ist, hatte mit mir sexuelle Beziehungen, und ich versuche, mir darüber klar zu werden, was ich tun soll. Wenn Sie mir einige Fragen über Ihr Beschwerdeverfahren beantworten könnten, würde mir das in meinem Entscheidungsprozeß helfen. Weil ich mir nicht sicher bin, ob ich eine Klage einreichen werde oder nicht, würde ich gern noch anonym bleiben und weder meinen Namen noch den meines Therapeuten nennen.«

Auch wenn die Organisation keinen Anspruch darauf erheben kann, Ihren Namen zu erfahren, bevor sie allgemeine Fragen zu den Verfahren beantwortet, werden Sie eine offizielle Beschwerde unterschreiben müssen, wenn Sie Klage erheben wollen. Es gibt keine einzige Ethik-Kommission, die eine anonyme Anzeige dieser Art verfolgen wird. (Einige Kommissionen verfolgen vielleicht aus eigenem Antrieb bestimmte Arten von Beschwerden, die bereits Gegenstand öffentlicher Diskussionen geworden sind. Wenn ein Therapeut in einem Kunstfehlerprozeß verurteilt wurde, Sex mit Patienten gehabt zu haben, wäre dies ein öffentliches Dokument. Jeder kann dann eine Ethik-Kommission von diesem Urteil in Kenntnis setzen; der steht es dann frei, bestimmte Maßnahmen in die Wege zu leiten.)

Die zweite Möglichkeit, Anzeige zu erstatten, sind die Zulassungsbehörden der US-Staaten.* Wie schon im 2. Kapitel

* In Deutschland entsprechen dem die jeweiligen Kassenärztlichen Vereinigungen der Länder. (d. L.)

erwähnt, müssen Psychiater und Psychologen in allen Staaten zugelassen werden, Sozialarbeiter in über der Hälfte und Ehe- und Familienberater in einigen wenigen. Das *Department of Health Service* (Gesundheitsamt) oder eine ähnliche Abteilung Ihrer Regierung wird Ihnen sagen können, welche Zulassungsstellen sich in Ihrem Staat befinden und wie man an sie herankommt. Wenn Sie alle Stellen anrufen, können Sie herausfinden, über welche Zulassung(en) Ihr früherer Therapeut verfügt. Seien Sie sich darüber im klaren, daß er mehr als eine Zulassung haben kann. Ein Arzt, zum Beispiel, der als Therapeut praktiziert, kann eine Zulassung als Mediziner und als Familientherapeut haben.

Informationen von den Zulassungsbehörden erhält man auf ähnliche Weise wie bei den Berufsverbänden, so daß Sie hier viele der bereits oben aufgeführten Fragen stellen können.

Wenn Sie mit Vertretern der Berufsverbände oder Zulassungsbehörden sprechen, dann fragen Sie sich, ob die entsprechenden Personen kompetent und gut informiert erscheinen. Werden Sie mit Respekt und Höflichkeit behandelt, oder haben Sie den Eindruck, daß man Sie abwimmeln will? Werden Sie nach einem Telefonat umgehend zurückgerufen? Erhalten Sie klare, eingehende und informative Antworten auf Ihre Fragen? Diese ersten Kontakte lassen darauf schließen, wie man Sie und Ihre Beschwerde bei dieser Einrichtung behandeln wird. Wenn Sie unbefriedigende Antworten auf Ihre Fragen bekommen haben (die Persom am Telefon unhöflich war oder Sie falsch informiert hat), wollen Sie das unter Umständen nicht einfach auf sich beruhen lassen (nachdem Sie Ihre Entscheidungen hinsichtlich einer Klage getroffen haben). Sie wollen es vielleicht dem Vorsitzenden oder dem Direktorium des Berufsverbandes oder ihren gewählten Vertretern oder ernannten Amtsinhabern der staatlichen Zulassungsbehörden melden. Reagiert man auf diesen Schritt nicht (und beantwortet zum Beispiel Ihren Brief nicht), kann man solche Einrichtungen am besten durch öffentlichen Druck in Bewegung bringen. Das öffentliche Interesse kann hergestellt werden durch die örtlichen Gesundheitsämter, durch Briefe an die Lokalpresse, durch längere Artikel an die entsprechenden Leserbrief-Seiten größerer Blätter und so weiter.

Die dritte Form der Klage ist ein Kunstfehler- oder ein anderer Zivilprozeß. Die Schilderungen in *Betrayal* oder *Therapist* vermitteln eine gewisse Vorstellung von solchen Prozessen; ein Anwalt jedoch informiert am besten. Suchen Sie sich einen Anwalt, dem Sie wirklich vertrauen und mit dem sie arbeiten können. Vielleicht kennen Sie jemanden, der solch einen Prozeß hinter sich gebracht hat und Ihnen Namen von geeigneten und ungeeigneten Anwälten nennen kann. Bestehen Sie darauf, daß der Anwalt Auskünfte über seine Ausbildung und Erfahrungen gibt. Wie viele Fälle hat er schon bewältigt? War er in Fällen von sexuellen Kontakten zwischen Therapeut und Patient oder Kunstfehlerprozessen tätig? Übernimmt der Anwalt den Fall gern? Haben Sie das Gefühl, daß er sich Ihres Falles wirklich annimmt und keine Mühen scheut, Ihre Rechte geltend zu machen? Fühlen Sie sich bei ihm wohl?

Schließlich werden Sie mit dieser Person in einer sehr wichtigen Angelegenheit lange zusammenarbeiten.

Klären Sie die Bedingungen ab. Werden Sie dem Anwalt einen Vorschuß zahlen oder wird er an der evtl. zugesprochenen Geldstrafe beteiligt werden (wenn das Gericht zu Ihren Gunsten entscheidet), oder beides? Wie schätzt der Anwalt Ihren Fall ein, nachdem Sie ihn geschildert haben. Als mühsamen, langwierigen Kampf? Wie beurteilt er Ihre Chancen? Ruft Ihr Anwalt immer zurück, und wird er auch in den kommenden Jahren für Sie da sein? Verlangt er Ihre Mitarbeit, erklärt die Vorgehensweisen, oder will er, daß Sie passiv bleiben?

Machen Sie ganz deutlich, was Sie von ihm erwarten, und finden Sie heraus, ob Sie (und Ihr Fall) und Ihr Anwalt gut zusammenpassen.

Fällen Sie Ihre Entscheidungen selbst

Wenn Sie all diese Informationen und Ratschläge gesammelt haben, werden Sie den Aufwand an Kraft und Zeit und mögliche Ergebnisse beurteilen können - so gut das eben zu dieser Zeit möglich ist. Nun stehen Sie vor einer zutiefst persönlichen Fragen. Was ist für Sie das Beste? Was wollen Sie wirklich unternehmen? Erforschen Sie Ihre eigenen Motive. Was wollen Sie erreichen, für was wollen Sie sich einsetzen? Welche Entscheidung scheint in Anbetracht Ihrer gegenwärtigen Lage, Ihres Kummers, Ihrer Werte, Wünsche und Bedürfnisse richtig zu sein? Zu klagen oder nicht zu klagen (zumindest im Augenblick)? Eine dieser Möglichkeiten zu nutzen oder mehrere, zugleich oder nacheinander.

Wenn Sie zur Zeit nicht klagen wollen, aber vielleicht in Zukunft, dann erkundigen Sie sich nach den Verjährungsfristen der unterschiedlichen Verfahren (Zivilprozeß, Zulassungsbehörde und Ethik-Kommission). Behalten Sie diese zeitlichen Begrenzungen bei Ihrer Entscheidung im Auge.

Nehmen Sie sich einen Anwalt

Wenn Sie sich zu einer Klage entschließen, nehmen Sie sich einen Anwalt (unabhängig davon, ob Sie schon vorher Anwälte konsultiert haben, um Informationen zu erhalten). *Ihr* Anwalt kann Ihren rechtlichen Interessen am besten dienen. Er kann Sie zum Beispiel beraten, ob Sie eine Beschwerde vor einer Ethik-Kommission, Zulassungsbehörde und eine Zivilklage gleichzeitig oder in zeitlichem Abstand einreichen sollten und in welcher Reihenfolge. Es kann von Vorteil sein, die Klagen in einer besonderen Reihenfolge einzureichen (die darüber entscheidet, wann und unter welchen Umständen Ihr früherer Therapeut von der Untersuchung erfährt). Das kann beträchtliche Auswirkungen haben. Zulassungsbehörden zum Beispiel können bei Eingang einer Beschwerde erst einmal insgeheim einen Untersuchungsbeamten zu dem Therapeuten schicken. Bei sexuellen Vergehen kann sich eine weibliche Angestellte als Patientin bei dem früheren Therapeuten anmelden. Versucht der Therapeut, sie zu verführen, ist das für Ihren Fall »günstig«. Haben Sie aber gleichzeitig eine Zivilklage und Beschwerde vor einer Ethik-Kommission eingereicht, von der Ihr ehemaliger Therapeut in Kenntnis gesetzt worden ist, wird er sich vermutlich von seiner »besten Seite« zeigen, bis das Verfahren abgeschlossen ist.

Fast alle Beteiligten, mit denen wir gesprochen haben, erlebten den Klageweg als lang, mühsam und oft enttäuschend. Im nachhinein betrachtet, war die Entscheidung, offiziell Beschwerde einzulegen oder zu klagen, für die meisten richtig und ihrer Gesundung förderlich.

10 VORBEUGUNG

Auf einem Kongreß der *American Psychological Association* (Bouhoutsos 1985c) nannte Nicholas Cummings, ehemals Präsident dieser Organisation, sexuelle Beziehungen zwischen Psychologen und ihren Klienten eine »nationale Schande«. Er forderte einschneidende und unmißverständliche Maßnahmen, um mit diesem Problem fertig zu werden. Leider ist bislang noch wenig erforscht worden, was sexuelle Beziehungen zwischen Therapeut und Patient verhindern kann. Obwohl das Problem schon viele Jahrhunderte besteht, ist man ihm mit gut- und auch böswilliger Nachsicht begegnet und hat sich wenig Gedanken über Vorbeuge- oder Abhilfemaßnahmen gemacht. Vor allem im Rahmen von Doktorarbeiten wurde auf diesem Gebiet geforscht, weil es keine staatlichen oder privaten Mittel gab (Sinnett und Linford 1982). Mitte der achtziger Jahre noch lehnte es die *American Psychiatric Association* ab, empirische Untersuchungen über die Häufigkeit der sexuellen Beziehungen zwischen Therapeuten und Patienten finanziell zu unterstützen. Die Studie mußte anderweitig finanziert werden. Der Antrag, eine Projektgruppe zur Erforschung dieses Problems mit Schwerpunkt auf Abhilfe oder Vorbeugung zu gründen, stieß auf Wohlwollen der *American Psychological Association,* wurde aber dennoch abgelehnt. Weil das Thema den Berufsverbänden unangenehm ist (vgl. Kapitel 2), wehren sie sich anscheinend gegen die notwendigen Maßnahmen zur Schaffung eines wirksamen Vorbeugeprogramms.

Die Verdreifachung der Versicherungsprämien für Psychologen im Falle ärztlichen Versagens in den Jahren 1984 und

1985 und die stark ansteigende Zahl der Prozesse, die gegen Mitglieder aller psychologischen Disziplinen angestrengt wurden, haben die Aufmerksamkeit der Fachwelt auf dieses Problem gelenkt und die Suche nach vorbeugenden Methoden verstärkt. Die meisten Forscher waren sich im Ergebnis einig, daß in den Regelungen, nach denen Therapeuten ausgebildet, kontrolliert, zugelassen und disziplinarisch belangt werden, Veränderungen notwendig sind. Übereinstimmung herrscht auch darin, daß es hier keine einfachen Antworten gibt und daß sich auf politischer, rechtlicher sowie praktischer Ebene einiges ändern muß, um Schaden von Patienten abzuwenden.

Ausbildung und Aufklärung

Der Berufsstand

Es gibt kaum einen Ausbildungsgang für Angehörige therapeutischer Berufe, in dem Studenten daraufhin überprüft werden, ob sie Anfälligkeit für sexuelle Verstrickung mit Patienten besitzen. Liegt dieses Versäumnis an unserer mangelnden Sensibilität in diesem Bereich oder an der Schwierigkeit, Charakterstörungen bereits beim Eintritt in ein Studium zu erkennen? Vielleicht an beidem. Therapeuten, die solche Kollegen behandelt oder bei ihnen eine Supervision durchgeführt haben, wissen darüber zunehmend mehr (S. Smith 1981). Es bedarf noch weiterer empirischer Forschung, um herauszufinden, ob es (1) möglich gewesen wäre, diese Therapeuten zu Beginn ihres Studiums zu entdecken und sie zu diesem Beruf erst gar nicht zuzulassen, (2) ob diese Therapeuten konventionellen Eingriffen wie Psychotherapie oder Supervision überhaupt zugänglich sind, (3) ob es andere Eingriffsmöglichkeiten gibt oder (4) ob diese Therapeuten von psychologischen Berufen ausgeschlossen werden sollten, sobald man sie erkannt hat.

Wir haben belegt, daß die Psychotherapeuten, die intime Beziehungen zu Patienten hatten, im allgemeinen älter, gut etabliert und oft prominente Vertreter ihres Berufsstandes waren (Butler 1975), die eine ausgezeichnete Ausbildung hinter sich hatten. Schlechte Ausbildung scheint also kein verursachender Faktor zu sein. Auch gibt es kaum Belege, daß die Einbeziehung des Problems sexueller Gefühle zwischen Therapeut und Patient in die Lehrpläne einen erheblichen Unterschied in der Häufigkeit von Grenzverletzungen ausmacht (Gechtman und Bouhoutsos 1985). Noch nicht eindeutig auszumachende Variablen sind der Inhalt des Lehrstoffs, mit denen diese Therapeuten in Berührung gekommen sind, die Lehrmethoden und das Zusammenwirken von Inhalt und Methoden. Die Variablen müssen noch erforscht werden und ebenso die Frage, ob andere Formen der Informationsvermittlung eine größere, positive Wirkung haben können. Zum Beispiel Videofilme, in denen sich Patienten, die geschädigt worden sind, artikulieren, oder Diskussionen mit Therapeuten, die zu Klienten intime Kontakte hatten, oder Vermittlungssitzungen mit Patienten und Therapeuten - all diese Darbietungen »am lebenden Objekt« könnten die Information unmittelbarer und wirksamer gestalten. Ob die Schulung mit solchem Material auch das Verhalten verändert, bleibt noch abzuwarten.

Wenn die Problematik sexueller Gefühle und Kontakte zwischen Therapeuten und Patienten zum obligatorischen Lehrstoff in den Ausbildungsgängen aller psychologischen Berufe würde, wäre damit zumindest garantiert, daß das Problem diskutiert und verstanden wird. Erforderlich wäre das nicht nur wegen der potentiell abschreckenden Wirkung auf die Studenten, die gefährdet sind, später sexuelle Beziehungen zu ihren Patienten aufzunehmen, sondern auch für die Therapeuten, die in ihrer Praxis auf Patienten stoßen, die intime Kontakte zu einem früheren Therapeuten hatten. Die Kenntnis der Verbreitung des Problems und der Behandlungsmethoden für solche Patienten hilft, eine erneute Traumatisierung durch Therapeuten, die keine Erfahrung im Umgang mit solchen Personen haben, zu vermeiden.

Im Gegensatz zu den Lehrplanänderungen, die möglich

sind, wird man vermutlich wenig Einfluß auf das Problemfeld »Vorbilder« nehmen können. Die hohe Anzahl sexueller Beziehungen von Professoren und Supervisoren zu ihren Studenten scheint sich Eingriffen von außen in absehbarer Zukunft zu entziehen. Selbst jene Fakultäten, die sexuelle Beziehungen zu Studenten/innen untersagen, beschränken diese Richtlinien normalerweise auf das Grundstudium. Doch besonders Studenten/innen im Hauptstudium der Psychologie scheinen für solche Verwicklungen anfällig zu sein und erst später im Leben den Schaden, der ihnen zugefügt worden ist, zu erkennen. Belegt ist auch, daß es eben diese Studenten oder Studentinnen sind, die später als Therapeuten oder Therapeutinnen solch ein Verhalten fortsetzen (Pope, Levenson und Schover 1979; Glaser und Thorpe 1986).

Behörden und Institutionen

Nicht nur die Universitätsausbildungsgänge der Studenten, sondern auch die Einrichtungen, in denen die praktische Ausbildung stattfindet, verdienen Beachtung. Das Ergebnis, daß 14 Prozent der sexuellen Kontakte zwischen Therapeut und Patient in Behörden und/oder Institutionen stattfinden (Bouhoutsos et al. 1983), weist auf die Notwendigkeit hin, auf dieser Stufe einzugreifen. In einem Prozeß (*Birkner gegen Michael Flowers und Salt Lake County*) wurde vor kurzem die County zusammen mit dem Therapeuten angeklagt, dem sexuelle Kontakte zu einer Patientin vorgeworfen wurden. Das Gericht entschied, daß den Behörden der County - dem Arbeitgeber des Therapeuten, der am Bezirkskrankenhaus angestellt war und sexuelle Beziehungen zu einer Patientin aufgenommen hatte - bekannt war, daß die Urteilsfähigkeit des Psychologen bereits vor dem Mißbrauch zu wünschen übrig ließ. Die Klage richtete sich auch gegen die County, weil sich diese für nicht zuständig erklärte, den Therapeuten disziplinarisch zu verfolgen oder zu entlassen. In einem anderen Fall, in dem die arbeitgebende Behörde nicht mitangeklagt wurde, befand man einen Therapeuten für schuldig, acht Frauen belästigt zu haben. Er war in einem anderen US-Staat wegen eines ähnlichen Vergehens entlassen worden. Ein Brief des ehemaligen Supervisors dieses Therapeuten in den laufenden Personalakten schilderte die Entlassungsgründe genau; dennoch wurde der Therapeut eingestellt, und die acht Frauen fielen ihm zum Opfer. Diese Art von Nachlässigkeit findet man nicht selten in bürokratischen Einrichtungen mit zu wenig Personal und Geldmitteln.

Ein Weg, solche Vorfälle weniger wahrscheinlich zu machen, sind besondere Verfahren zur Auswahl und Einstellung von Personal. Über jeden Bewerber sollte ein Kontrollblatt angelegt werden, das Informationen über die früheren Stellungen, ob aufgegeben oder gekündigt und die Gründe dafür, und über die Verfahren vor Ethik-Kommissionen, Zulassungsbehörden oder Gerichten enthält. Auch Anrufe könnten dokumentiert werden, die mit ehemaligen Zulassungsbehörden oder irgendwelchen nicht-staatlichen Einrichtungen geführt wurden, die gegen diese Person irgendwelche Maßnahmen ergriffen haben. Auch wenn diese Art von Kontrolle viel Papierkram zu bedeuten scheint, sind sie heute mit Hilfe von Computern relativ leicht zu bewältigen. Leider befinden sich viele staatliche Stellen und manche Verbände immer noch nicht auf dem neuesten technischen Stand. Höchst wünschenswert ist auch ein telefonischer Kontakt zu früheren Arbeitgebern. Eine Geschichte sexueller Verstrickungen mit Klienten taucht normalerweise nicht in Empfehlungsschreiben auf.

Innerhalb von Behörden und Institutionen kann auch eine Schulung und Beurteilung des Personals, kontinuierlich und nicht sporadisch betrieben, helfen, sexuelle Kontakte zwischen Therapeuten und Patienten zu verhüten. Sexuelle Attraktivität (oder was man als sexuell aufreizendes Verhalten empfindet) von Patienten ist für einen Neuling oder einen problembeladenen Therapeuten (vgl. Kapitel 3) unter Umständen belastend. Ein Gespräch mit anderen Angestellten, die gut informiert sind und sich nicht als Richter aufspielen, kann den Therapeuten vor übereilten Handlungen schützen.

Behörden und Institutionen müssen unmißverständliche Richtlinien schriftlich niederlegen, die sexuelle Beziehungen zu Klienten, Ex-Klienten und Ehepartnern/Lebenspartnern der Klienten oder anderen Bezugspersonen verbieten. Solch schriftlich fixierte Richtlinien können auch bei der Verteidigung gegen den Vorwurf der Fahrlässigkeit helfen. Schriftliche Präzisierung von »Beziehungs-Grauzonen« ist ebenfalls wünschenswert, so zum Beispiel die Frage von Mehrfachbeziehungen, wie im Fall geschäftlicher Verbindungen, und so weiter. Es sollten explizite Vorgaben gemacht werden, nach denen sexuelle Beziehungen zu Klienten weder während noch nach der therapeutischen Sitzung, weder während noch nach der gesamten Therapie akzeptabel sind. Wie im 3. Kapitel ausgeführt, steht es zur Zeit noch nicht eindeutig fest, wann und womit die therapeutische Beziehung endet. Einige Wissenschaftler haben für ihre Forschungen sexuelle Beziehungen zwischen Therapeut und Patient bis zu drei Monaten nach Beendigung der Behandlung angenommen (Holroyd und Bordsky 1977; Bouhoutsos et al. 1983; Gechtman und Bouhoutsos 1985); doch diese Wahl einer Dreimonatsfrist impliziert in keiner Weise eine positive oder negative Bewertung sexueller Kontakte zwischen Therapeut und Patient nach dieser Periode. Anwälte haben versucht, diese willkürliche Zeitspanne als von den Verbänden akzeptierten Einschnitt zu werten, nach dem eine sexuelle Beziehung zu Patienten erlaubt sein soll. Eine Untersuchung (Gottlieb, Sell und Schoenfeld 1985) hat jedoch ergeben, daß weder Ethik-Kommissionen noch Zulassungsstellen der einzelnen US-Staaten Therapeuten entlastet haben, die geltend machten, daß die professionelle Beziehung schon vor dem Beginn einer Liebesbeziehung beendet oder eine gewisse Frist verstrichen war. Obendrein erklärte die Ethik-Kommission der *American Psychological Association* im Juni 1986 alle sexuellen Kontakte zu Patienten für unmoralisch, selbst wenn sie ausschließlich nach dem Ende der ärztlichen Versorgung stattfinden. Somit ist die Annahme, daß es eine bestimmte Frist gibt, die verstreichen muß, bevor intime Kontakte akzeptabel sind, ein Trugschluß.

Aufklärung der Öffentlichkeit

Das Hauptproblem vorbeugender Aufklärungsmaßnahmen für die Öffentlichkeit ist, den möglichen Verbraucher psychotherapeutischer Dienste zu erreichen und zu beeinflussen. Es ist schwierig, die gefährdete Bevölkerungsgruppe anzusprechen, weil wir bislang noch nicht in der Lage sind, die Klienten herauszufinden, die für sexuelle Kontakte zu Therapeuten am anfälligsten sind. Dazu gesellt sich die Unwilligkeit der psychologischen Fachverbände, potentielle Konsumenten vor drohenden Schädigungen zu warnen. Viele Staaten haben *Consumers' Affairs Departments* (Verbraucherzentralen), und es ist vorgeschlagen worden (Bouhoutsos 1983), daß diese Einrichtungen verlangen könnten, daß Konsumenten von psychotherapeutischen Dienstleistungen Zugang zu Informationsmaterial erhalten, das über moralische Grundsätze Auskunft gibt. Eine andere Möglichkeit wäre es, im Wartezimmer von Therapeuten Schilder anbringen zu lassen, wie die des *Blue Cross* (Anti-Alkoholiker), die den entsprechenden Therapeuten als *Blue-Cross*-Mitglied ausweisen, oder wie solche, die Patienten ermutigen, über finanzielle Fragen zu sprechen. Auf diesem einfachen und billigen Wege könnte mitgeteilt werden, daß Sex kein Teil der Therapie, ethisch nicht vertretbar und in einigen US-Staaten für Therapeuten gesetzlich verboten ist. Verständlich ist die Befürchtung der Fachleute, daß diese Warnung Patienten davon abhalten könnte, wirklich benötigte Hilfe in Anspruch zu nehmen. Interessant ist, daß Patienten, die sexuelle Beziehungen zu ihrem Therapeuten hatten, dieser Art von Aufklärung ebenfalls ablehnend gegenüberstehen. Viele sagen, keine Warnung hätte sie davon abhalten können, eine sexuelle Beziehung zu ihrem Therapeuten einzugehen, weil sie zu der Zeit zu sehr an die »außergewöhnliche Beziehung« geglaubt hätten und aus Hilfsbedürftigkeit nicht in der Lage gewesen wären, etwas abzulehnen, was angeblich gut für sie sein sollte, sexuelle Beziehungen eingeschlossen. Nur wenig, wenn überhaupt, ist die Wirksamkeit der Massenmedien, dieser Form der Ausbeutung vorzubeugen, erforscht worden. In den letzten paar Jahren gab es eine Reihe von Fernsehsendungen und Filmen, die sich mit dem Inzestproblem, der Gewalt gegen Frauen und mit sexuellen Kontakten zwischen Patient und Therapeut (*Betrayal, Lovesick*) beschäftigten. *Betrayal* (nach dem Buch von Freeman und Roy) zeigt die negativen Folgen sexueller Kontakte; *Lovesick*, eine Komödie, romantisierte sie. An den Zuschauerreaktionen auf diese beiden Filme könnte man die vorbeugende Wirkung solcher Medien einschätzen. Andere Fernsehsendungen sind diesen Fragen in Interviews mit Opfern und/oder Fachleuten, die Erfahrung in der Arbeit mit diesen Klienten haben, nachgegangen (»Hour Magazine«, »Intimacy File«, »Donahue Show«, »Sixty Minutes« und so weiter). Bücher wie *Therapist* und *Betrayal*, Magazin- und Zeitungsartikel haben sich mit diesem Problem beschäftigt, ebenso wie Lebenshilfesendungen im Rundfunk mit Hörerbeteiligung. Ob diese Versuche der Massenmedien dazu beigetragen haben, den Teil der Öffentlichkeit, der gefährdet ist, zu warnen und damit solchen Vorkommnissen vorzubeugen, ist nicht bekannt. Die Präventionsforschung steht noch vor methodologischen Problemen, und dieses Thema rangierte nicht oben auf der Liste der Forschungsvorhaben.

Auch wenn umfassende empirische Untersuchungen über die Rolle der Medien bei der Verhütung sexueller Kontakte zwischen Therapeut und Patient noch nicht unternommen wurden, hat eine Dissertation (Vinson 1984) mit allerdings nur wenigen Versuchspersonen (28) gezeigt, daß sich Medien und Nachfolgetherapeuten als Informationsquellen über Klageverfahren die Waage halten. Auch die Autoren dieses Buches erhielten viele Briefe auf ihre Beteiligung an Fernseh- und Rundfunksendungen über sexuelle Beziehungen zwischen Therapeuten und Patienten hin. Die einen fragten, wie man

Anwälte für Kunstfehlerprozesse findet oder Beschwerden vor Ethik-Kommissionen einreicht. Andere, die sich für das, was ihnen widerfahren war, schuldig und als Komplizen fühlten, waren erleichtert, von anderen zu hören, die ähnliches durchgemacht hatten. Den meisten jedoch wurde zum erstenmal klar, daß man sie ausgebeutet hatte. Häufig reagierten sie darauf mit Entsetzen, Empörung und dem Wunsch, etwas gegen den Therapeuten zu unternehmen. Auch das Bedürfnis entstand, den Therapeuten damit zu konfrontieren, um mit den ungelösten Gefühlen fertig zu werden; Wut kam auf über die Unfähigkeit des Therapeuten, die Schädlichkeit dieser Beziehung für den Patienten zu erkennen, Enttäuschung über Therapeuten im allgemeinen; Ärger über das System, das verhindert, die ausbeuterischen Therapeuten zur Rechenschaft zu ziehen, der Wunsch nach Schulungen für Psychologen, die über das Ausmaß der Schäden durch sexuelle Patient-Therapeut-Kontakte aufklären, und schließlich die Forderung, mit der Ausbeutung der Patienten Schluß zu machen, endlich etwas zu tun.

Kontrolle und Eindämmung

Die Verbände

Dem Namen nach haben sich die Berufsverbände mit dem Problem sexueller Kontakte zwischen ihren Mitgliedern und deren Patienten zu beschäftigen. Diese Formulierung deutet schon das eigentliche Problem an: Verbände für soziale und psychologische Berufe sind ausschließlich für ihre Mitglieder zuständig, sie haben keinerlei Verfügungsgewalt über Nichtmitglieder, die auch ohne Zugehörigkeit zu diesem Verband praktizieren dürfen. Im Gegensatz dazu haben staatliche Kammern die volle Rechtsgewalt über alle Angehörigen des Berufes; wenn ein Anwalt aus der Kammer ausgeschlossen wird, kann er nicht mehr als Rechtsanwalt praktizieren. Die *Ame-*

rican Medical Association hat einst fast alle Ärzte durch Krankenhausprivilegien kontrolliert, die im allgemeinen nur Mitgliedern dieser Organisation, der AMA, gewährt wurden. Da eine antimonopolistische Maßnahme verbot, daß das Krankenhauspersonal in die AMA eintreten mußte, befindet sich die AMA heute in der gleichen Lage wie die anderen sozialen und psychologischen Berufsverbände und hat keine Macht, disziplinarische Maßnahmen gegen Nichtmitglieder einzuleiten, die auch nicht an ihre Moralkodizes gebunden sind. Zum Beispiel gehört nur ein Drittel der zugelassenen Psychologen in Kalifornien der *California State Psychological Association* an. Somit kann dieser Verband einer Beschwerde gegen einen Therapeuten, der nicht Mitglied ist, nicht nachgehen.

Gehört ein Psychotherapeut einem Berufsverband auf Bezirks-, staatlicher oder nationaler Ebene an, kann diese Organisation einer Beschwerde aufgrund Verletzung der Standesethik nachgehen, wenn eine solche eingereicht wird. Wir umreißen jetzt im folgenden eine typische Klage wegen Verletzung moralischer Prinzipien.

Typisches Verfahren bei Ethik-Beschwerden

1. Anfrage beim Zentralsekretariat; Feststellung der Mitgliedschaft. Ist eine solche nicht vorhanden, Anforderung an den Kläger, andere Mitgliedschaften herauszufinden.
2. Ein Formular und eine Kopie des Moralkodex wird verschickt. Der Kläger wird gebeten, die moralischen Grundregeln zu beschreiben, die der Beklagte verletzt haben soll.
3. Ausgefülltes Formular ist eingegangen, ein Untersuchungsausschuß ernannt, Brief an den Klagenden abgesandt, in dem um weitere Informationen, Belege, Namen von Zeugen und Kopien von Unterlagen gebeten wird, falls die Klage stichhaltig erscheint. Der Kläger wird gebeten, auf Geheimhaltung zu verzichten.
4. Brief an den Beklagten mit der Kopie der Klage. Aufforderung, innerhalb von 14 Tagen zu antworten, Zeugen zu nennen und Belege beizubringen, wenn die Vorwürfe bestritten werden.

5. Der Ausschuß sichtet die Beweislage auf beiden Seiten. Fällt eine Entscheidung über Empfehlung an die Ethik-Kommission. Fall wird dort überprüft und Empfehlungen werden beschlossen. Die Kommission, nicht der Ausschuß, stimmt über den Fall ab. Eine Strafe wie zum Beispiel der Ausschluß wird verkündet und dem Vorstand der Organisation zur letzten Entscheidung übermittelt. Der Vorstand kann sich der Entscheidung der Ethik-Kommission anschließen oder dagegen votieren.
6. Kläger und Beklagter werden benachrichtigt. Der Beklagte kann aufgrund verfahrenstechnischer Gründe Einspruch erheben und eine offzielle Anhörung verlangen.

Doch an welchen Verband wendet man sich? An einen nationalen, an einen der US-Staaten, der Counties oder der Gemeinden? Wie geht der Patient, der geschädigt wurde und daher mit gravierenden Problemen zu kämpfen hat, mit den bürokratischen Hürden der verschiedenen Berufsverbände um, um herauszufinden, wer für den auf Abwege geratenen Therapeuten zuständig ist? Selbst die Feststellung, ob der Therapeut Mitglied einer dieser Verbände ist, ist bereits ein größeres Unterfangen. Nur 4 Prozent der Fälle sexueller Kontakte zwischen Therapeuten und Patienten werden gemeldet (Bouhoutsos et al. 1983). Die Hälfte der Patienten aus dieser kalifornischen Untersuchung wußte nicht, daß solch ein Verhalten auf seiten des Therapeuten unmoralisch ist. Einer Studie zufolge (Vinson 1984) wußten 80 Prozent nicht, daß es solche Beschwerdemöglichkeiten gibt. Die meisten Patienten wissen nichts über den Unterschied zwischen einer Ethik-Beschwerde, einer Verwaltungsmaßnahme, einem Zivil- oder strafrechtlichen Verfahren und bestimmt nichts über die Kosten (finanzielle, zeitliche und emotionale) oder die Vor- und Nachteile dieser Wege.

Es ist offenkundig, daß die Schwerfälligkeit der Apparate ein Grund für die niedrige Rate der Beschwerden ist. Eine Lösung wäre ein integriertes Klagesystem, zumindest für Ethik-Beschwerden. An welche Stelle auch immer sich der Kläger im System der Berufsverbände wendet, die Klage wird dorthin weitergeleitet, wo der Therapeut Mitglied ist. Im Idealfall sollte dieses System interdisziplinär funktionieren, da sich alle psychotherapeutischen Berufe einig sind, daß sie vor einem gemeinsamen Problem stehen und eine Gefährdung von Patienten die Fachgrenzen überschreitet. Die in den USA geschehene Errichtung interdisziplinärer Gremien mit gemeinsamen rechtlichen und finanziellen Zielen läßt hoffen, daß es auch auf dem Feld der Berufsethik ähnliche kooperative Bemühungen geben wird. Denn nicht selten mischen sich die therapeutischen Disziplinen bei einem solchen Fall, sei es in der Person des früheren Therapeuten, des behandelnden Therapeuten, des Gutachters für die Verteidigung oder Anklage, ein.

Kann der Patient sich nun, nachdem er über die Notwendigkeit einer Ethik-Beschwerde aufgeklärt ist, die Mitgliedschaft des Therapeuten und die zuständige Stelle herausbekommen hat, in dem sicheren Gefühl zurücklehnen, daß der Gerechtigkeit Genüge getan wird? Diese Frage stellt sich vor allem deswegen, weil der Hauptgrund der Anzeige in vielen Fällen die Befürchtung ist, daß noch weiteren Patienten Schaden zugefügt werden könnte. Die Antwort hierauf ist weder ein schlichtes Ja noch ein Nein. Kompliziert wird sie durch die Situation der Mitglieder von Ethik-Kommissionen, die auf ehrenamtlicher Basis jahrelang das Verhalten ihrer Kollegen überprüfen, wenn sich Bürger über sie beschweren. Da Mitglieder von Ethik-Kommissionen Fachleute sind und die Kläger nicht, gibt es auf beiden Seiten, der der Öffentlichkeit und der der Berufsstände, unausgesprochene Vorurteile. Einige Fachleute haben ernsthaft die Ansicht vertreten, daß die Aufgabe von Ethik-Kommissionen der Schutz der Mitglieder des Berufsverbandes sei. Dem kommt auch die Struktur der Verbände entgegen. Eine Kunstfehlerversicherung wird in den meisten Fällen mit der Dachorganisation abgeschlossen, die also zahlen muß, wenn ein Prozeß verloren wird, was den

Verband in Interessenskonflikte stürzt. Die Mitte der achtziger Jahre gefaßte Entscheidung der Versicherungsträger für Psychologen, in Fällen anhaltender sexueller Kontakte nur bis zu 25 000 Dollar Schadensersatz zu übernehmen, entzieht den Therapeuten dem finanziellen Zugriff des Patienten. In solchen Fällen ist ein Prozeß im allgemeinen für Anwälte nicht attraktiv, und der geschädigte Patient bekommt den Gerichtssaal gar nicht erst zu sehen. Die meisten Ethik-Kommissionen versuchen, sich von den politischen und finanziellen Interessen des Dachverbands nicht vereinnahmen zu lassen, aber es ist nicht immer leicht, eine unparteiische Haltung zu bewahren.

Was können die Verbände nun angesichts solcher Probleme und Einschränkungen tun, um sexuellen Kontakten zwischen ihren Mitgliedern und Patienten vorzubeugen?

(1) Man muß die Existenz des Problems offen und ehrlich zugeben; (2) die Mitglieder müssen über die Unzulässigkeit solcher Beziehungen aufgeklärt werden, die oben erwähnten Begleitumstände müssen verdeutlicht werden (Doppelbeziehungen, Verjährungsfristen, sexuelle Beziehung nach Beendigung der Therapie oder außerhalb der Sitzungen etc); (3) die Mitglieder müssen ständig informiert werden über die »gefährdeten« Kollegen, über die eigenen Anfälligkeiten, darüber, daß Patienten sexuelle Gefühle wachrufen, und wie man damit umgeht, über Belastungen und Zusammenbrüche und so weiter; (4) ein Programm für »Psychotherapeuten in Not« muß aufgebaut werden mit einem Ausschuß gut ausgebildeter Fachleute, die sich über ihre eigenen möglichen Vorurteile verständigt haben; (5) man sollte für wirkungsvolle Gesetze eintreten, die eine dauerhafte Lizenzentziehung vorsehen, wenn Therapeuten wiederholt sexuelle Kontakte zu ihren Patienten aufgenommen haben; (6) als Bedingung für die Wiederzulassung sollte man zur Teilnahme an entsprechenden Ethik-Kursen verpflichten; (7) man sollte auf der Aufhebung der begrenzten Erstattungsbeträge der Versicherungsgesellschaften im Fall sexueller Intimitäten bestehen.

Zulassungsbehörden

Die endgültige Kontrolle über die psychotherapeutischen Berufe liegt bei den Behörden, die Zulassungen erteilen und entziehen. Dies ist ein staatliches Vorrecht, das dem Schutz des Verbrauchers dient und in den Vereinigten Staaten seit 1639 besteht, als es in Virginia eingeführt wurde. Psychiater, und in einigen Staaten auch Psychologen, stehen unter der Rechtshoheit der Ärztekammern; in manchen Staaten sind Psychologen einer Gesamtgesundheitsbehörde zusammen mit Chiropraktikern, Fußpflegern und so weiter unterstellt. Die anderen Berufe im sozialen und psychologischen Bereich haben erst kürzlich um Anerkennung durch Zulassung nachgesucht. Sozialarbeiter werden zur Zeit in ungefähr 35 Staaten zugelassen: Ehe- und Familienberater treten in einer Reihe von Staaten aktiv für Zulassungsregelungen ein. Die Kammern, die für diese Berufe zuständig sind, sind von Staat zu Staat unterschiedlich, auch wenn sie fast alle die gleichen Aufgaben und Ziele haben: Sie reagieren auf Verbraucherbeschwerden, richten Hearings ein und wenden disziplinarische Maßnahmen an (Bouhoutsos 1984). Die meisten Kammern schlagen sich mit Problemen wie den folgenden herum:

Der Therapeut ohne Zulassung

Viele Staaten wollen oder können aus einer Vielzahl von Gründen jene Personen, die ohne Zulassung praktizieren, nicht verfolgen - auch wenn es ausreichende Zulassungsverordnungen gibt. Folglich kann es passieren, daß in einem Staat Geld und Zeit aufgewandt werden, um eine Lizenz zu entziehen, mit dem Ergebnis, daß der Psychotherapeut unter einem anderen Titel weiterpraktiziert, ohne auch nur einen Tag zu verlieren. Oft sind Bezeichnungen wie »Berater«, »Therapeut«, »Heilpraktiker«, »Analytiker«, »Geistlicher« und »Lehrer« nicht geschützt, so daß Psychotherapeuten, denen die Zulassung entzogen wurde, ihre Praxis umbenennen können.

Unzureichende Ausbildung

Je nach Berufsgruppe und US-Staat gibt es deutliche Unterschiede bei schulischen und klinischen Ausbildungsanforderungen, die einen Kandidaten für die Zulassungsprüfung qualifizieren. Die *American Association of State Psychology Boards* hat Bestimmungen erarbeitet, die bei Annahme durch alle Staaten dazu beitragen würden, einheitliche Ausbildungsstandards für die Zulassungsprüfungen festzusetzen; Versuche, Gleichwertigkeit herzustellen, waren bislang wenig erfolgreich, und obwohl Psychologen mehrheitlich eine Universitätsausbildung machen (Bouhoutsos et al. 1985), nahm die Zahl freier Schulen für Psychologie stark zu, was die Herstellung zureichender professioneller Standards sehr erschwerte. In manchen Staaten fällt die Anerkennung der Schule in den Zuständigkeitsbereich des *Department of Education*, das oft nur minimale Anforderungen an Mittel und Ausstattung der Ausbildungsinstitute stellt. Gewöhnlich gibt es auch keine Lehrplanbestimmungen und daher keine Handhabe, einheitliche Kurse zum Problem der sexuellen Intimität zwischen Therapeut und Patient zu fordern. Das ist ein Problem, was nur die Psychologie betrifft, die im akademischen Bereich entstand und großen Wert auf wissenschaftliche Forderungen legte; Psychiatrie und Sozialarbeit, die über vorbereitende Schulen und nicht-universitäre Ausbildungsbestandteile verfügen, sind eher in der Lage, solche Lehrstoffe zu entwickeln.

Anti-Lizenz-Bewegung

In den späten siebziger Jahren führte der Trend zum Verbraucherschutz und die Abkehr von Zulassungen in einigen Staaten zum Niedergang. Die Gründe für diese Deregulation der Berufsstände waren erwünschter Wettbewerb, die Möglichkeit, den Markt durch Angebot und Nachfrage bestimmen zu lassen. Die Ergebnisse dieses Trends haben jedoch deutlich gemacht, daß Zulassungen notwendig sind und den Verbraucher schützen, auch wenn man erkennen muß, daß dieser »Sicherheitsgurt« in Fällen sexueller Kontakte zwischen Psychotherapeuten und Patienten nicht so wirksam ist. Warum? Die folgenden zwei Problemzonen verdeutlichen einige der Schwierigkeiten.

Prüfungen

Die Staaten sind verpflichtet, Lizenzbewerber auf die erforderliche theoretische und praktische Ausbildung hin zu durchleuchten, bevor sie zur Prüfung zugelassen werden. Es gibt nationale Kammern und Prüfungen für Psychiatrie und Psychologie. Bei Psychologen entscheiden die Staaten, welche Leistung zum Bestehen der Prüfung ausreichend ist. Einige Staaten erkennen wechselseitig Zulassungen anderer Staaten an. Die zweifache Prüfung, die Zeugnisse und dazu schriftliche mündliche Prüfungen verlangt, siebt jene Personen aus, die nicht ausreichend für den Beruf ausgebildet oder darauf vorbereitet sind. Im schriftlichen Teil wird gewöhnlich das theoretische und praktische Wissen in diesem Beruf geprüft. Im mündlichen Teil wird das moralische Bewußtsein und die Kenntnis der gesetzlichen Bestimmungen, unter denen der Kandidat praktizieren wird, überprüft. Leider sind Verfahren, um die fehlende Sensibilität für ethische Grundsätze herauszufinden, noch nicht entwickelt, und Persönlichkeitstests stellen keine Bedingung für die Zulassung dar. Allein die Kenntnis dessen, was moralisches Verhalten ausmacht, garantiert häufig nicht, daß die Standesethik auch eingehalten wird.

Aufsicht

Am sichersten läßt sich zukünftiges Verhalten immer noch durch Analyse der zurückliegenden Tätigkeit voraussagen. Daher sind ausreichende und leicht zugängliche Akten notwendig. Wichtig ist, festzustellen, ob Bewerber um eine Zulassung in anderen Staaten wegen sexueller Kontakte zu Patienten verurteilt worden sind, und alle Beschwerden aufzulisten, so daß man rückfälligen Therapeuten die Lizenz entziehen kann. Eine andere Vorbeugemaßnahme wäre, jene Therapeuten zu überwachen, deren Zulassungen widerrufen oder zeitweise aufgehoben worden sind. Bekannt ist der Fall einer Therapeutin, deren Lizenz suspendiert wurde und die ihren Patienten erzählte, daß sie ins Räderwerk der Bürokratie geraten sei und eine Zeitlang als »Berufsberater« praktizieren würde. Alle Patienten erklärten sich mit diesem Arrangement einverstanden, und die Therapeutin machte weiter wie bisher. Offensichtlich ist eine Überwachung notwendig, um zu verhindern, daß unter anderer Bezeichnung weiterpraktiziert wird. Probleme allerdings entstehen dabei durch den Mangel an Mitteln, die den einzelnen Staaten für solche Aufgaben zur Verfügung stehen, und die Gefahr, die eine jede Überwachung einer Personengruppe darstellt. Seit jeher sind Lizenzgebühren niedrig, und es ist möglich, die Angehörigen eines Berufsstandes für Verfehlungen ihrer Kollegen auch finanziell zu beanspruchen. Vielleicht würde solch ein fiskalischer Eingriff die praktizierenden Psychologen für das Verhalten, das die zusätzliche Steuer verursacht hat, sensibilisieren und der schmunzelnden Nachsicht, mit der viele die sexuellen Grenzüberschreitungen ihrer Kollegen betrachten, ein Ende machen. Eine vergleichbare Wirkung hätte es, wenn die Medien zunehmend über »ausgestoßene« Mitglieder der Fachverbände berichten würden. Die Tradition des Totschweigens seitens der Verbände (und selbst der Kläger) war der Verhütung sexueller Beziehungen zwischen Therapeut und Patient wenig dienlich.

Der verwaltungsrechtliche Prozeß

Hat nun der Patient endlich die Behörde ausfindig gemacht, bei der er Klage erhebt, sind die richtigen Formulare ausgefüllt und ist die Klage als zulässig anerkannt worden, was kann es dann noch für systembedingte Probleme geben, mit denen man sich beschäftigen muß? Bei allen Unterschieden in den Staaten, einzelnen Behörden und Berufssparten sind die allgemeinen Schritte überall gleich. Wir beschreiben jetzt einen Mustervorgang bei einer staatlichen Behörde.

Typischer Gang einer Klage vor Zulassungsbehörden

1. Der Patient (ein Verwandter oder Therapeut) ruft die Behörde an und möchte eine Beschwerde einreichen. Der Kläger erhält ein Formblatt, das er ausfüllen und zurückschicken muß. Gefordert sind genaue Informationen, Daten, Schilderungen, Name des Therapeuten und so weiter. (Wird das Formblatt nicht zurückgeschickt, wird weder Anklage erhoben noch der Vorgang aktenkundig gemacht.)
2. Die Behörde erhält und bestätigt das ausgefüllte Formblatt.
3. Die Angestellten der Behörden entscheiden über die Rechtslage und die Angemessenheit. (Wenn nötig, überweisen sie den Fall an eine andere Behörde oder schließen ihn ab, wenn die Rechtslage das nahelegt.)
4. Je nach Staat wird der Fall untersucht oder an das Justizministerium überstellt.
5. Die Behörde wird vom Ergebnis der Voruntersuchung unterrichtet, die Anklage wird fallengelassen und der Fall abgeschlossen, oder es wird empfohlen, offiziell Klage zu erheben. Die Behörde entscheidet darüber.
6. Klageerhebung; Fall ist nun aktenkundig.
7. Der Fall wird an den zuständigen Vertreter des Justizministers überwiesen; ein Vergleich wird erwogen und der Behörde vorgeschlagen. Lehnt die Behörde ab, wird ein Termin für ein Hearing anberaumt.
8. Der Fall kommt vor einen Verwaltungsrichter (keine Beisitzer, kein Mitglied der Behörde anwesend).
9. Die Entscheidung des Richters wird der Behörde übermittelt, die die Protokolle der Anhörung überprüft und die Entscheidung annimmt und disziplinarische Maßnahmen beschließt, oder auch nicht. Einige Staaten gestatten keine strengeren Urteile als die vom Richter verkündeten.

Nach Einreichung der Klage ist der nächste Schritt normalerweise eine Befragung des Klägers. In vielen Bundes-Staaten haben Untersuchungsbeamte auf diesem Gebiet wenig Erfahrung. Sie verfügen zwar über eine polizeiliche Ausbildung, sind aber kaum geschult, mit den Empfindlichkeiten und Bedürfnissen dieser Gruppe von Opfern umzugehen. Es kommt durchaus vor, daß Patienten nach einer ruppigen Befragung wochenlang aus der Bahn geworfen sind. Manche Staaten stellen Informationsmaterial über sexuelle Beziehungen zwischen Therapeuten und Patienten und über die Vermeidung erneuter Traumatisierung der Klagenden zur Verfügung.

Die Zeit ist bei allen Verwaltungsgerichtsprozessen das Problem. Ähnlich wie bei anderen juristischen Verfahren ist der Kläger, der Patient also, erst einmal blockiert und kann in den meisten Fällen sein Leben nicht frei fortsetzen, bis über seinen Fall entschieden ist. Oft lebt der Patient nicht mehr zu Hause, hat keine Unterstützung, ist emotional beschädigt und ist nicht arbeitsfähig. Familiäre Beziehungen sind nicht selten zerbrochen. Die lange Prozeßdauer kann sich so verheerend auswirken, daß der Nachfolgetherapeut einem labilen Klienten manchmal raten muß, nicht zu klagen, selbst wenn dieser das möchte. Darüber hinaus ist es nicht ungewöhnlich, wenn der Kläger während der ganzen Voruntersuchungen nicht benachrichtigt wird. Die Wut, der Ärger und die Angst während dieser Zeit können überwältigend und schädlich sein. Falls er in eine Selbsthilfegruppe geht, kann der Patient einen gewissen Ausgleich erhalten. Wo solche Gruppen nicht bestehen, wäre es wünschenswert, wenn der Staat die Bildung solcher Gruppen anregen würde oder Behörden ihre Dienste den Opfern der von ihr zugelassenen Therapeuten zur Verfügung stellen könnten.

Ist der Fall nun endlich zu einem Ende gebracht, kann es in einigen Staaten passieren, daß der Kläger von der Entscheidung zuerst aus der Zeitung erfährt. Diese Nachlässigkeit im Umgang mit den Rechten des Bürgers ist bei dieser Patientengruppe besonders unangebracht.

Kommentar
Es ist unwahrscheinlich, daß das Problem sexueller Beziehungen zwischen Therapeuten und Patienten bald gelöst sein wird. Dieses Problem wird vom Arzt bzw. Therapeuten verursacht und fällt daher in die Verantwortlichkeit der Institutionen, die ausbilden, zulassen und jene Psychotherapeuten, die Patienten schädigen, einstellen. Ändern wird sich erst etwas, wenn man die Existenz dieses Problems anerkennt und zugibt. Eine defensive Haltung auf seiten der Verbände dient nur dem Aufschub notweniger Planung.

Wir haben in diesem Buch eine Reihe von Fragen erörtert. Wie können wir Patienten helfen, mit Therapeuten umzugehen, die sexuelle Kontakte suchen? Wie können wir Therapeuten helfen, die Schwierigkeiten in ihrem Leben haben? Wie können wir Therapeuten erkennen, die ihre berufliche Position dazu benutzen, um Patienten auszubeuten? Wie können wir sie davon abhalten, ihrem Stand Schande zu machen? Was können Nachfolgetherapeuten tun, um den Schaden, der von dem früheren, ausbeuterischen Therapeuten angerichtet wurde, zu begrenzen? Wie können die verschiedenen Institutionen den Bedürfnissen von Patienten und Therapeuten besser gerecht werden? Durch unsere Untätigkeit in diesen Bereichen werden Patienten weiter geschädigt. Existenzen werden zerstört. Das Vertrauen, das Patienten und die Gesellschaft Therapeuten entgegenbringen, sollte keinen weiteren Mißbrauch erleiden. Es muß endlich etwas geschehen.

Empfehlungen

Unsere Empfehlungen werden in dem folgenden Überblick dargestellt. Sie umfassen Vorbeugung und Kontrolle im Hinblick auf die Fachwelt, Ämter, Zulassungsstellen und die Öffentlichkeit.

Vorbeugung

Die Berufsverbände

1. Ändern Sie die Auswahlverfahren für die Zulassung zu Ausbildungsprogrammen und lenken Sie die Aufmerksamkeit auf das Problem sexueller Kontakte zwischen Therapeut und Patient. (Auch wenn er nicht direkt über sexuelle Beziehungen spricht, hat Sarason (1985) eine ausgezeichnete Analyse und eine Reihe von Empfehlungen im Hinblick auf Auswahlverfahren gegeben.)
2. Stellen Sie allen Ihren Mitgliedern Aufklärungsmaterial über sexuelle Gefühle und sexuelle Beziehungen zwischen Therapeut und Patient zur Verfügung, darunter auch Informationen über Hilfsprogramme für »Therapeuten in Not«. Informieren Sie darüber hinaus in allen psychologischen Ausbildungsgängen über die Auswirkungen sexueller Kontakte zwischen Therapeuten und Patienten und darüber, wie man mit sexuellen Gefühlen zu Patienten umgeht.
3. Erlassen Sie strikte Verbote sexueller Beziehungen zwischen Professoren oder Supervisoren und Studenten, um eine Prägung durch negative Vorbilder, Beziehungskonfusion und anderes zu vermeiden.

Ämter und Institutionen

1. Schaffen Sie Verfahren, mit denen Sie das Personal auf zurückliegende sexuelle Verstrickungen mit Patienten hin überprüfen können.
2. Sorgen Sie für ständige Weiterbildung und Beurteilung, dazu noch Beratung, die sich dem Problem der sexuellen Kontakte zwischen Personal und Patienten widmen.
3. Verteilen Sie schriftliche Grundsatzerklärungen, die sexuelle Beziehungen zu Patienten, Ex-Patienten und den Ehe- oder Lebensgefährten von Patienten oder anderen Bezugspersonen untersagen.
4. Verdeutlichen Sie Ihre Haltung gegenüber Doppelbeziehungen.

Zulassungsbehörden

1. Nehmen Sie Kontakt zu Polizeibehörden, Anwälten, Richtern, Verbraucherschutzverbänden und Vertretern von Patientenschutzvereinigungen in der Gemeinde auf, um dort über sexuelle Beziehungen zwischen Patienten und Therapeuten aufzuklären.
2. Verlangen Sie das Anbringen eines Plakats in der Praxis eines jeden zugelassenen Mitglieds, auf dem unmißverständlich steht, daß sexuelle Kontakte zu Patienten ein Grund für die Entziehung der Zulassung sind. Darauf sollte die Telefonnummer stehen, unter der eine Beschwerde einzureichen ist.
3. Verlangen Sie, daß Kopien der Moralkodizes in jeder Praxis eingesehen werden können.
4. Verfassen und verteilen Sie Broschüren über die schädlichen Auswirkungen sexueller Beziehungen zwischen Therapeuten und Patienten.

Die Öffentlichkeit

1. Fordern Sie Kopien der Moralkodizes der Verbände und Material von Verbraucherzentralen an, um sich über das Problem sexueller Beziehungen zwischen Therapeut und Patient zu informieren, und verlangen Sie, daß solches zur Verfügung stehen muß!
2. Wenden Sie sich an die Redaktion Ihrer Tages- oder Wochenzeitung und fordern Sie, daß man dort über das Thema »Sex zwischen Therapeut und Patient« schreibt!

Kontrolle und Eindämmung

Berufsverbände

1. Entwickeln Sie Verfahren, die auch diejenigen Therapeuten erreichen, die sexuelle Kontakte zu Patienten haben und nicht Mitglied in Ihrem Verband sind! Halten Sie Verbindung zu örtlichen Gesetzgebungsorganen und klären Sie sie über das Thema auf!

2. Vereinfachen Sie den Beschwerdegang vor den Ethik-Kommissionen!
3. Klären Sie die Öffentlichkeit über diese Möglichkeit moralischer Anklage auf!
4. Verbessern Sie die ethischen Grundregeln und Verfahren, um rechtzeitig einschreiten zu können.
5. Überprüfen Sie die Entscheidungsfähigkeit Ihrer Ethik-Kommissionen.

Zulassungsbehörden

1. Beschäftigen Sie sich mit dem Problem des nicht zugelassenen Therapeuten; verhandeln Sie mit der örtlichen Gerichtsbarkeit im Hinblick auf gesetzliche Maßnahmen!
2. Bearbeiten Sie Beschwerden in angemessener Zeit!
3. Überwachen Sie die Einhaltung der Standards!
4. Legen Sie in den mündlichen Prüfungen großen Wert auf die ethischen Zielsetzungen der Kandidaten!
5. Tauschen Sie Akten aus, und sorgen Sie dafür, daß Therapeuten ohne Zulassung nicht in einem anderen Bundes-Staat praktizieren können.
6. Vereinfachen Sie den Klageweg!
7. Bilden Sie Ihr Personal aus, damit es mit Patienten mit Posttraumatischen Streßerscheinungen umgehen kann!
8. Halten Sie die Kläger auf dem laufenden, und benachrichtigen Sie sie von dem Ergebnis der Untersuchung!
9. Entwickeln Sie ein seriöses System der Beurteilung und Überprüfung Ihrer Arbeit auf diesem Gebiet!

NACHWORT ZUR DEUTSCHEN AUSGABE

Die Thematik des sexuellen Mißbrauchs in der Psychotherapie gewinnt auch in Deutschland, der Schweiz und Österreich an Aufmerksamkeit in der Fachöffentlichkeit und damit nicht zuletzt im Kreis der potentiell Verantwortlichen. Unter der Thematik ›Therapie als sexuelles Agierfeld‹ fand z. B. an der Psychiatrischen Universitätsklinik Bern im November 1991 eine Tagung statt, in der empirische Untersuchungen zum Mißbrauch, aber ebenso Opferschäden, Täterprofile, Probleme in psychiatrischen Einrichtungen sowie juristische Fragen dargestellt und erörtert wurden. Zu den Vortragenden zählten auch eine Psychoanalytikerin und ein Psychoanalytiker, die im Rahmen eines »Projekts zur Erforschung sexueller Kontakte in Psychotherapie und Psychiatrie« mit juristischer Begleitung an einer größeren empirischen Studie arbeiten (Bekker-Fischer und Fischer; Adresse siehe Literaturliste, S. 232f.).

Die deutsche Gesellschaft für Verhaltenstherapie, Tübingen, veranstaltete Anfang des Jahres 1991 zusammen mit dem Paritätischen Wohlfahrtsverband, Frankfurt, in Bonn ein großes Hearing über »Sexuelle Übergriffe in der Therapie. Kunstfehler oder Kavaliersdelikt?« und verabschiedete dort folgende Resolution:

»Es wird zunehmend bekannt, in welchem Ausmaß Frauen sexuellen Übergriffen in der Therapie und Beratung ausgesetzt sind und wie immens die Folgen für die betroffenen Frauen sind.

Sexuelle Übergriffe im Rahmen einer Therapie mißachten die Persönlichkeitsrechte der Patientin und verhindern den

Selbstfindungs- und Heilungsprozeß bzw. führen zu neuen Traumatisierungen.

Was immer die Patientin tut: Der Therapeut allein trägt die Verantwortung für die Grenzüberschreitung; denn im therapeutischen Kontext ist er der Mächtigere, und jeder sexuelle Kontakt ist ein Mißbrauch seiner Macht.

Wir fordern deshalb alle therapeutischen Standesorganisationen und Ausbildungsstätten auf, sexuelle Abstinenz als Voraussetzung jeder Therapie/Beratung explizit zu nennen, in ihre Standesordnung aufzunehmen und sich bei Verstößen entsprechend zu verhalten. Wir fordern Konsequenzen für die Aus- und Weiterbildung und die Verbandspolitik, Hilfen für die betroffenen Frauen und Hilfen zur Selbsthilfe. Darüber hinaus fordern wir die Einfügung einer Vorschrift in das Strafgesetzbuch, die sexuelle Übergriffe in der Therapie explizit mit Strafe bedroht.«

Die Dokumentation dieses Hearings enthält wichtige Informationen zum Thema Mißbrauch in der Psychotherapie in Deutschland und wurde im November 1991 publiziert. Bedauerlich ist, daß die Resolution ausschließlich die Situation sexueller Übergriffe männlicher Therapeuten auf Frauen artikuliert, obgleich begreiflicherweise das Gebot sexueller Abstinenz als Voraussetzung jeder Therapie/Beratung auf alle Therapeuten unabhängig von ihrem Geschlecht zutrifft.

Seit April 1991 liegt dem Bund deutscher Psychologen ein von Ehlert-Balzer und Füchtbauer ausgearbeitetes Memorandum »Zum Umgang mit dem Problem des sexuellen Mißbrauchs in der Psychotherapie« vor. Dieses Memorandum für den Berufsverband unterbreitet einen Katalog konkreter Maßnahmen zum Schutz von PatientInnen, zur Sanktionierung des Mißbrauchs psychotherapeutischer Macht sowie Empfehlungen für ein öffentliches Engagement. Der Schutz der PatientInnen ist trotz generellen (wenn auch meist nicht ausdrücklichen) Verbots sexueller Beziehungen zwischen TherapeutIn und PatientIn in allen psychotherapeutischen Verbänden (ein ausdrückliches Verbot formuliert der Bund deutscher Psychologen) nicht voll gewährleistet. Das hat in erster Linie folgende Gründe:

- Dem Problem selbst ist in den Verbänden und unter den Berufskollegen bis vor kurzem zu wenig Beachtung geschenkt worden.
- Das Verbot ist in der Fachöffentlichkeit nicht ausreichend bekannt.
- Die Tragweite des sexuellen Übergriffs durch den Therapeuten (die Therapeutin) wird sowohl vom Täter (der Täterin) selbst wie auch in Kollegenkreisen oft heruntergespielt.
- Auch betroffene PatientInnen können die Situation des Mißbrauchs nur in seltenen Fällen eindeutig und sofort als solche wahrnehmen und geeignete Schritte zum Selbstschutz und zur Belangung des verantwortlichen Therapeuten einleiten.
- Die Ehrengerichtsbarkeit der Berufsorganisationen kann zwar im Prinzip sexuellen Mißbrauch von PatientInnen durch ihre Mitglieder ahnden, aber das Instrument greift bisher nicht. Das Ehrengericht des Bundes Deutscher Psychologen hat beispielsweise Ehrengerichtsverfahren eingestellt, wenn der/die Beschuldigte eine formale Beendigung der Therapie vor Aufnahme der sexuellen Beziehungen nachwies oder sich vom Vorwurf sexuellen Mißbrauchs freisprach, weil die sexuelle Beziehung nicht in einer regulären Therapie, sondern in einer Lehranalyse (das heißt in einer Ausbildungssituation) aufgenommen wurde (nach Ehlert-Balzer und Füchtbauer 1991).
- Sexuelle Beziehungen zwischen TherapeutIn und PatientIn erfüllen bisher keinen juristisch klar definierten Tatbestand des Strafrechts. Die Wahl der sanktionierenden Bezeichnung »Mißbrauch« kennzeichnet also derzeit nicht eine strafrechtlich einklagbare Schädigung, sondern erfüllt vorläufig nur die Funktion, Betroffene und die weitere Öffentlichkeit auf einen bestehenden Mißstand aufmerksam zu machen.

Zur Veranschaulichung folgt ein für die Thematik des sexuellen Mißbrauchs relevanter Auszug aus den »Standesregeln für Psychotherapeuten« des Schweizer Psychotherapeuten-Verbands SPV/ASP (1989):

»7. Schutz des Patienten/der Patientin

Die TherapeutInnen dürfen ein aus der therapeutischen Beziehung sich ergebendes Abhängigkeitsverhältnis nicht mißbrauchen. *Nicht erlaubt sind insbesondere jede Nötigung, politische Indoktrination, religiöse Missionierung sowie sexuelle Beziehungen* (Hervorhebung durch die Verfasserin). Der Patient/die Patientin hat das Recht, die Therapie zu beenden, einen/eine anderen Therapeuten/Therapeutin aufzusuchen, eine neue Therapie zu beginnen. Ist ein/eine PsychotherapeutIn bereit, mit einem Patient/einer Patientin zu arbeiten, der/die bereits anderswo in Therapie ist, hilft ihm/ihr der/die TherapeutIn, sich über seine/ihre Motivationen bewußt zu werden und lädt sie/ihn ein, ihre/seine therapeutischen Bedürfnisse zu koordinieren. Falls der Gesundheitszustand des Patienten/der Patientin dies nicht ermöglicht, entscheidet der/die TherapeutIn für den Patienten/die Patientin, wenn möglich, nachdem er/sie sie/ihn informiert hat.«

»10. Sanktionen

Erkennt die Standeskommission auf Verletzung von Standesregeln, so kann sie das fehlbare Mitglied mit Sanktionen belegen, nämlich – je nach Art und Schweregrad des Verschuldens – mit Ermahnung, mit einer Verpflichtung zu einer Entschädigung des/der Geschädigten, mit Buße zwischen 200 und 1000 Franken, mit dem Ausschluß aus dem SPV/ASP, mit der Streichung von der Liste der Kassen- resp. IV-Leistungsberechtigten. Diese Sanktionen können sinngemäß kumuliert werden. Bei Ausschluß oder Streichung von der Leistungsberechtigungsliste steht dem/der Betroffenen das Rekursrecht an die Mitgliederversammlung zu.

Mit der Einreichung der Klage hat der/die KlägerIn beim SPV/ASP ein Depot von 200 Franken zu hinterlegen. Bei PatientInnen kann der Präsident/die Präsidentin in Härtefällen die Hinterlegung des Depots erlassen. Wird eine Regelverletzung festgestellt, erhält der/die KlägerIn das Depot zurück, sonst verfällt es und wird dem PatientInnenfond des SPV/ASP gutgeschrieben. Bußengelder sind ebenfalls dem PatientInnenfonds einzubezahlen. Die Verfahrenskosten trägt der SPV/ASP.«

(Beschlossen von der Generalversammlung des SPV/ASP am 17. Juni 1989 in Bern.)

In dem jüngst erschienen Buch *Tatort Couch*, herausgegeben von Claudia Heyne (1991), findet sich eine übersichtliche Darstellung der juristischen Situation in Deutschland durch die Rechtsanwältin Barbara Schüller (S. 187–200). Sie legt ausführlich dar, warum potentiell relevante Normen des Strafgesetzbuches die sexuelle Initiative des Therapeuten/der Therapeutin nicht, bzw. nicht notwendig, als Straftatbestand begründen:

1. Die Strafwürdigkeit »sexuellen Mißbrauchs Widerstandsunfähiger« (Strafgesetzbuch, Paragraph 179):
   Dieser Paragraph soll Personen schützen, die entweder aufgrund physischer Wehrlosigkeit (z. B. Querschnittslähmung, Bewußtlosigkeit, Fesselung) oder psychischer Wehrlosigkeit (z. B. hochgradiger Schwachsinn oder psychische Ausnahmeverfassungen, die jeweils eine völlige Unfähigkeit mit sich bringen, die Situation, in der die Person sich befindet, wahrzunehmen und einzuschätzen) *dem Handeln anderer keine Grenzen* setzen können. Die so definierte Widerstandsunfähigkeit gilt nur dann als ausgenutzt im Sinne der Begründung eines Straftatbestands, wenn die sexuelle Initiative Interessen des wehrlosen Gegenübers grundsätzlich außer acht läßt. Dieser Paragraph kann folglich für den Fall einer sexuellen Beziehung zwischen TherapeutIn und PatientIn im allgemeinen nicht regulär Anwendung finden.
2. »Sexueller Mißbrauch von Schutzbefohlenen« (Strafgesetzbuch, Paragraph 174):
   »Durch diese Strafnorm sind *nur nicht volljährige Personen* geschützt. Da ferner der Therapeut kein Schutzbefohlener ist, ist die Norm in keinemFall im Verhältnis Therapeut/Klientin anwendbar.« (Schüller 1991, S. 191)

3. »Sexueller Mißbrauch unter Ausnutzung einer Amtsstellung« (Strafgesetzbuch, Paragraph 174b): »Der *Therapeut ist kein Amtsträger*« (Schüller 1991, S. 191), sondern Partner in einem zwischen den beteiligten Personen frei geschlossenen Vertrag.
4. »Vergewaltigung« (Strafgesetzbuch, Paragraph 177), »Sexuelle Nötigung« (Strafgesetzbuch, Paragraph 178): Voraussetzung für die Anwendung dieses Paragraphen sind *Gewalt* und *»Drohung mit gegenwärtiger Gefahr für Leib und Leben*« (Schüller 1991, S. 191). Keiner der beiden Paragraphen kann zur Anwendung kommen, wenn die aufgedrängte und stattgehabte zärtlich oder sexuell gemeinte Berührung selbst nicht gewaltsam war, das heißt genau: ohne Einsatz von Zwang zur Überwindung geleisteten physischen Widerstands erfolgte.
5. »Körperverletzung« (Strafgesetzbuch, Paragraph 223): Körperverletzung ist festgelegt als die *unmittelbare Schädigungsfolge auf der Ebene des Körperlichen oder des Seelischen nach Gewalteinwirkung.* Der Befund selbst sowie der Kausalzusammenhang sind durch Sachverständigengutachten festzustellen. Dieser Paragraph findet auf die spezielle Situation der Sexualbeziehung zwischen TherapeutIn und PatientIn deshalb nur schwer Anwendung, weil zum einen die Gewalteinwirkung im definierten Sinne, zum anderen der kausale Zusammenhang nachgewiesen werden müßte. Letzteres bringt noch besondere Schwierigkeiten dadurch, daß es ein Problem eigener Art darstellen kann, als Gewaltfolge die schlechte psychische Verfassung einer Person geltend zu machen, die bereits vorher in schlechter psychischer Verfassung war.
6. »Beleidigung« (Strafgesetzbuch, Paragraph 185): Der Tatbestand der Beleidigung greift nur dann, wenn ein »Angriff auf die Geschlechtsehre« (Schüller 1991, S. 193) vorliegt, das heißt, wenn *die sexuelle Handlung dem Ziel dient, die Würde der Person mit sexuellen Mitteln zu verletzen.* Es ist im allgemeinen jedoch schwer, dem Therapeuten/der

Therapeutin die Absicht des Angriffs auf die persönliche Ehre eines Patienten/einer Patientin nachzuweisen.

Will eine Person, die sich als geschädigt ansieht, den schädigenden Therapeuten/die schädigende Therapeutin strafrechtlich belangen, kann sie sich also nicht auf die Verletzung einer strafrechtlich eigens festgelegten Norm des Strafgesetzbuches berufen, die dem Therapeuten/der Therapeutin sexuellen Verkehr mit seinem Patienten/seiner Patientin generell untersagt; sie kann gleichwohl den Therapeuten/die Therapeutin bei der Staatsanwaltschaft anzeigen, mit der Aussicht, für ihren speziellen Fall strafrechtliche Sanktionierung zu erreichen.

Die Staatsanwaltschaft wird jedoch nur dann tätig bzw. reicht nur dann eine Anklageschrift bei Gericht ein, wenn

a) die *Täterschaft erwiesen* ist, was bei einer Klage wegen sexueller Schädigung speziell bedeutet, daß die beschuldigende Person, die bei der Verfolgung des Verfahrens durch die Staatsanwaltschaft als Zeuge/Zeugin auftritt, ihre Glaubwürdigkeit durch ein Gutachten unter Beweis stellt.
b) Das staatsanwaltliche Strafverfahren kommt nicht zustande, wenn nach Ermessen des Staatsanwalts *Geringfügigkeit* vorliegt.
c) Das staatsanwaltliche Strafverfahren kommt nicht zustande bei *»mangelndem Tatverdacht«*, das heißt, wenn der Staatsanwalt das laut dem Zeugen Vorgefallene nicht als erwiesen ansieht oder nicht als straffähig beurteilt.
d) Schließlich kommt ein staatsanwaltliches Strafverfahren nicht zustande bei *Mangel an »öffentlichem Interesse«*. Sexuelle Beziehungen zwischen PatientInnen und TherapeutInnen werden dann nicht als Gegenstand öffentlichen Interesses gewertet, wenn der Staatsanwalt das Vorgefallene zwar als Geschehen einstuft, das einen bestimmten Tatbestand erfüllt, aber in wenig gravierender Weise und mit wenig gravierenden Folgen.

Bei rechtskräftiger Verurteilung des Therapeuten/der Therapeutin im öffentlichen Verfahren hat diese(r) alle Verfahrenskosten inklusive sämtlicher Auslagen des Zeugen/der Zeugin (also des geschädigten Patienten/der geschädigten Patientin) zu zahlen. Bei Einstellung des Verfahrens entstehen dem Zeugen/der Zeugin ausschließlich die eigenen Anwaltskosten, falls er/sie einen Anwalt/eine Anwältin zugezogen hat.

Kommt kein Verfahren durch die Staatsanwaltschaft zustande, bleibt die Möglichkeit der Privatklage, wenn es um Körperverletzung oder Beleidigung geht. In diesem Fall beauftragt der/die Geschädigte seinen/ihren Anwalt mit der Anklageschrift, erbringt Sachverständigen- sowie ein Glaubwürdigkeitsgutachten. Verliert der Patient/die Patientin den Prozeß, hat er/sie sämtliche Kosten zu tragen; im Fall der Verurteilung des/der Beschuldigten hat diese(r) für die Gesamtkosten aufzukommen. Allerdings muß die Privatklage begründete Aussicht auf Erfolg darlegen; auf diese Weise wird das Risiko finanzieller Selbstschädigung etwas reguliert. Im übrigen ist eine Rechtsschutzversicherung empfehlenswert. Bei sehr geringem Einkommen, kann – vor Einleitung des Verfahrens – Prozeßkostenhilfe beantragt werden.

Unabhängig vom Strafrecht kann ein zivilrechtliches Verfahren auf Zahlung eines Schmerzensgeldes eingeleitet werden. Auch hier hat der Kläger/die Klägerin Sachverständigengutachten, allerdings kein Glaubwürdigkeitsgutachten zu erbringen. Ein entsprechendes Urteil des Oberlandesgerichts Düsseldorf (1990) liegt vor. Der Therapeut wurde hier zur Zahlung des Schmerzensgeldes (DM 10 000,–) verurteilt, weil er nach Auffassung des Gerichts durch Verstoß gegen das Abstinenzgebot einen Behandlungsfehler mit psychischen und physischen Schädigungsfolgen begangen hatte.

Die Rückzahlung von Therapiekosten ist nur dann möglich, wenn – ohne Wissen des Patienten/der Patientin – kein gültiger Vertrag zustande gekommen ist (Schüller 1991, S. 199).

Der/die Beschuldigte seinerseits kann gegen den Kläger wegen übler Nachrede oder Verleumdung Klage erheben und unterliegt dann in diesem strafrechtlichen Verfahren nicht der Schweigepflicht.

Eine Umfrage unter 50 deutschen Therapie- und Berufsverbänden, die dem eingangs erwähnten Hearing der Deutschen Gesellschaft für Verhaltenstherapie vorausgegangen war, ergab, daß die Thematik in der Vergangenheit noch nicht breit diskutiert worden war und daß Verbandsmitglieder tendenziell den Schutz kollegialer Diskretion genießen (vgl. Vogt 1991). Zwar existiert als Anlaufstelle für geschädigte Patienten das Ehrengericht des Bundes deutscher Psychologen; aber es kommt sehr selten zum Ausschluß eines verurteilten Mitglieds aus dem Verband, was im übrigen den Therapeuten/die Therapeutin nicht daran hindern muß, weiter zu praktizieren.

Generell ist der Patientenschutz verbesserungsbedürftig. In manchen Fällen ist der Informationsstand über Regeln, Methoden, Ziele des speziellen psychotherapeutischen Verfahrens sowie der Art und der Grenzen der Beziehung, die PatientIn und TherapeutIn miteinander eingehen, zu gering. Wenn der Patient/die Patientin sich in seiner/ihrer Integrität bedroht oder bereits geschädigt sieht, fehlt es im allgemeinen in den Verbänden an der Einrichtung einer Anlauf- oder Beratungsstelle sowie einer Beschwerdeinstanz. Schließlich fehlen wirksame Sanktionsmöglichkeiten durch die Verbände und durch das Ehrengericht des Bundes deutscher Psychologen. Angesichts dieser Situation schlagen Ehlert-Balzer und Füchtbauer in ihrem an den Bund deutscher Psychologen und seine Sektionen gerichteten Memorandum (1991) folgende allgemeine Maßnahmen vor:

»1. Der BDP und/oder die Sektion ›klinische Psychologie‹ sollte sich mit sämtlichen deutschen Psychotherapieverbänden ins Benehmen setzen, um eine gemeinsame Übereinkunft über die Einschätzung solcher Beziehungen zu erzielen, die dann in geeigneter Weise veröffentlicht werden sollte.

2. Die Passage der Berufsordnung, die sexuelle Beziehungen zu PatientInnen verbietet, sollte dahingehend geändert werden, daß der Schutz der PatientInnen vor Mißbrauch im Vordergrund steht.

3. In einer internen Kampagne muß den eigenen Mitgliedern

die Schwere der Verfehlung, die mit einer Mißachtung dieses Verbots begangen wird, bewußt gemacht werden, wobei dieses Verbot explizit sowohl auf ehemalige PatientInnen als auch auf das Ausgebildete(r)-AusbildnerInnen-Verhältnis zu erweitern ist.

4. In den Antrag auf Anerkennung als klinische(r) Psychologe/Psychologin sollte eine explizite Verpflichtungserklärung, sich solcher Beziehungen zu enthalten, aufgenommen werden.
5. Sowohl mit allen Therapieverbänden als auch mit den Universitäten sollte eine Übereinkunft angestrebt werden, daß die Problematik Gegenstand der Ausbildung im Rahmen des Psychologie-Studiums und der therapeutischen Zusatzqualifikation wird.« (S. 2)

Empirische Daten über die tatsächliche Häufigkeit sexueller Kontakte sind als wirklich verläßliche Aussagen derzeit wohl nicht verfügbar. Die Gründe für diesen Mißstand sind leicht ersichtlich:

- Sofern die Daten per Fragebogen von praktizierenden TherapeutInnen ermittelt werden, ist mit absichtlichen Falschangaben und Verleugnungen zu rechnen.
- Sofern die Daten durch indirekte Fragen erhoben werden, das heißt, wenn Therapeuten gefragt werden, ob sie KollegInnen kennen, die sich der Übertretung des Abstinenzgebots schuldig gemacht haben, ist mit einer Verfälschung durch die Unzuverlässigkeit der Informationsquelle (Bagatellisierung, Verschweigen, Gerüchte, denunziatorische Tendenzen) zu rechnen.
- Auch bei der Patientenbefragung muß man sich die Gefahr der Antwortverzerrung und Antwortverfälschung vergegenwärtigen (auch hier z. B. durch denunziatorische Tendenzen, aber auch durch Verschweigen, wenn man sich etwa in einverständlicher Liaison mit dem Therapeuten befindet).
- Von entscheidender Bedeutung für die Aussagekraft der ermittelten Daten sind natürlich auch Qualität und Diffe-

renziertheit des Befragungsinstruments: Es macht große Unterschiede, ob man ausschließlich nach manifesten Sexualkontakten fragt, ob und wie Qualität und Verlauf der Beziehung erfaßt werden sollen, ob und wie weitere Einschränkungen der Abstinenzhaltung ermittelt werden, wie und auf welcher Kontaktebene die Befragung stattfindet etc. Alle diese Unterschiede sind selbstverständlich unmittelbar relevant für die Frage der Vergleichbarkeit der empirisch ermittelten Ergebnisse.

Eine neue, relativ umfangreiche Untersuchung von Retsch (1990) an 300 VerhaltenstherapeutInnen der Deutschen Gesellschaft für Verhaltenstherapie ergab einen Anteil von 8,4 % TherapeutInnen, die direkten Sexualkontakt mit PatientInnen angaben. Beunruhigend und weiterer Untersuchung dringend bedürftig ist, daß 52 % der Befragten gegen die Aufnahme sexueller Beziehungen mit PatientInnen keine ethischen Bedenken trugen. Hinzuweisen ist auf die Übereinstimmung zwischen der ermittelten Therapeutenquote von 8,4 % und der durch eine Münchner PatientInnenbefragung (1990) ermittelten Quote von 8,6 % (2619 befragte PatientInnen).

Es ist angesichts der offensichtlich - gegen alle Erwartung - in der Fach- und Laienöffentlichkeit bestehenden Unklarheit über die Bedeutung des Abstinenzgebots sinnvoll, dazu eine kurze Ausführung zu geben. Dabei gehe ich vom psychoanalytischen Verständnis dieses Gebots aus, zum einen, weil es dort ursprünglich entwickelt wurde, zum andern, weil es dort vermutlich am differenziertesten auf den Begriff gebracht ist. Daß somit nicht für andere als psychoanalytische Therapieprogramme gesprochen werden kann, ist selbstverständlich. Laplanche und Pontalis (1967) bestimmen die »Abstinenz« oder »Abstinenzregel« wie folgt:

»Es handelt sich um den ›Grundsatz, wonach die psychoanalytische Behandlung so geführt werden soll, daß der Patient die geringstmögliche Ersatzbefriedigung für seine Symptome findet. Für den Analytiker schließt er die Regel ein, dem

Patienten die Befriedigung seiner Wünsche zu versagen und tatsächlich die Rolle zu übernehmen, die dieser bestrebt ist, ihm aufzudrängen.‹« (S. 22)

»Der Abstinenzbegriff ist implizit mit dem Prinzip der analytischen Methode selbst verknüpft, insofern diese ihre wesentliche Tat in der Deutung sieht, anstatt die libidinösen Bedürfnisse des Patienten zu befriedigen. Man ist nicht erstaunt, daß Freud 1915 die Frage der Abstinenz im Zusammenhang mit einem besonders dringenden, zur Übertragungsliebe gehörenden Verlangen ausdrücklich aufgreift: ›. . . ich will den Grundsatz aufstellen, daß man Bedürfnis und Sehnsucht als zur Arbeit und Veränderung treibende Kräfte bei der Kranken bestehen lassen und sich hüten muß, dieselben durch Surrogate zu beschwichtigen.‹« (S. 23)

In diesen Bestimmungen ist bereits alles ausgedrückt, was im Blick auf die Abstinenz für die Durchführung einer psychoanalytischen Behandlung wesentlich ist. Der/die psychoanalytische TherapeutIn geht davon aus, daß die Beschwerden, die den Patienten/die Patientin in die Behandlung führen, psychische oder psychosomatische Bildungen sind, die zum Teil von Wünschen herrühren, zum Teil eben diese Wünsche ihrer Bedrohlichkeit wegen bekämpfen und entstellen und/oder Ersatzbefriedigungen dafür bieten. Über diesen Wunsch- und Abwehrcharakter der Beschwerden kann die leidende Person sich zunächst und bis lange in die Behandlung hinein keine Rechenschaft geben. In der Behandlung geht es gerade darum, in der Zusammenarbeit zwischen PatientIn und TherapeutIn allmählich aufzudecken, um welche Abwehrvorgänge und welche Wünsche es sich gerade bei diesem einen Menschen handelt. *Wünsche und Ersatzwünsche drängen auf Befriedigung, nicht auf Bewußtwerdung. Je schneller und ungehinderter sie Befriedigung erfahren, um so weniger werden sie überhaupt registriert, zur Kenntnis genommen, als Teil der eigenen Person erlebt und für den eigenen Lebensentwurf gestaltet. Die Behandlung aber soll gerade dazu verhelfen, Wünsche, Sehnsüchte, Bedürfnisse für die unabhängige und kreative Gestaltung des eigenen Lebens verfügbar zu machen.*

Wünsche drängen gleichwohl, wie eben gesagt, auf Befriedigung, und gerade Liebeswünsche werden in der Intimität der psychotherapeutischen Situation heftig mobilisiert und vitalisiert. Dem Patienten/der Patientin mag dabei allenfalls vage zu Bewußtsein kommen, daß der Therapeut/die Therapeutin für den Patienten/die Patientin letztlich nur die Rolle eines willkommenen Ersatzpartners/einer Ersatzpartnerin spielen kann. Die scheinbar so nahe liegende Quelle des Glücks ist allzu verführerisch - wie sich zeigt, häufig für beide. Die Situation wird oft dadurch undurchschaubar, daß die Sehnsucht nach zärtlicher Befriedigung auf Patientenseite und die Sehnsucht, als liebenswerte(r) und spendende(r) Partnerin/Partner zu bestehen, sich hinter ganz anderen Vorstellungen verbergen kann, z. B. dem therapeutischen Ethos des Verständnisses, der Empathie, der »korrigierenden emotionalen Erfahrung« etc. *Die psychoanalytische Therapiestunde darf eigentlich nie »zu schön« sein.* Sie lebt aus der *Spannung* andrängender Wünsche, Sehnsüchte, Impulse und der *höchst nüchternen und ernüchternden Anstrengung wahrhaftiger Selbstvergewisserung.*

Es ist tatsächlich nur die um nüchternes Verstehen bemühte Einstellung, welche die Thematisierung des Verborgenen und nicht bewußt Verfügbaren sinnvoll macht und immer wieder Mut gibt, sich der Gefahr des Peinlichen, Anrüchigen etc. zu stellen. Auf diese Weise wird für den Patienten/die Patientin die Bereitschaft, sich zu offenbaren, ein Wert. Hierin liegt ein wesentlicher Unterschied zur Freundschaftsbeziehung oder zur »Therapie«beziehung, die ins Freundschaftlich-Zärtlich-Intime entgleitet. In der Freundschaftsbeziehung ist der entscheidende Wert nicht die Mitteilung der Bedrängnisse, sondern das Verständnis des Freundes. Die Anstrengung zu wahrhaftiger Selbstvergewisserung *einem Fremden und nüchtern Beteiligten gegenüber als Wert* anzuerkennen, ist das *zentrale Kooperationsmoment der Beziehung zwischen Analytiker und Patient.* Wo diese Einsicht in den Wert (das heißt sowohl den Nutzen als auch die Würde) wahrhaftiger Selbstvergewisserung auf Dauer fehlt, kann fruchtbare psychotherapeutische Kooperation nicht stattfinden. Die Bereitschaft, sich zu offenbaren, wird in der Psychoanalyse kostbar als Arbeitsmaterial und als Schlüsselfunktion im Aufbau eines Selbstbildes, das sich der Realität und nicht der Illusion verpflichtet. Vor diesem Hintergrund mildert sich die Bedrohlichkeit, die eine unvoreingenommene Selbstprüfung mit sich bringt, oft. Die allmähliche Übernahme der analysierenden und deutenden Haltung des Psychoanalytikers gewinnt sukzessiv eine angstmindernde Wirkung (siehe auch Morgenthaler 1978, S. 183–194) und bedeutet einen Zuwachs an Sicherheit. Der Patient/die Patientin entwickelt eine *Bereitschaft zu wahrhaftiger Selbstmitteilung, indem er/sie diese in den Dienst verstehender Arbeit stellt.* Ein zweites kommt nach Sterba (1929) hinzu: eine (milde) positive Übertragung auf den Therapeuten. Diese drückt sich im optimalen Fall als Wertschätzung aus und als Bereitschaft zur Zusammenarbeit gerade mit dieser Person, *unter voller Akzeptanz dessen, daß diese Person als LiebespartnerIn unerreichbar bleibt.* Der Patient/die Patientin prüft oder »testet« den Analytiker/die Analytikerin (oft für beide unbemerkt; vergleiche Sampson & Weiss 1983, Weiss & Sampson 1986), wie gut er/sie standhält und auf Grenzen achtet.

Der Patient/die Patientin versucht vorsichtig, der Einladung zur wahrhaftigen Selbstmitteilung Folge zu leisten und erprobt die Wirkung beim Therapeuten/der Therapeutin. Reagiert diese(r) anders als gefürchtet (z. B. ohne Mißbilligung, Peinlich-Berührtsein, voyeuristische Genüßlichkeit etc.), so fühlt sich der Patient/die Patientin sicher und zur Selbstreflexion ermutigt. Er/Sie überträgt somit auf das Gegenüber ein Idealbild verstehender Tätigkeit. Schließlich weist Sterba (1929) darauf hin, daß der Patient/die Patientin sich in seinem/ihrem Selbstwertgefühl bestätigt sieht, wenn er/sie erfolgreich teilhat am unvoreingenommenen erkennenden Durchdringen seelischer Zusammenhänge. Damit erwirbt er/sie ein Stück Freiheit, ein Stück *»Befreiung ... seines Wesens«* (Freud 1919, S. 190). Diese gewonnene innere Unabhängigkeit erhöht das Sicherheitsgefühl, weil man sich eigenen seelischen Regungen nicht mehr blind preisgegeben sieht. *Es ist sehr leicht zu sehen,* *daß die notwendige fruchtbare Spannung vollständig aufgelöst wäre, wenn beide durch ein ›Es-schön-miteinander-Haben‹ in eine Abhängigkeitsbeziehung abrutschen.*

Dieser kurze Versuch einer Klarstellung mag um so mehr gerechtfertigt sein, als die Fragen der Interpretation und praktischen Umsetzung des Abstinenzgebots seit der Frühzeit der Psychoanalyse zur Diskussion stehen und zu Kontroversen geführt haben.

Was ist schließlich vor diesem Hintergrund unter »Macht« des Psychotherapeuten/der Psychotherapeutin zu verstehen? Der Therapeut/die Therapeutin ist ausgestattet mit a) der Macht des Experten, verbunden mit b) der Macht der Autorität. Die Macht des Experten besteht darin, einen Vorsprung an Wissen und an Kenntnissen zu besitzen, einen Vorsprung, der ihn/sie mit einem gewissen Anspruch an Glaubwürdigkeit ausstattet. Die Macht der Autorität besteht in der Verbindung von Funktionen der Strukturierung, Grenzsetzung und Verantwortung, die der Patient/die Patientin dem Therapeuten/der Therapeutin zutraut, die er/sie aber auch fortlaufend überprüft und »testet«. Diese doppelte psychotherapeutische Machtfunktion wird dann bedrohlich, wenn sie zu Zwecken der Manipulation genutzt wird, das heißt genauer, wenn sie verschiedene Formen der Befriedigung des Patienten/der Patientin gestattet und diese Befriedigung, die blind und der Reflexion unverfügbar bleibt, zu eigenen Zwecken mißbraucht.

Diese Macht hat jedoch den Charakter einer positiven Herausforderung, wenn sich der Patient/die Patientin allmählich mit den ihr entsprechenden Funktionen identifiziert und dadurch sein/ihr eigenes psychisches Schicksal, dem er/sie bislang blind ausgeliefert war, zu meistern lernt.

Oktober 1991

Prof. Dr. Brigitte Boothe
Psychologisches Institut
der Universität Zürich

Literatur

Ehlert-Balzer, M. & Füchtbauer, T. (1991). *Memorandum an den BDP und seine Sektionen zum Umgang mit dem Problem des sexuellen Mißbrauchs in der Psychotherapie.* Frankfurt: (unveröffentlicht).

Ehlert-Balzer, M. (1991). *Literaturliste zum Thema Sexueller Mißbrauch in der Psychotherapie.* Frankfurt: (unveröffentlicht).

Freud, S. (1919). *Wege der psychoanalytischen Therapie.* Gesammelte Werke, (Bd. 12, S. 181–194).

Heyne, C. (Hrsg.) (1991). *Tatort Couch: Sexueller Mißbrauch in der Psychotherapie.* Zürich: Kreuz-Verlag.

Laplanche, J. & Pontalis, J.-B. (1967, 1972). *Das Vokabular der Psychoanalyse.* Frankfurt: Suhrkamp.

Morgenthaler, W. (1978). *Technik: Zur Dialektik der psychoanalytischen Praxis*, Frankfurt: Syndikat.

Münchner Befragung: Sex auf der Couch. *Petra*, 90:9, 185–187.

Retsch, A. (1990). *Liebe, Erotik und Sexualität in der Therapie.* Eine anonyme Befragung von Verhaltenstherapeutinnen und Verhaltenstherapeuten. Diplomarbeit Technische Universität Braunschweig (unveröffentlicht).

Sampson, H. & Weiss, J. (1983). Testing hypotheses: The approach of the Mount Zion Psychotherapy Research Group. In L. Greenberg & W. Pinsof (Eds.), *The psychoanalytic process. A research handbook.* New York: Guilford.

Schüller, B. (1991). Sexueller Mißbrauch in der Psychotherapie – Rechtslage. In C. Heyne (Hrsg.), *Tatort Couch: Sexueller Mißbrauch in der Psychotherapie* (S. 187–200). Zürich: Kreuz-Verlag.

Sterba, R. F. (1919). Zur Dynamik der Bewältigung des Übertragungswiderstands. *Internationale Zeitschrift für Psychoanalyse, 15*, (1929). 457–470.

Vogt, J. (1991). Die Positionen der Berufsverbände. In C. Heyne (Hrsg.), *Tatort Couch: Sexueller Mißbrauch in der Psychotherapie* (S. 201–210). Zürich: Kreuz-Verlag.

Weiss, J. & Sampson, H. (1986). *The psychoanalytic process.* New York: Guilford.

Becker-Fischer, M. und Fischer, G.:
Projekt zur Erforschung sexueller Kontakte in der Psychotherapie durch die Arbeitsgemeinschaft Psychotherapieforschung beim Institut für Psychotraumatologie, Freiburg, Sternwaldstrasse 4, 7800 Freiburg, Tel. 07 61/7 49 94

Wissenschaftliche Leitung:
Dr. Monika Becker-Fischer,
Klin. Psychologin (BDP), Psychoanalytikerin (DPV)
Dr. Gottfried Fischer,
Klin. Psychologe (BDP), Psychoanalytiker (DPV),
PD für Medizinische Psychologie
Dr. jur. et. phil. habil. M. A. Günter Jerouschek
Jurist und Psychologe
im Fachbereich Rechtswissenschaft der Universität Hannover.

ANHANG

DIE CHECKLISTE DES THERAPEUTEN

Auch wenn solche Checklisten nur begrenzt verwendbar sind, bieten wir die folgenden Gesichtspunkte zur Selbsteinschätzung an. Gehen Sie diese Liste von Zeit zu Zeit durch – besonders während Zeiten großer Belastung –, und Sie vermindern das Risiko sexueller Kontakte zwischen Therapeut und Patient. Die Erkenntnis der eigenen Verwundbarkeit und Gefährdung kann Schaden verhüten.

1. Persönliche Probleme nehmen überhand und werden mit dem Klienten in der Therapiesitzung diskutiert.
2. Sie spielen vor Patienten den Allwissenden, geben auf Fragen autoritäre Antworten und werden ärgerlich, wenn man Ihnen widerspricht oder Fehler nachweist.
3. Sie schlagen dem Patienten bestimmte Arten sexuellen Verhaltens vor, so daß Sie eine Stellvertreterbefriedigung verspüren und ein Gefühl, die Sexualität eines anderen Menschen im Griff zu haben.
4. Sie wirken aufgrund ihrer Eifersucht auf einen Patienten ein, sich sexueller Beziehungen zu enthalten oder bestimmte Verhältnisse abzubrechen.
5. Sie ziehen sich aufreizend an oder sprechen in verführerischem Ton.
7. Sie verabreden sich mit Klienten zu einem Drink oder zum Essen.
8. Sie legen Sitzungen so, daß der Patient der letzte Besucher sein wird – aufgrund Ihrer erotischen Gefühle für ihn und nicht aufgrund klinischer Erwägungen.
9. Sie diskutieren mit dem Patienten sexuelle Themen auf

Grundlage Ihrer sexuellen Sehnsüchte und nicht therapeutischer Notwendigkeit.

10. Ein Klient zieht Sie sexuell an oder erregt sie, ohne daß Sie diese Reaktion im Zusammenhang der Behandlungsdynamik untersuchen und mit diesen Gefühlen angemessen umgehen.
11. Sie isolieren den Patienten (überweisen ihn zum Beispiel nicht an einen Arzt zur Untersuchung, an einen Psychologen zwecks psychologischer und neuropsychologischer Tests, an einen Kollegen zur Mitbehandlung oder Zweitbegutachtung), so daß Sie sein einziger Rettungsanker werden und alle unzulässigen Handlungen zwischen Ihnen beiden eher unentdeckt bleiben.
12. Sie isolieren sich selbst (suchen keine Beratung, Supervision, Hilfe u. ä. bei Kollegen im Hinblick auf Ihre Arbeit mit einem besonderen Patienten).

DIE CHECKLISTE DES PATIENTEN

Vielen Patienten, die sexuelle Kontakte zu ihrem Therapeuten hatten, ist aufgefallen, daß »sie das, was geschehen ist, gar nicht richtig mitbekamen« oder daß »alles so schnell ging« oder daß sie »dachten, eine Therapie müsse so sein«. Die folgende Checkliste wurde formuliert, um Patienten zu helfen, mögliche Gefahren oder tatsächlichen Mißbrauch zu erkennen.

Diese Checkliste kann natürlich nicht alle Verhaltensweisen oder Situationen erschöpfend erfassen. Wenn Sie meinen, daß es machbar und ratsam erscheint, sollten Sie Ihre Sorgen offen mit Ihrem Therapeuten besprechen. Manche Therapeuten jedoch können dermaßen manipulativ und einschüchternd sein, daß sich solch ein Vorgehen verbietet. Wenn Ihr Therapeut keine befriedigende Antworten auf Ihre Fragen gibt oder wenn Sie bestimmte Befürchtungen nicht mit ihm besprechen können, dann wenden Sie sich um Rat an Dritte. Sie können sich an andere zugelassene Therapeuten wenden. Oder die Zulassungsbehörden kontaktieren. Oder sich an die Ethik-Kommissionen wenden. Sie können auch eine der Selbsthilfe-Organisationen für Verbraucher ansprechen.

Ignorieren oder spielen Sie Ihre Gefühle nicht herunter, Ihre Sorgen und Verwirrtheit. Glauben Sie nicht, daß der Therapeut recht haben muß oder Ihre Zweifel nur ein Ausfluß der Probleme sind, die Sie in die Therapie geführt haben. Ignorieren Sie die Anzeichen der Gefahr nicht; hoffen Sie auch nicht, daß sie bei Nichtbeachtung verschwinden.

1. Ihr Therapeut erklärt Verfahrensweisen und Eingriffe nicht, er fragt nicht nach Ihrer Zustimmung. Stellen Sie Fragen

oder zweifeln Sie die Autorität des Therapeuten an, weigert er sich, darauf einzugehen, und versucht, willenlose Hingabe zu erreichen. Manche Therapeuten werden vielleicht ärgerlich, um Sie so von unbequemen Fragen abzuhalten. Andere reden Ihnen Schuldgefühle ein (»Nun mache ich all diese wunderbaren Sachen, um Ihnen aus einer verzweifelten Situation heraus zu helfen, und Sie vertrauen mir nicht!«). Wieder andere erreichen es, daß Sie sich dumm fühlen (»Ich habe eine jahrelange Ausbildung - wie sollen Sie diese komplizierten Ideen und Behandlungsschritte verstehen?«). Sie können vor einer Wand aus Fragen stehen (»Wieso wollen Sie jetzt etwas über diese Behandlung wissen?«). Auch Drohungen sind möglich (»Wenn Sie meine und Ihre Zeit mit all diesen unwichtigen Fragen verschwenden, warum suchen Sie sich nicht sofort einen anderen Therapeuten!«). Behandelt der Therapeut Sie, Ihre Fragen und Ihr Recht auf sachkundige Zustimmung zu Ihren Fragen nicht mit grundsätzlichem Respekt, droht Ihnen erheblicher Schaden aus dieser Beziehung. Zum Beispiel in der Form intimer Kontakte.

2. Der Therapeut fängt an, große Teile der Therapiesitzungen für Diskussionen seines Lebens, seiner Probleme und Bedürfnisse aufzuwenden. Das Szenario »Rollentausch« im 1. Kapitel schildert so einen Fall. Man muß natürlich beachten, daß es eine legtime therapeutische Technik der »Selbstenthüllung« gibt, wobei der Therapeut eigene Erfahrungen beisteuert, damit sich der Patient nicht mehr so allein mit einem Problem fühlt, der Therapeut menschlich erscheint und um Lösungsmöglichkeiten aufzuzeigen. Wie kann man den Unterschied zwischen angemessener Selbstenthüllung und unangemessener Selbstbezogenheit erkennen? Bei der angemessenen Selbstenthüllung reagiert der Therapeut auf eine Frage des Patienten. Die Diskussion über das Leben des Therapeuten wird die Sitzung nicht beherrschen. Die Probleme des Patienten werden weiterhin im Mittelpunkt stehen.

3. Der Therapeut verabreicht Ihnen verbotene Drogen - zum Beispiel Kokain - oder empfiehlt, daß sie sich solche Drogen beschaffen und sie nehmen. Das Szenario mit dem Titel »Drogen« im 1. Kapitel stellt ein solches Beispiel vor.
4. Der Therapeut trinkt oder veranlaßt Sie, Alkohol während einer Sitzung zu trinken.
5. Der Therapeut schlägt entspanntere Treffen bei sich oder Ihnen zu Hause oder in einem Hotel vor.
6. Der Therapeut lädt Sie zum Essen oder zu anderen Verabredungen ein. Das Szenario mit dem Titel »Szenenwechsel« im 1. Kapitel beschreibt diesen Fall.
7. Ihr Therapeut fängt an, Sie mit zärtlichen Namen anzureden - »Liebling«, »Geliebte«, »Schätzchen«.
8. Der Therapeut schickt Ihnen Notizen oder Briefe, in denen er seine Liebe erklärt.
9. Der Therapeut weigert sich, die gesetzlichen, ethischen, und klinisch begründeten Verbote gegen sexuelle Kontakte zwischen Therapeut und Patient anzuerkennen. Er erklärt solch ablehnendes Verhalten für legitim und problemlösend.
10. Der Therapeut beginnt, Ihnen sexuelle Verhaltensweisen vorzuschreiben. Entweder untersagt er alle sexuellen Beziehungen (der Therapeut ist eifersüchtig und will Sie noch mehr isolieren und abhängig machen) oder er »verschreibt« bestimmte sexuelle Praktiken (es erregt ihn stellvertretend, Ihre Sexualität zu beherrschen und sich voyeuristischen Neigungen hinzugeben, wenn er Sie bittet, von diesen »Hausaufgaben« zu erzählen).
11. Ihr Therapeut nimmt unerwünschten physischen Kontakt zu Ihnen auf. Allerdings gibt es auch zulässige »Körpertherapien«, wie die Arbeit nach Wilhelm Reich, die Bioenergetik, Rolfing und Tanztherapie, die viel Körperkontakt verlangen. Selbst die »Gesprächstherapien« können dann und wann Berührungen erfordern. Zum Beispiel kann ein Therapeut beruhigend die Hand eines schwer depressiven Patienten drücken, der von einem traumatischen Ereignis

erzählt. Doch nur, wenn der Patient das wünscht. Patienten können ihrem Therapeuten ohne Scheu sagen, daß sie zum Beispiel auf keinen Fall von ihm berührt werden möchten. Weiterhin ist der Therapeut dafür verantwortlich, daß solch ein Kontakt nur in angemessener Form zu eindeutig therapeutischen Zwecken geschieht. Das Szenario mit dem Titel »Halte mich« im 1. Kapitel schildert einen Therapeuten, der in diesem Zusammenhang verantwortungslos agiert.

12. Ihr Therapeut küßt Sie leidenschaftlich auf den Mund.
13. Der Therapeut berüht Ihr Geschlecht oder fordert Sie auf, das gleiche bei ihm zu tun.

LITERATUR UND ADRESSEN

Abell, J. M. und Strong, P. N. 1983. »The Impaired Professional: A Preliminary Survey of Six Professions.« Bericht auf dem jährlichen Treffen der American Psychological Association. Anaheim, California, im August.

Abramowitz, S. I. und Abramowitz, C. V. 1976. »Sex Role Psychodynamics in Psychotherapy Supervision.« *American Journal of Psychotherapy, 30,* pp. 583–592.

Abramowitz, S. I., Abramowitz, C. V., Roback, H. B., Corney, R. T. und McKee, W. 1976. »Sex-role Related Countertransference in Psychotherapy.« *Archives of General Psychiatry, 33,* pp. 71–73.

Adelman, H. 1981. »Publicizing Pedophilia: Legal and Psychiatric Discourse.« *International Journal of Law and Psychiatry, 4,* pp. 311–325.

American Association for Marriage and Family Therapy. 1982. »Ethical Principles for Family Therapists.« Upland, California.

American Medical Association, Council on Mental Health. 1973. »The Sick Physician.« *Journal of the American Medical Association, 223*(6), pp. 684–687.

American Psychiatric Association. 1985. »Principles of Medical Ethics with Annotations Especially Applicable to Psychiatry.« Washington, D. C.

– 1981. »Principles with Annotations.« Washington, D. C.

– 1980. *Diagnostic and Statistical Manual of Mental Disorders,* third edition *(DSM-III).* Washington, D. C.

– 1979. »Opinions of the Ethics Committee on the Principles of Medical Ethics With Annotations Especially Applicable to Psychiatry.« Washington, D. C.

American Psychoanalytic Association. 1983. »Principles of Ethics for Psychoanalysis and Provisions for Implementation of the Principles of Ethics for Psychoanalysis.« New York.

American Psychological Association. 1981. »Ethical Principles of Psychologists« (revised edition). Washington, D. C.

– 1977. »Ethical Principles of Psychologists« (revised edition). Washington, D. C.

Anonyma 1988. *Verführung auf der Couch.* Freiburg: Kore.

»APA's Ethics Procedures Upheld As Fair in Federal Court.« 1985. *Psychiatric News,* May 3.

Arnold, E. und Retsch, A. 1991 »Liebe, Sexualität, Erotik zwischen Therapeuten und Klientinnen. Eine anonyme Fragebogenerhebung bei zertifizierten Verhaltenstherapeuten und -therapeutinnen.« *Verhaltenstherapie & Psychosoziale Praxis, 3,* pp. 273–288.

Asher, J. 1976. »Confusion Reigns in APA Malpractice Plan.« *American Psychological Association Monitor, 7,* pp. 1, 11.

Bardwick, J. 1971. *Psychology of Women.* New York: Harper and Row.

Barnhouse, R. T. 1978. »Sex between Patient and Therapist.« *Journal of the American of Psychoanalysis, 6,* pp. 533–546.

Bartin, C. 1988. *Die letzte Bonaparte. Freuds Prinzessin. Ein Leben.* Freiburg.

Baum, O. E. 1969–70. »Countertransference.« *Psychoanalytic Review, 56,* pp. 621–637.

Beck, A. T. 1970. »Role of Fantasies in Psychotherapy and Psychopathology.« *Journal of Nervous and Mental Disease, 150,* pp. 3–17.

Belote, B. 1974. »Sexual Intimacy between Female Clients and Male Therapists: Masochistic Sabotage.« Unveröffentlichte Dissertation, California School of Professional Psychology, Berkeley.

Benedek, E. P. 1977. »Training the Female Resident to be a Psychiatrist.« *American Journal of Psychiatry, 134,* pp. 1244–1248.

Berman, A. und Cohen-Sandler, R. 1983. »Suicide and Malpractice: Expert Testimony and the Standard of Care.« *Professional Psychology: Research and Practice, 14,* pp. 6–19.

Berstein, A. 1974. »The Genital Psychoanalyst.« *Psychoanalytic Review, 61,* pp. 257–267.

Bernstein v. *Board of Medical Examiners,* 204 Cal. App. 2d 378, 22 Cal. Rptr. 419, 1983.

Birkner v. *Michael Flowers and Salk Lake County.* Civil No. C-82-8509, 1983.

Blaise, M. 1990. »Du hast es doch gewollt« - Zum Problem ambivalenter Gefühle von Frauen, die sexuellen Übergriffen durch ihren Psychotherapeuten ausgesetzt sind. In *Verhaltenstherapie und psychosoziale Praxis, 22,* pp. 361–366.

Blau, T. 1984. *The Psychologist as Expert Witness.* New York: John Wiley.

Blum, H. J. 1973. »The Concept of Eroticized Transference.« *Journal of the American Psychoanalytic Association, 21,* pp. 61–76.

Boas, C. V. E. 1966. »Some Reflections on Sexual Relations between Physicians and Patients.« *Journal of Sex Research, 2,* pp. 215–218.

Boss, M. 1963, *Psychoanalysis and Daseinsanalysis.* New York: Basic Books.

Bouhoutsos, J. 1985a. »Sexual Intimacy between Psychotherapists and Clients: Policy Implications for the Future.« In *Women and Mental Health Policy,* hg. von L. Walker, pp. 207–227. Beverly Hills: Sage.

– 1985b. »Therapist-Client Sexual Involvement: A Challenge for Mental Health Professionals and Educators.« *American Journal of Orthopsychiatry, 55,* pp. 177–182.

– 1985c. (Chair) »Patient-Therapist Sex: Search for Solution to a Systems Problem.« Symposium auf dem Jahrestreffen der American Psychological Association, Los Angeles.

– 1983. »Programs for Distressed Colleagues: California Model.« Symposium auf dem Jahrestreffen der American Psychological Association, Anaheim, California.

Bouhoutsos, J. und Brodsky, A. 1985. »Mediation in Therapist-Client Sex: A Model.« *Psychotherapy, 22,* pp. 189–193.

Bouhoutsos, J., Holroyd, J., Lerman, H., Forer, B. und Greenberg, M. 1983. »Sexual Intimacy between Psychotherapists and Patients.« *Professional Psychology, 14,* pp. 185–196.

Bouhoutsos, J., Van Gorp, W., Krupp, G. und Shag, D. 1985. »The Professional School Controversy: Attitudes of APA Members.« *The Clinical Psychologist, 38,* pp. 55–59.

Brenneman, D. 1978. »Eisner Sex Surrogate: Patient Tells of Relations.« Santa Monica *Evening Outlook,* January 12, pp. 1, 7.

Breuer, B. Februar 1991. Leserbrief, in: *Report Psychologie,* pp. 28–29.

Brodsky, A. M. 1977. »Countertransference Issues and the Female Therapist: Sex and the Student Therapist.« *Clinical Psychologist, 30,* pp. 12–14.

Broverman, I., Broverman, D., Clarkson, F., Rosenkrantz, P. und Vogel, S. 1970. »Sex-role Stereotypes and Clinical Judgments of Mental Health.« *Journal of Consulting and Clinical Psychology, 34,* pp. 1–7.

Burgess, A. W. 1981. »Physician Sexual Misconduct and Patients' Responses.« *American Journal of Psychiatry, 138,* pp. 1335–1342.

Butler, S. 1975. »Sexual Contact between Therapists and Patients«, unveröffentlichte Dissertation, California School of Professional Psychology, Los Angeles.

Butler, S., und Zelen, S. 1977. »Sexual Intimacies between Psychotherapists and Their Patients.« *Psychotherapy: Theory, Research, and Practice, 139,* pp. 143–144.

California Association of Marriage and Family Counselors. 1977. Ethics Code. San Diego.

Carotenuto, A. 1986. *Tagebuch einer heimlichen Symmetrie: Sabina Spielrein zwischen Jung und Freud.* Freiburg.

Carpenter, B. K. 1965. »Annotation: Malpractice Liability with Respect to Diagnosis and Treatment of Mental Disease.« *American Law Reports, 99,* p. 600.

Cautela, J. R. und McCullough, L. 1978. »Covert Conditioning: A Learning-Theory Perspective on Imagery.« In *The Power of Human Imagination: New Methods in Psychotherapy,* hg. von J. L. Singer und K. S. Pope, pp. 227–254. New York: Plenum.

Chesler, P. 1972. *Women and Madness.* New York: Avon Books.

Cohen, F. und Farrell, D. 1984. »Models of the Mind.« In *Review of General Psychiatry,* hg. von H. H. Goldman, pp. 23–36. Los Altos, Calif.: Lange Medical Publications.

Cohen, R. J. und DeBetz, B. 1977. »Responsive Supervision of the Psychiatric Resident and the Clinical Psychology Intern.« *American Journal of Psychoanalysis, 30,* pp. 51–64.

Colt, G. H. 1983. »The Enigma of Suicide.« *Harvard Magazine* September-October, pp. 46-66.

Cooper v. *Board of Medical Examiners,* 49 Cal. App. 3d 931, 123 Cal. Rptr. 563, 1975.

Cremerius, J. 1986. Vorwort. In: Carotenuto, A. 1986. *Tagebuch einer heimlichen Symmetrie: Sabina Spielrein zwischen Jung und Freud.* Freiburg.

Cremerius, J. 1988. *Aus gegebenem Anlaß. Abstinenz-Maxime und Realität.* In: Anonyma 1988. Freiburg, pp. 166-190.

Cummings, N. A. und Sobel, S. B. 1985. »Malpractice Insurance: Update on Sex Claims.« *Psychotherapy, 22,* pp. 186-188.

Cutter, F. 1982. »The Distressed Psychologist: Opportunities for Intervention.« Bericht auf dem Jahrestreffen der California State Psychological Association, San Francisco.

D'Addario, L. 1977. »Sexual Relationship between Female Clients and Male Therapists.« Unveröffentlichte Dissertation, California School of Professional Psychology, San Diego.

Dahlberg, C. C. 1971. »Sexual Contact between Patient and Therapist.« *Medical Aspects of Human Sexuality, 5,* pp. 34-56.

– 1970. »Sexual Contact between Client and Therapist.« *Contemporary Psychoanalysis,* Spring, pp. 107-124.

Davidson, V. 1977. »Psychiatry's Problem With No Name: Therapist-Patient Sex.« *American Journal of Psychoanalysis, 37,* pp. 43-50.

Demac, D. 1975. »Masters Blasts Innumerable Patient Rapes.« *Hospital Tribune, 9,* p. 1.

Dorland's Medical Dictionary, 25th Edition. 1974. Philadelphia: W. B. Saunders.

Dresser v. *Board of Medical Quality Assurance,* 130 Cal. App. 3d. 506, 181 Cal., Rptr. 797, 1982.

Durre, L. 1980. »Comparing Romantic and Therapeutic Relationships.« In *On love and Loving: Psychological Perspectives on the Nature and Experience of Romantic Love,* hg. von K. S. Pope, pp. 228-243. San Francisco: Jossey-Bass.

Eberhart v. *State,* 34 NE 637, 1893.

Edwards, D. J. A. 1981. »The Role of Touch in Interpersonal Relations: Implications for Psychotherapy.« *South African Journal of Psychology, 11,* pp. 29-37.

Ehlert, M. 1990. »Sexueller Mißbrauch in der Psychotherapie.« In *Report Psychologie,* November, pp. 10–17.
Eigen, M. 1973. »The Call and the Lure.« *Psychotherapy: Theory, Reserch and Practice, 10,* pp. 194–197.

Feld, B. 1971. »The Psychiatrist's Liability for Malpractice.« *Psychiatric Opinion, 8,* p. 6.
Feldman-Summers, S. und Jones, G. 1984. »Psychological Impacts of Sexual Contact between Therapists or Other Health Care Professionals and Their Clients.« *Journal of Consulting and Clinical Psychology, 52,* pp. 1054–1061.
Fine, R. 1965. »Erotic Feelings in the Psychotherapeutic Relationship.« *Psychoanalytic Review, 52,* pp. 30–37.
Finney, J. C. 1975. »Therapist and Patient After Hours.« *American Journal of Psychotherapy, 52,* pp. 30–37.
Flescher, J. 1953. »On Different Types of Countertransference.« *International Journal of Group Psychotherapy, 3,* pp. 357–372.
Forer, B. R. 1984. Personal Communication, November 8.
– 1981. »Sources of Distortion in the Therapeutic Relationship.« Bericht auf der Jahrestagung der American Psychological Association, Los Angeles.
– 1980. »The Therapeutic Relationship: 1968.« Bericht auf der Jahrestagung der California State Psychological Association, Pasadena.
– 1969. »The Taboo against Touching in Psychotherapy.« *Psychotherapy: Theory, Research and Practice, 6,* pp. 229–231.
Franklyn, T. 1978. »Sexual Transgressions against Patients.« *California State Psychologist,* June, pp. 7–8.
Freeman, L. und Roy, J. 1976. *Betrayal.* New York: Stein and Day.
Freud, S. 1925. »Bemerkungen über die Übertragungsliebe.« In *Gesammelte Schriften, Bd. 6.* Leipzig, Wien, Zürich: Internationaler Psychoanalytischer Verlag. Der Aufsatz stammt von 1915.
– 1972. »Sexualleben«. In *Studienausgabe, Bd. 5.* Frankfurt/Main: S. Fischer, pp. 37–145.
Frischer, D. 1977. *Les analysés parlent.* Paris.

Gaines, B. 1972. »Sex on the Couch: Analysts and their Patients.« *Cosmopolitan,* September, pp. 152–155; 166.

Gareffa, D. N. und Neff, S. A. 1975. »Management of Clients' Seductive Behavior.« *Smith College Studies of Social Work, 44,* pp. 110-124.

Gartrell, N., Herman, J., Olarte, S., Feldstein, M. und Localio, R. 1986. »Psychiatrist-Patient Sexual Contact: Results of a National Survey. I. Prevalence.« Bericht auf der Jahrestagung der American Psychiatric Association.

Gechtman, L. und Bouhoutsos, J. 1985. »Sexual Intimacy between Social Workers and Clients.« Bericht auf der Jahresversammlung Society for Clinical Social Workers. Universal City, California, October.

Geller, J. D. 1978. »The Body, Expressive Movement, and Physical Contact in Psychotherapy.« In *The Power of Human Imagination: New Methods in Psychotherapy,* hg. von J. L. Singer und K. S. Pope, pp. 347-378. New York: Plenum.

Geller, J. D., Cooley, R. S. und Hartley, D. 1981-82. »Images of the Psychotherapist: A Theoretical and Methodological Perspective.« *Imagination, Cognition, and Personality: Consciousness in Theory Research Clinical Practice, 3,* pp. 123-146.

George, J. C. 1985. »Psychotherapist-Patient Sex: A Proposal for a Mandatory Reporting Law.« *Pacific Law Journal, 16,* pp. 431-459.

Glaser, R. D. und Thorpe, J. S. 1986. »Unethical Intimacy: A Survey of Sexual Contact and Advances Between Psychology Educators and Female Graduate Students.« *American Psychologist, 41,* 43-51.

Glauber, S. 1978. (Producer) »50 Minutes.« Segment of the series »Sixty Minutes.« New York: CBS Television, 10. September, tatsächlich gesendet am 19. Februar.

Glover, E. 1955. *The Technique of Psycho-analysis.* New York: International Universities Press.

Gottlieb, M., Sell, J. und Schoenfeld, L. 1985. »Social and Romantic Relationships with Former Clients: A National Survey.« Bericht auf der Jahrestagung der American Psychological Association, Los Angeles.

Greenacre, P. 1954. »The Childhood of the Artist: Libidinal Phase Development and Giftedness.« In *The Psychoanalytic Study of the Child,* hg. von R. Eissler, A. Freud, H. Hartmann und M. Kris, pp. 47-72. New York: International Universities Press.

Greenbank, R. K. 1965. »Management of Sexualized Countertransference.« *Journal of Sex Research. 1,* pp. 233–238.

Greenson, R. R. 1989(5). *Technik und Praxis der Psychoanalyse.* Stuttgart: Klett-Cotta.

Greenspan, E. 1978. »The Role of the Psychiatrist in the Criminal Justice System.« *Canadian Psychiatric Association Journal, 23,* pp. 137–142.

Gross, Z. 1977. »Erotic Contact as a Source of Emotional Learning in Psychotherapy.« Bericht auf der Jahrestagung der American Psychological Association, San Francisco.

Grossman, C. M. 1965. »Transference, Countertransference, and Being in Love.« *Psychoanalytic Quarterly, 34,* pp. 249–256.

Grunebaum, H., Nadelson, C. und Macht, L. 1976. »Sexual Activity with the Patient: A District Branch Dilemma.« Bericht auf der Jahrestagung der American Psychiatric Association, Washington, D. C.

Hare-Mustin, R. T. 1974. »Ethical Considerations in the Use of Sexual Contact in Psychotherapy.« *Psychotherapy: Theory, Research and Practice, 11,* pp. 308–310.

Harris, M. 1973. »Tort Liability of the Psychotherapist.« *University of San Francisco Law Review,* Winter, pp. 405–436.

Hays, J. R. 1980. »Sexual Contact between Psychotherapist and Patient Remedies.« *Psychological Reports, 47,* pp. 1247–1254.

Heimann, P. 1950. »On Countertransference.« *International Journal of Psychoanalysis, 31,* pp. 81–84.

Holroyd, J. C. 1983. »Erotic Contact as an Instance of Sex-biased Therapy.« In *The Handbook of Bias in Psychotherapy,* hg. von J. Murray und P. R. Abramson, pp. 285–308. New York: Praeger.

Holroyd, J. C. und Bouhoutsos, J. 1985. »Sources of Bias in Reporting Effects of Sexual Contact with Patients.« *Psychotherapy: Research and Practice, 16,* pp. 701–709.

Holroyd, J. C. und Brodsky, A. M. 1980. »Does Touching Patients Lead to Sexual Intercourse?« *Professional Psychology, 11,* pp. 807–811.

– 1977. »Psychologists' Attitudes and Practices Regarding Erotic and Nonerotic Physical Contact with Patients.« *American Psychologist, 32,* pp. 843–849.

Horowitz, M. J. 1984. »Stress and the Mechanisms of Defense.« In

Review of General Psychiatry, hg. von H. H. Goldman, pp. 42–50. Los Altos, Calif.: Lange Medical Publications.
– 1978a. *Image Formation and Cognition.* New York: Appleton-Century-Crofts.
– 1978b. »Controls of Visual Imagery and Therapist Intervention.« In *The Power of Human Imagination: New Methods in Psychotherapy,* hg. von J. L. Singer und K. S. Pope, pp. 37–49, New York: Plenum.
– 1976. *Stress Reponse Syndromes.* New York: Jason Aronson.

Ishida, Y. 1974. »Physician-patient Sexual Relations.« *Medical Aspects of Human Sexuality, 8,* p. 103.

Jones, E. 1962. *Das Leben und Werk von Sigmund Freud.* 3 Bände. Bern: Huber.

Kaplan, A. 1975. »Sex in Psychotherapy: The Myth of Sandor Ferenczi.« *Contemporary Psychoanalysis, 11,* pp. 175–187.
Kaplan, D. 1972. »On Transference Love and Generativity.« *Psychoanalytic Review, 58,* pp. 573–579.
Kaplan, H. S. 1977. »Training Sex Therapists.« In *Ethical Issues in Sex Therapy and Research,* hg. von W. H. Masters, V. E. Johnson und R. D. Kolodny, pp. 182–205. Boston: Little, Brown.
Kardener, S. H. 1974. »Sex and the Physician-patient Relationship.« *American Journal of Psychiatry, 131,* pp. 1134–1136.
Kardener, S. H., Fuller, M. und Mensh, I. N. 1976. »Characteristics of ›Erotic‹ Practioners.« *American Journal of Psychiatry, 133,* pp. 1324–1325.
– 1973. »A Survey of Physicians' Attitudes and Practices Regarding Erotic and Nonerotic Contact with Patients.« *American Journal of Psychiatry, 130,* pp. 1077–1081.
Keith-Siegel, P. C. 1979. »Sex with Clients: Ten Reasons Why It Is a Very Stupid Thing to Do.« Bericht auf der Jahrestagung der American Psychological Association, New York.
Keith-Spiegel, P. C. und Koocher, G. 1985. *Ethics in Psychology: Standards and Cases.* New York: Random House.
Kenworthy, T. A., Koufacos, C. und Sherman, J. 1976. »Women and Therapy: A Survey on Internship Programs.« »Psychology of Women Quarterly, 1, pp. 125–137.

Kernberg, O. 1983. *Borderline-Störungen und politischer Narzißmus.* Frankfurt/Main: Suhrkamp.
Kurlycheck, R. und De Heer, N. D. 1982. »Court Testimony by Mental Health Professionals in Corrections: Considerations and Guidelines for Effective Involvement.« *Journal of Behavioral Technology: Methods and Training, 28,* pp. 137–139.
Kurz, D. und Stark, E. 1988. »Not-So-Benign Neglect: The Medical Response to Battering.« In: *Feminist Perspectives on Wife Abuse,* hg. v. K. Yllö und M. Bogard, pp. 249–266. London: Sage.

Laliotis, D. und Grayson, J. 1985. »Psychologist Heal Thyself: What Is Available for the Impaired Psychologist?« *American Psychologist, 40,* pp. 84–96.
Landis, C. E., Miller, H. R. und Wettstone, R. P. 1975. »Sexual Awareness Training for Counselors.« *Teaching of Psychology, 2,* pp. 33–36.
Langs, R. J. 1982. »Countertransference and the Process of Cure.« In *Curative Factors in Dynamic Psychotherapy,* hg. von S. Slipp, pp. 127–152. New York: McGraw-Hill.
– 1973. *The Technique of Psychoanalytic Psychotherapy,* Vol. 1. New York: Jason Aronson.
Lehrman, N. S. 1960. »The Analyst's Sexual Feelings.« *American Journal of Psychotherapy, 14,* pp. 545–549.
Len, M. und Fischer, J. 1978. »Clinicians' Attitudes toward and Use of Four Body Contact or Sexual Techniques with Clients.« *Journal of Sex Research, 14,* pp. 40–49.
Levenson, H. und Pope, K. S. 1984. »Behavior Therapy and Cognitive Therapy.« In *Review of General Psychiatry,* hg. von H. H. Gold, pp. 538–548. Los Altos, Calif.: Lange Medical Publications.
Lief, H. I. 1978. »Sexual Survey #7: Current Thinking on Seductive Patients.« *Medical Aspects of Human Sexuality,* Februar, pp. 46–47.
Little, M. 1951. »Countertransference and the Patient's Response to It.« *International Journal of Psychoanalysis, 32,* pp. 32–40.
Loftus, E. und Monahan, J. 1980. »Trial by Data: Psychological Research as Legal Evidence.« *American Psychologist, 35,* pp. 270–283.

McCartney, J. 1966. »Overt Transference.« *Journal of Sex Research, 2,* pp. 227-237.

McCormick, C. G. 1973. »If You Touch, Don't Take.« *Psychotherapy: Theory, Research and Practice, 10,* pp. 199-200.

Maguire, L. 1977. »A Sex Therapist's View of Sexual Contacts.« Bericht auf der Jahrestagung der American Psychological Association, San Francisco.

Marmor, J. 1977. »Designated Discussion of ›The Ethics of Sex Therapy‹.« In *Ethical Issues in Sex Therapy and Research,* hg. von W. H. Masters, V. E. Johnson und R. D. Kolodny, pp. 157-161. Boston: Little, Brown.

– 1976. »Some Psychodynamic Aspects of the Seduction of Patients in Psychotherapy.« *American Journal of Psychoanalysis, 36,* pp. 319-323.

– 1972a. »The Seductive Psychotherapist.« *Psychiatry Digest, 31,* pp. 10-16.

– 1972b. »Sexual Acting Out in Psychotherapy.« *The American Journal of Psychoanalysis, 32,* pp. 327-335.

– 1953. »The Feeling of Superiority: An Occupational Hazard in the Practice of Psychotherapy.« *American Journal of Psychiatry, 110,* pp. 3370-3373.

Masson, J. M. 1986. *Was hat man dir, du armes Kind, getan?* Reinbek: Rowohlt.

Masters, W. H. und Johnson, V. E. 1976. »Principles of the New Sex Therapy.« *American Journal of Psychiatry, 133,* pp. 548-554.

Masterson, J. 1976. *Psychotherapy of the Borderline Adult: A Developmental Approach.* New York: Bruner/Mazel.

Mazza v. *Huffaker* 61 N. C. App. 170, 1983.

Medlicott, R. W. 1968. »Erotic Professional Indiscretions, Actual or Assumed and Alleged.« *Australian/New Zealand Journal of Psychiatry, 2,* pp. 17-23.

Meichenbaum, D. 1978. »Why Does Using Imagery in Psychotherapy Lead to Change?« In *The Power of Human Imagination: New Methods of Psychotherapy,* hg. von J. L. Singer und K. S. Pope, pp. 381-394. New York: Plenum.

Menninger, K. und Holzmann, P. S. 1977. *Theorie der psychoanalytischen Technik.* Stuttgart: Frommann-Holzboog.

Mintz, E. E. 1969. »Touch and the Psychoanalytic Tradition.« *Psychoanalytic Review, 56,* pp. 365-366.

Moldawsky, S. 1977. »Some Theoretical and Clinical Issues in Therapist-Patient Contact, or Everybody Gets Screwed and Nobody Gets Helped.« Bericht auf der Jahrestagung der American Psychological Association, San Francisco.

Morgan, H. 1977. »The Difficult Defendant: A Case Report.« *American Journal of Psychiatry, 134,* pp. 1306–1307.

Morra v. *State Board of Examiners of Psychologists,* 510 P.2d 614 Ct. Kan. 1973.

National Association of Social Workers, Inc. 1980. »Code of Ethics of the National Association of Social Workers.« Washington, D. C.

O'Byrne, B. de R. 1970. »Civil Liability of Doctor or Psychologist for Having Sexual Relationship with Patient.« *American Law Reports, 33,* pp. 1393–96 and Supplement, 135.

Pakdaman, Hooshand. 1982. »The Prevalence of Sexual Intimacy between Therapists and their Clients.« Unveröffentlichte Dissertation, United States International University.

People v. *Bernstein,* 340 P. 2d 299, 1959.

Perry, J. A. 1976. »Physicians' Erotic and Nonerotic Involvement with Patients.« *American Journal of Psychiatry, 33,* 838–840.

Plasil, E. 1985, *Therapist.* New York: St. Martin's/Marek.

Pleck, J. H. 1984. *Men's Power with Women »Other Men, and Society.« In The Gender Sap in Psychotherapy,* hg. von P. P. Rieker und E. H. Carmen, pp. 79–89. New York: Plenum Press.

Pope, K. S. 1986. »Clinical and Legal Issues in Assessing and Treating the Potentially Violent Patient.« *The Independent Practitioner.*

– 1986a. »Assessment and Management of Suicidal Risk: Clinical and Legal Standards of Care.« *The Independent Practitioner, 6* (1), pp. 17-23.

– 1986. »Therapist-Patient Sex Syndrome: Research Findings.« Bericht auf der Jahrestagung der American Psychiatric Association, Washington, D. C.

– 1985. »Diagnosis and Treatment of Therapist-patient Sex Syndrome.« Bericht auf der Jahrestagung der American Psychological Association, Los Angeles.

– 1985b. »Fantasy.« In *From Research to Clinical Practice: The Implications of Social and Developmental Research for Psychotherapy,* hg. von G. Stricker und R. H. Keisner, pp. 375–400. New York: Plenum.
– 1982. *Implications of Fantasy and Imagination for Mental Health: Theory, Research, and Interventions.* Report im Auftrag des National Institute of Mental Health, Vertragsnummer 449904865, Bestellnummer 82M024784505D.
Pope, K. S., Keith-Spiegel, P. C. und Tabachnick, B. G. 1986. »Sexual Attraction to Clients: The Human Therapist and the (Sometimes) Inhuman Training System.« *American Psychologist, 41,* pp. 147–158.
Pope, K. S., Levenson, H. und Schover, L. 1979. »Sexual Intimacy in Psychology Training: Results and Implications of a National Survey.« *American Psychologist, 34,* pp. 682–689.
Pope, K. S., Schover, L. R. und Levenson, H. 1980. »Sexual Behavior between Clinical Supervisors and Trainees: Implications for Professional Standards.« *Professional Psychology, 11,* pp. 157–162.

Rappaport, E. A. 1959. »The First Dream in an Eroticized Transference.« *International Journal of Psychoanalysis, 40,* pp. 240–245.
– 1956. »The Management of an Eroticized Transference.« *Psychoanalytic Quarterly, 25,* pp. 515–529.
Redlich, F. C. 1977. »The Ethics of Sex Therapy.« In *Ethical Issues in Sex Therapy and Research,* hg. von W. H. Masters, V. E. Johnson und R. D. Kolodny, pp. 143–157. Boston: Little, Brown.
Reich, A. 1951. »On Countertransference.« *International Journal of Psychoanalysis, 32,* pp. 25–31.
Riskin, L. 1979. »Sexual Relations between Psychotherapists and their Patients: Toward Research or Restraint?« *California Law Review, 67,* pp. 1000–1027.
Robertiello, R. 1975. »Iatrogenic Psychiatric Illness.« *Journal of Contemporary Psychotherapy, 7,* pp. 3–8.
Romeo, S. 1978. »Dr. Martin Shepard Answers His Accusers.« *Knave,* June, pp. 14–38.
Rosenstein v. *Barnes, Superior Court of California,* L. A. County, Vase # NWC 78755, March 24, 1984.

Roy v. *Hartogs,* 381 N.Y.S. 2d 587 (App. 1976).
Ruesch, J. 1961. *Therapeutic Communication.* New York: W. W. Norton.

Sadoff, R. L. 1975. *Forensic Psychiatry: A Practical Guide for Lawyers and Psychiatrists.* Springfield, III.: Charles C. Thomas.
Sarason, S. B. 1985. *Caring and Compassion in Clinical Practice.* San Francisco: Jossey-Bass.
Saretsky, L. 1977. »Sex-related Countertransference Issues of a Female Therapist.« *Clinical Psychologist, 30,* pp. 11–12.
Saul, L. J. 1962. »The Erotic Transference.« *Psychoanalytic Quarterly, 31,* pp. 54–61.
Scheflen, A. E. 1965. »Quasi-courtship Behavior in Psychotherapy.« *Psychiatry, 28,* pp. 245–257.
Schoener, G., Milgrom, J. und Gonsiorek, J. 1983. »Responding Therapeutically to Clients Who Have Been Sexually Involved With their Psychotherapists.« Minneapolis: Minneapolis Walk-In Counseling Center, Monograph.
Schover, L. R. 1983. »Psychotherapists' Reactions to Client Sexuality: A source of Bias in Treatment?« In *Bias in Psychotherapy,* hg. von J. Murray und P. R. Abramson, pp. 285–308. New York: Praeger.
– 1981. »Male and Female Therapists' Responses to Male and Female Client Sexual Material: An Analogue Study.« *Archives of Sexual Behavior, 10,* pp. 477–492.
Schultz, L. G. 1975. »Survey of Social Workers' Attitudes and Use of Body and Sexual Psychotherapies.« *Clinical Social Work Journal, 3,* pp. 90–99.
Schultz, L. G. und McGrath, J. 1978. »Developing Seduction Management Skills through the Use of Video Vignettes.« *Journal of Humanities, 5,* pp. 70–78.
Schutz, B. M. 1982. *Legal Liability in Psychotherapy.* San Francisco: Jossey-Bass.
Scrignar, C. 1984. *Post-Traumatic Stress Disorder.* New York: Praeger.
Seagull, A. A. 1972. »Should a Therapist Have Intercourse with Patients?« Bericht auf der Jahrestagung der American Psychological Association, Honolulu.
Searles, H. F. 1965. »Oedipal Love in the Countertransference.« In

Collected Papers on Schizophrenia and Related Subjects. pp. 284–303. New York: International Universities Press. Erstveröffentlichung 1959.

Serban, G. 1981. »Sexual Activity in Therapy: Legal and Ethical Issues.« *American Journal of Psychotherapy, 35,* pp. 76–85.

Shah, S. 1980. »Dangerousness: Conceptual, Prediction, and Public Policy Issues.« In *Violence and the Violent Individual,* hg. von R. Hays und K. Solway, pp. 151–178. New York: S. P. Medical and Scientific Books.

Shapiro, D. 1984. *Psychological Evaluation and Expert Testimony.* New York: Van Nostrand Reinhold.

Shearer, L. 1981. »Sex Between Patient and Physician.« *Parade,* August 23, p. 8.

Shepard, M. 1971. *The Love Treatment: Sexual Intimacy between Patients and Psychotherapists,* New York: Wyden.

Shor, J. und Sanville, J. 1974. »Erotic Provocations and Dalliances in Psychotherapeutic Practice.« *Clinical Social Work Journal, 2,* pp. 83–95.

Siassi, I. und Thomas, M. 1973. »Physicians and the New Sexual Freedom.« *American Journal of Psychiatry, 130,* pp. 1256–1257.

Siegel, S. 1983. Personal Communication.

Simon, R. 1985. »Sexual Misconduct of Therapists: A Cause for Civil and Criminal Action.« *Trial,* May, pp. 46–51.

Singer, E. 1970. *Key Concepts in Psychotherapy.* New York: Basic Books.

Singer, J. L. 1974. *Imagery and Daydream Methods in Psychotherapy and Behavior Modification.* New York: Academic Press.

Singer, J. L. und Pope, K. S. 1978. »The Use of Imagery and Fantasy Techniques in Psychotherapy.« In *The Power of Human Imagination: New Methods in Psychotherapy,* hg. von J. L. Singer und K. S. Pope, pp. 3–34. New York: Plenum.

Sinnett, R. und Linford, O. 1982. »Processing Formal Complaints against Psychologists.« *Psychological Reports, 50,* pp. 535–544.

Smith, R. 1980. »Overview of State Medical Society Programs.« *Proceedings of the Fourth AMA Conference on the Impaired Physician: Building Well-Being,* hg. von J. J. Robertson, pp. 3–7, Chicago: American Medical Association.

Smith, S. 1981. »Analytic Explorations of Therapists involved with

Patients.« Bericht auf der Jahrestagung der California State Psychological Association, San Diego.

Solloway v. *Department of Professional Regulation,* 421 So. 2d 573, 1982.

Sonne, J. L. 1986. »Therapist/Patient Sexual Intimacy: Understanding and Counseling the Patient.« *Medical Aspects of Human Sexuality.*

Sonne, J., Meyer, C. B., Borys, D. und Marshall, V. 1985. »Clients' Reactions to Sexual Intimacy in Therapy.« *American Journal of Orthopsychiatry, 55,* pp. 183–189.

Spitz, R. 1956. »Transference: The Analytic Setting and its Prototype.« *International Journal of Psychoanalysis, 37,* pp. 380–385.

Stekel, W. 1926. *Frigidity in Women in Relation to Her Love Life.* New York: Boni and Liveright.

Stone, A. A. 1983. »Sexual Misconduct by Psychiatrists: The Ethical and Clinical Dilemma of Confidentiality.« *American Journal of Psychiatry, 140,* pp. 195–197.

– 1976. »The Legal Implications of Sexual Activity between Psychiatrist and Patient.« *American Journal of Psychiatry, 113,* pp. 1138–1141.

Stone, L. G. 1980. »A Study of the Relationships among Anxious Attachment, Ego Functioning, and Female Patients' Vulnerability to Sexual Involvement with their Male Psychotherapists.« Unveröffentliche Dissertation, California School of Professional Psychology, Los Angeles.

Stone, M. H. 1982. »Turning Points in Psychotherapy.« In *Curative Factors in Dynamic Psychotherapy,* hg. von S. Slipp, pp. 259–279. New York: McGraw-Hill.

– 1976. »Boundary Violations between Therapist and Patient.« *Psychiatric Annals, 6,* pp. 8–31.

Tauber, E. S. 1979. »Countertransference Reexamined.« In *Countertransference,* hg. von L. Epstein und a. H. Feiner, pp. 59–70. New York: Jason Aronson.

Taylor, B. J. und Wagner, N. W. 1976. »Sex between Therapists and Clients: A Review and Analysis.« *Professional Psychology, 7,* pp. 593–601.

Thompson, C. 1950. *Psychoanalysis: Evolution and Development,* New York: Hermitage House.

– 1946. »Transference as a Therapeutic Instrument.« In *Current Therapies of Personality Disorders,* hg. von B. Gluck, pp. 194–205. New York: Grune and Stratton.

Tower, L. E. 1956. »Countertransference.« *Journal of the American Psychoanalytic Association, 4,* pp. 224–255.

Turkington, C. 1984, December. »Women Therapists Not Immune to Sexual Involvement Suits.« *APA Monitor, 15,* p. 15.

Ulanov, A. B. 1979. »Follow-up Treatment in Cases of Patient-Therapist Sex.« *Journal of the American Academy of Psychoanalysis, 7,* pp. 101–110.

Van Buren, A. 1978. »Dear Abby.« San Francisco *Sunday Examiner and Chronicle,* Juni 11, p. 6.

VandenBos, G. R. und Stapp, J. 1983. »Service Providers in Psychology: Results of the 1982 APA Human Resources Survey.« *American Psychologist, 38,* pp. 1330–1352.

Vinson, J. S. 1984. »Sexual Contact with Psychotherapists: A Study of Client Reactions and Complaint Procedures.« Unveröffentlichte Dissertation, California School of Professional Psychology.

Vogt, I. 1989. »Liebe und Sex in der Therapie«. In *Verhaltenstherapie und psychosoziale Praxis 21,* pp. 39–48.

– 1990. »Der Prozeß der individuellen und gesellschaftlichen Verdrängung.« In *Sucht-Gewalt-Sexualität,* hg. von I. Arenz-Greiving. Freiburg: Lambertus.

– 1990. »Neues zu ›Sex in der Therapie‹«. In *Verhaltenstherapie und psychosoziale Praxis 22,* pp. 104–105.

– 1990. »Therapierisiken für Frauen in der Suchtkrankenhilfe«. In *Sucht. Abhängigkeiten bei Frauen und Männern,* hg. von DHS. Hamm.

– 1991. *Frauen, Gewalterfahrungen und Beratung/Therapie. Eine Einstellungsuntersuchung. Abschlußbericht.* Frankfurt/Main.

– 1991. »Frauen und psychische Störungen«. In *Klinische Psychologie - ein kritisches Handbuch,* hg. von G. Hörmann. Reinbek: Rowohlt.

Voth, H. M. »Love Affair Between Doctor and Patient.« *American Journal of Psychotherapy, 26,* pp. 394–400.

Walker, E. und Young, T. D. 1986. *A Killing Cure.* New York: Henry Holt.
Weiner, M. F. 1978. *Therapist Disclosure: The Use of Self in Psychotherapy.* Woburn, Mass.: Butterworths.
Weisstub, D. 1977. »Confidentiality and the Mental Health Professional.« *Canadian Psychiatric Association Journal, 22,* pp. 319-323.
Whitesell v. *Green,* Hawaii District Court, Honolulu Docket No. 38745, November 19, 1973.
Winnicott, D. 1949. »Hate in the Countertransference.« *International Journal of Psychoanalysis, 30,* pp. 69–75.
Wirtz, U. 1989. *Seelenmord. Inzest und Therapie.* Zürich.
Wolfslast, G. 1987. »Die Haftung des Psychotherapeuten.« In *R. & P.,* pp. 2–6.
Wolowitz, H. 1972. »Hysterical Character and Feminine Identity.« In *Readings on the Psychology of Women,* hg. von R. Bardwick, pp. 307–314. New York: Harper and Row.
Wright, R. W. 1981. »Psychologists and Professional Liability Malpractice Insurance: A Retrospective Review.« *American Psychologist, 36,* pp. 1485–1493.

Zieke, Paul. 1985. »Judge Urged to Resign After Child Rape Decision.« Los Angeles *Herald Examiner,* July 18, p. A6.
Zipkin v. *Freeman,* 436 S. W. 2d 753 Mo. 1968.
Ziskin, J. 1984a. *Coping with Psychiatric and Psychological Testimony,* 3. Aufl. Bd. 1 + 2. Venice, Calif.: Law and Psychology Press.
– 1984b. »Malingering of Psychological Disorders.« *Behavioral Sciences and the Law, 2,* 39–49.

ADRESSEN VON BERUFS- UND THERAPIEVERBÄNDEN

Berufsverband Deutscher Psychologen
Heilsbachstr. 22, 5300 Bonn, Tel. 02 28/64 10 56-56

Berufsverband Deutscher Psychologen
Schieds- und Ehrengericht
Vorsitzender der 1. Kammer Prof. Dr. Teichmann
Haus Recht und Wirtschaft, Universität, 6500 Mainz

Deutsche Gesellschaft für Verhaltenstherapie (DGVT)
Belthlestr. 15, 7400 Tübingen, Tel. 0 70 71/4 12 11

Gesellschaft für wissenschaftliche Gesprächspsychotherapie (GwG)
Richard-Wagner-Str. 12, 5000 Köln 1, Tel. 02 21/23 79 17

Deutsche Psychoanalytische Gesellschaft (DPG)
Nußbaumstr. 7, 8000 München 2

Deutsche Psychoanalytische Vereinigung (DPV)
Sulzaer Straße 3, 1000 Berlin 33

Deutsche Gesellschaft für Psychoanalyse, Psychotherapie, Psychosomatik und Tiefenpsychologie (DGPPP)
Alte Rabenstr. 24, 2000 Hamburg 13, Tel. 0 40/44 39 57

Alfred-Adler-Institut für Individual-Psychologie (DGIP)
Schützenstr. 52, 4000 Düsseldorf, Tel. 02 11/35 77 73

Deutsche Vereinigung für Gestalttherapie
Oberweg 54, 6000 Frankfurt 1, Tel. 0 69/5 97 59 90

Münchner Gesellschaft für bioenergetische Analyse e. V.
Mitglied des Internationalen Instituts für
bioenergetische Analyse in New York
Adelgundenstr. 11, RGB IV, 8000 München 22,
Tel. 0 89/2 28 39 81

Deutsche Gesellschaft für biodynamische Psychologie
c/o H. Schütz (1. Vorsitzende)
Kleiner Kielort 9, 2000 Hamburg 13

Deutsche Gesellschaft für Psychologie e. V.
(Verband der Psychologie-Hochschullehrer)
Präsident Prof. Dr. G. Lüer
Institut für Psychologie
Goßlerstr. 14, 3400 Göttingen, Tel. 05 51/39-36 19

Bundesärztekammer
Herbert-Lewin-Str. 1, 5000 Köln 41, Tel. 02 21/40 04-0

ADRESSEN VON ANLAUF- UND KONTAKTSTELLEN

Die nach Postleitzahlen geordneten Anschriften dienen als erste Anlaufstelle, um in Erfahrung zu bringen, welche Therapie- oder Beratungsmöglichkeiten vor Ort bestehen.

In den alten Bundesländern

1000 Berlin (0 30): Notruf, c/o Frauenzentrum, Stresemannstr. 40 (61), T 2 51 28 28
- FrauenTraum, Beratung, Wartburgstr. 9 (62), T 7 82 82 65
- Infotelefon bei faschistischen, rassistischen und sexistischen Überfällen auf Frauen und Mädchen, T 65 20 74
- TUBFF Therapie und Beratung, Mommsenstr. 52 (12), T 3 23 50 39
- Wildwasser, Arbeitsgemeinschaft gegen sexuellen Mißbrauch, Beratungsstelle, Mehringdamm 50 (61), T 7 86 50 17

2000 Hamburg (0 40): Notruf, PF 20 18 16, T 38 97 38
- Therapiezentrum und Selbsthilfeladen, Warnholzstr. 2 (50), T 38 38 48

2300 Kiel (04 31): Notruf und Beratung, c/o Frauenzentrum, Knooper Weg 32 (Hof), T 9 11 44 und 9 11 24
- donna klara, psychosoziale Arbeit und Selbsthilfe, Schasstr. 4, T 6 15 49

2400 Lübeck (04 51): Notruf, Dankwartsgrube 52, T 70 46 40

2800 Bremen (04 21): Notruf und Beratung, Dobbenweg 10, T 70 17 17
- Therapiezentrum, Humboldtstr. 88, T 7 64 05

2900 Oldenburg (04 41): Therapie und Beratungszentrum, Huntestr. 22, T 2 59 28
3000 Hannover (05 11): Notruf und Beratung, Bödekestr. 68, T 33 21 12
3200 Hildesheim (0 51 21): Notruf, c/o Grüner Laden, Wollenweberstr. 29/30
– Wildwasser, Verein gegen sexuellen Mißbrauch an Mädchen und Frauen, T 51 55 46 (nur Di)
3300 Braunschweig (05 31): Notruf und Beratung, Magnikirchstr. 4, T 4 33 02
3400 Göttingen (05 51): Notruf, PF 18 25, T 4 46 84
3500 Kassel (05 61): Notruf, PF 10 27 62 und c/o Frauenzentrum, Goethestr. 44 (Eingang Reginastr.), T 77 22 44
– Schwarze Winkel, Gruppe gegen sexuellen Mißbrauch, c/o Frauenhaus, PF 10 11 03, T 89 88 89
4000 Düsseldorf (02 11): Notruf und Beratung, Ackerstr. 144, T 68 68 54 und 68 68 79
4100 Duisburg (02 03): Notruf und Beratung, Grabenstr. 20, T 35 82 56
4200 Oberhausen (02 08): Notruf, Stöckmannstr. 30, T 80 58 47
4300 Essen (02 01): Notruf und Beratung, Waldhausenstr. 13, T 23 54 69
4400 Münster (02 51): Notruf, Kuhstr. 13, T 5 58 66
– Zartbitter, Initiative gegen sexuellen Kindesmißbrauch, Rothenburg 35, T 5 84 19
4500 Osnabrück (05 41): Notruf und Beratungsstelle, c/o Frauenzentrum, Kommenderiestr. 41, T 2 93 00
4600 Dortmund (02 31): Wildwasser, Adlerstr. 81, T 14 88 77
4700 Hamm (0 23 81): Notruf, T 40 43 60
4800 Bielefeld (05 21): Notruf, Nordstr. 37, T 12 42 48
– Psychologische Beratung für Frauen und Mädchen, Ernst-Rhein- Str. 33, T 12 15 97
4900 Herford (0 52 21): Notruf und Frauenhaus, PF 16 06, T 2 38 83
– Treffpunkt, Beratung und Selbsthilfe, Brüderstr. 14, T 5 10 66
5000 Köln (02 21): Notruf, Glasstr. 74, T 56 20 35
– Beratungsstelle, Herwarthstr. 22, T 52 64 64
– Frauen lernen leben, Beratung, Therapie und Bildung, Hansemannstr. 43, T 52 15 79

5100 Aachen (02 41): Notruf, Mariabrunnstr. 35, T 3 59 17
5300 Bonn (02 28): Notruf, Berliner Platz 31, T 63 55 24
– TUBF, Therapie und Beratung, Dorotheenstr. 1-3, T 6 53 22
5500 Trier (06 51): Zentrum, Saarstr. 38, T 4 01 19
5600 Wuppertal (02 02): Notruf, Sattlerstr. 26, T 31 19 18
– Beratung und Selbsthilfe, Kieselstr. 41, T 42 39 46
5800 Hagen (0 23 31): Beratungsstelle, Bahnhofstr. 41, T 1 58 88
5900 Siegen (02 71): Frauenhaus, PF 22 32 31, Beratung, T 4 38 33
6000 Frankfurt (0 69): Notruf, Hamburger Allee 45, T 70 94 94
6100 Darmstadt (0 61 51): Notruf, c/o Frauenzentrum, Pallaswiesenstr. 57a, T 29 32 06
– Wildwasser, Liebigstr. 8, T 2 88 71
6200 Wiesbaden (06 11): Beratungsstelle, Adlerstr. 7, T 5 12 12
6300 Giessen (06 41): Notruf und Frauenhaus, Reichenberger Str. 7a, T 3 14 38
6500 Mainz (0 61 31): Notruf und Beratung, c/o Frauenzentrum, Goethestr. 38, T 61 36 76
6600 Saarbrücken (06 81): Notruf, Nauwieserstr. 19, T 3 67 67
6700 Ludwigshafen (06 21): Notruf, T 56 19 69
– Wildwasser Lu, Verein gegen sexuellen Mißbrauch an Mädchen und Frauen, c/o Café, Schützenstr. 26, T 56 57 21
6800 Mannheim (06 21): Notruf, c/o Fraueninformationszentrum, Eichendorffstr. 15a, T 37 97 00
6900 Heidelberg (0 62 21): Notruf, Bunsenstr. 19, T 1 36 43
7000 Stuttgart (07 11): Notruf, Kernerstr. 31, T 29 64 32
7100 Heilbronn (0 71 31): Notruf, T 57 15 35 und 7 65 51
– Frauen gegen VerGEWALTigung, Werderstr. 159
7400 Tübingen (0 70 71): Notruf, PF 21 31, T 5 18 88
7500 Karlsruhe (07 21): Notruf, PF 46 28, T 85 55 66
7800 Freiburg (07 61): Notruf und Beratung, c/o Frauenzentrum, Schwarzwaldstr. 107, T 3 33 39
7900 Ulm (07 31): Notruf, c/o Frauenzentrum, Hinter dem Brot 9, T 6 77 75
8000 München (0 89): Notruf und Beratung, Güllstr. 3 (2), T 76 37 37
– Therapiezentrum, Güllstr. 3 (2), T 7 25 25 50 und 7 25 88 29
8400 Regensburg (09 41): Notruf und Beratung, c/o Frauenzentrum, Prüfeninger Str. 32, T 2 41 71
8500 Nürnberg (09 11): Notruf, T 28 44 00

8600 Bamberg (09 51): Notruf, PF 40 06, T 5 28 88
8700 Würzburg (09 31): Notruf und Beratung, c/o Frauenzentrum, Petrinistr. 15, T 46 32 99
8800 Ansbach (09 81): Notruf, T 1 73 77
8900 Augsburg (08 21): Notruf, T 15 46 48

ADRESSEN AUTONOMER FRAUENGRUPPEN IN DEN NEUEN BUNDESLÄNDERN

Berlin (02): Unabhängiger Frauenverband (UFV), Friedrichstr. 165 (1080), Büro DDR, T 2 29 16 85, Berliner Büro T 2 29 17 53

– Gruppe Gewalt gegen Frauen, c/o Christa Poeck, E.-Brandström-Str. 6 (1100), T. 4 72 49 21

Dresden (0 51): Komm, FZ, c/o Liane Griedel, Erlenstr. 17 (8060)

– UFV, Devrientstr. 4 (8010), T 4 95 60 55

Erfurt (0 61): Frauenzentrum, Treff, Beratung und Kurse, Espachstr. 3 (5080), T 2 60 68

Frankfurt/Oder (0 30): UFV, Büro: Bergstr. 155 (1200), T 6 21 37 und c/o Ulrike Markert, Große Scharnstr. 23a (1200)

Halle (0 46): UFV, Büro: Reformhaus, Große Klausstr. 11 (4020), T 2 55 37

Jena (0 78): Fraueninitiative, Engelplatz 10 (6900), T 2 23 36

Leipzig (0 41): Fraueninitiative und Initiative Frauenhaus, c/o Haus der Demokratie, Bernhard-Göring-Str. 152 (7030), T 3 91 11 62 und 31 21 02

Magdeburg (0 91): Frauenzentrum und UFV, Porse-Privat-Weg 14 (3011), T 4 49 92

Potsdam (0 33): UFV, Otto-Nuschke-Str. 54 (1560), T 2 23 83

– FZ, Kontakt-, Info-, Bildungszentrum und Schutzwohnung, Leninallee 189 (1570)

Rostock (0 81): UFV, Thälmannplatz 12 (2500), T 2 35 91/2

Schwerin (0 84): Fraueninitiative/UFV, Büro: Großer Moor 2–6 (2750), T 81 22 89

Suhl (0 66): Frauen jetzt/UFV, Büro: Dr.-Th.-Neubauer-Str. 6 (6000), T 2 00 10

Weimar (06 21): UFV und Bibliothek, Büro: Goetheplatz 9b (5300), T 24 46

(Quelle: *Sexuelle Übergriffe in der Therapie. Kunstfehler oder Kavaliersdelikt?* Hrsg. v. der »Arbeitsgemeinschaft ›Frauen in der psychosozialen Versorgung‹ der DGVT«, DGVT-Verlag, Tübingen 1991)

GOLDMANN

Alexander Lowen

Angst vor dem Leben 11477

Bioenergetik für jeden 13588

Körperausdruck und Persönlichkeit 12402

Narzißmus 12314

Goldmann · Der Taschenbuch-Verlag

NATURWISSENSCHAFTLER DENKEN UM

ISBN 3-442-12303-8

ISBN 3-442-11469-1

ISBN 3-442-11460-8

Neue Denkansätze und

Weltbilder für das

kommende Jahrhundert.

ISBN 3-442-11689-9

GOLDMANN